建设粮食产业强国
成效与亮点

国家粮食和物资储备局　编

中国财富出版社

图书在版编目（CIP）数据

建设粮食产业强国成效与亮点 / 国家粮食和物资储备局编 . —北京：中国财富出版社，2019. 11

ISBN 978 - 7 - 5047 - 7087 - 5

Ⅰ. ①建…　Ⅱ. ①国…　Ⅲ. ①粮食行业—产业发展—研究—中国　Ⅳ. ①F326. 11

中国版本图书馆 CIP 数据核字（2019）第 258418 号

| 策划编辑 | 宋　宇 | 责任编辑 | 齐惠民　郭逸亭 | | |
| 责任印制 | 梁　凡 | 责任校对 | 刘瑞彩 | 责任发行 | 董　倩 |

出版发行	中国财富出版社		
社　　址	北京市丰台区南四环西路 188 号 5 区 20 楼	邮政编码	100070
电　　话	010 - 52227588 转 2098（发行部）	010 - 52227588 转 321（总编室）	
	010 - 52227588 转 100（读者服务部）	010 - 52227588 转 305（质检部）	
网　　址	http://www. cfpress. com. cn		
经　　销	新华书店		
印　　刷	北京柏力行彩印有限公司		
书　　号	ISBN 978 - 7 - 5047 - 7087 - 5/F · 3105		
开　　本	787mm × 1092mm　1/16	版　　次	2019 年 11 月第 1 版
印　　张	26	印　　次	2019 年 11 月第 1 次印刷
字　　数	374 千字	定　　价	298.00 元

编 委 会

前　言

　　2019年3月全国两会期间，习近平总书记参加河南代表团审议时指出，要扛稳粮食安全重任，延伸粮食产业链、提升价值链、打造供应链，不断提升农业质量效益和竞争力；9月，习近平总书记在河南考察时强调，要积极推进农业供给侧结构性改革，深入推进优质粮食工程，做好粮食市场和流通的文章。李克强总理在国家粮食和物资储备局呈报的专报上作出重要批示，对推动一二三产业融合发展、提升粮食精深加工水平和延伸产业链、提升价值链、完善供应链等方面提出明确要求。

　　国家粮食和物资储备局党组认真贯彻落实习近平总书记重要指示精神和李克强总理重要批示要求，按照党中央、国务院的决策部署，把发展粮食产业经济作为全系统的重中之重，摆上突出位置，统筹谋划、厘清思路，以"连抓三年、紧抓三年"的劲头和力度，持续推动粮食产业高质量发展。2017年、2018年，先后在山东省滨州市、黑龙江省五常市召开全国加快推进粮食产业经济发展现场经验交流会。2019年6月，又在河南省漯河市召开第三次现场经验交流会，授予漯河市"全国主食产业化工程示范市"称号；同时举办第二届中国粮食交易大会、加快推进粮食产业高质量发展报告会和河南粮食产业高质量发展专家论证会等系列活动。在总结各地探索实践的好经验、好做法的基础上，提炼形成了"一二三四五"总体发展思路，即聚焦实现粮食产业高质量发展、建设粮食产业强国"一个目标"，围绕国家粮食安全战略和乡村振兴战略"两大战略"，突出产业链、价值链、供应链"三链协同"，建设优质粮食工程、示范市县、特色园区、骨干企业"四大载体"，实施产购储加销"五优联动"。

近年来，各地因地制宜、因势利导，积极探索、锐意创新，全面开创粮食产业高质量发展新局面，为实现更高层次、更高质量、更有效率、更可持续的国家粮食安全提供了重要产业支撑。一是粮食产业高质量发展取得新实效。2018年年末，全国纳入粮食产业经济统计的企业2.3万户，实现工业总产值3.1万亿元，比2016年增长10.6%。二是一二三产业融合发展实现新突破。"产购储加销"各环节有效链接，促进了产业深度融合，培育了农业发展新动能，形成了农村经济新的增长点。三是为农民持续增收和企业提质增效开辟新路径。发挥流通对生产的反馈引导作用，鼓励龙头企业与农民合作组织、种粮大户等形成紧密联结的利益共同体，通过订单粮食和土地流转等方式，发展优质粮源基地，带动种粮农民增收。四是争创粮油知名品牌和培育龙头骨干企业开创新局面。"齐鲁粮油""吉林大米""广西香米""山西小米""荆楚大地""天府菜油"等一大批区域公共品牌的美誉度和市场占有率不断提高。五是增加绿色优质粮油产品供给满足新需求。适应粮油消费升级趋势，创新提升供应链，调优产品结构，增加多元化、定制化、个性化产品供给，城乡居民由"吃得饱"转向"吃得好""吃得健康""吃得便捷"。

为坚决扛稳粮食安全重任、加快建设粮食产业强国，我们梳理了相关省（区、市）政府、各级粮食部门和粮食企业关于推进粮食产业高质量发展的有关做法经验和具体措施，供各地在工作中参考借鉴。

目录

中央精神

习近平总书记关于发展粮食产业的重要讲话、指示（摘编）............（003）

李克强总理关于发展粮食产业的重要讲话、指示（摘编）..............（007）

韩正副总理关于发展粮食产业的重要讲话、指示（摘编）..............（010）

胡春华副总理关于发展粮食产业的重要讲话、指示（摘编）............（012）

高层观点

解决好吃饭问题始终是治国理政的头等大事

..............................国家粮食和物资储备局（021）

关于中美经贸摩擦及 WTO 改革背景下国家粮食安全战略的思考

....张晓强（027）

坚决扛稳粮食安全重任............................张务锋（038）

推进粮食产业高质量发展的思考....................程国强（043）

部署落实

在第二届中国粮食交易大会上的致辞......................陈润儿（055）

在第二届中国粮食交易大会开幕式上的致辞 ························· 张务锋（058）

在全国加快推进粮食产业经济发展第三次现场经验交流会上的讲话

·· 张务锋（061）

在全国加快推进粮食产业经济发展第三次现场经验交流会上的致辞

·· 武国定（074）

在全国加快推进粮食产业经济发展第三次现场经验交流会上的总结讲话

·· 卢景波（078）

政策支撑

国家发展改革委　国家粮食和物资储备局关于坚持以高质量发展为目标

　加快建设现代化粮食产业体系的指导意见 ························· （085）

财政部　粮食和储备局　关于深入实施"优质粮食工程"的意见 ·········· （093）

国家粮食和物资储备局关于印发"优质粮食工程"各子项实施指南的通知 ····· （097）

关于切实做好 2019 年秋粮收购工作的通知 ···························· （120）

国家粮食和物资储备局关于做好 2019 年夏季粮油收购工作的通知 ········· （125）

调查研究

关于坚决扛稳粮食安全重任加快推进河南粮食产业高质量发展的报告

·························· 国家粮食安全政策专家咨询委员会（131）

关于滨州推动粮食产业高质量发展的调研报告

　　　　　　　　　国家粮食和物资储备局

·· 联合调研组（139）

　　　　　　　　　山东省滨州市人民政府

地方成效

坚持"三链同构"　做强主食产业　着力推动绿色食品产业高质量发展
.... 河南省漯河市人民政府（151）

融合发展质量至上　打造中国优质稻米品牌
.... 江苏省淮安市粮食和物资储备局（156）

坚持"粮头食尾"和"农头工尾"　以推动高质量发展为目标
加快建设粮食产业强市 .... 山东省滨州市人民政府（161）

实施五常大米产业提升工程　全力推进好粮油示范市提档升级
.... 中共五常市委　五常市人民政府（166）

扶持粮食产业发展　打赢脱贫攻坚之战
.... 安徽省阜南县人民政府（171）

发挥绿色生态优势　做强粮食产业经济
.... 中共南县县委　南县人民政府（176）

加强宏观政府引导　激发微观主体活力　多措并举推进首都粮食产业经济
高质量发展 .... 北京市粮食和物资储备局（181）

实施"五优联动"　做强稻米产业 .... 吉林省粮食和物资储备局（185）

以"山西小米"品牌建设为引领　加快推进特色粮食产业高质量发展
.... 山西省粮食和物资储备局（189）

立足新时代　落实新举措　奋力谱写江苏粮食产业高质量发展新篇章
.... 江苏省粮食和物资储备局（194）

加快实施"五优联动"　全力推进粮食产业经济高质量发展
.... 浙江省粮食和物资储备局（199）

落实总书记指示　推动"三大变革"　开创山东粮食产业经济发展新局面
.... 山东省粮食和物资储备局（204）

扛稳粮食安全重任　着力实施"五优联动"　推动粮食资源大省
　　向产业经济强省迈进 .... 河南省粮食和物资储备局（208）
积极打造供应链　创新完善优质粮油营销体系 .... 湖北省粮食局（213）
积极作为　顺势而为　全力推进湖南粮油产业高质量发展
　　.. 湖南省粮食和物资储备局（217）
产业联盟聚力　打造广西香米品牌 ...... 广西壮族自治区粮食和物资储备局（222）
实施优质粮食工程　建设特色园区　大力发展粮食产业经济
　　.. 重庆市粮食局（226）
实施"天府菜油"行动　培育四川粮食产业经济发展新动能
　　.. 四川省粮食和物资储备局（231）
统筹规划　蓄势发力　推动特种优势粮食产业优质高效发展
　　.. 贵州省粮食和物资储备局（235）
积极打造高原特色粮油品牌　努力促进粮食产业经济发展
　　.. 云南省粮食和物资储备局（240）

企业亮点

打造农业综合服务平台　助力国家粮食产业发展 .... 中粮贸易有限公司（247）
实施"品牌+"战略　培育稻米产业集群发展新动能
　　.. 松原粮食集团有限公司（252）
实施企业发展新战略　助推农业供给侧结构性改革
　　...................................... 黑龙江九三粮油工业集团有限公司（256）
金融创新加持赋能　助力粮食产业高质量发展
　　.. 上海新湖期货有限公司（260）
高水平建设稻米全产业链　推进粮食产业经济发展
　　.. 江苏省农垦米业集团有限公司（264）

坚持"五优联动" 促进产业链融合发展.......................安徽省粮食集团（268）

加快三产融合 做优贡米产业.................................江西万年贡集团（272）

小馒头撬动大农业产业链.........................禹城市麦香园食品有限公司（276）

加快融合高效发展 打造优质粮油品牌.......山东金胜粮油食品有限公司（280）

聚力优质粮源深度发展 做强做精粮食流通大产业

....广饶县汇通粮食有限公司（284）

大数据助力新发展 新模式创建优品质.......河南想念食品股份有限公司（288）

实施品牌创新带动 服务主食产业升级

....中原粮食集团多福多食品有限公司（293）

以科技奠定企业发展壮大基石 以创新驱动企业高质量发展

....开封市茂盛机械有限公司（297）

着力培育公共品牌 全力打造百亿企业.............湖北国宝桥米有限公司（301）

一二三产业融合发展 争做粮食产业化先锋........克明面业股份有限公司（305）

深化改革谋发展 勇担使命保粮安.......深圳市深粮控股股份有限公司（309）

推进转型促发展 做强产业助脱贫

......................................贵州省湄潭县竹香米业有限责任公司（314）

坚守品牌初心 走特色发展之路.........云南省玉溪市滇雪粮油有限公司（318）

三链协同 五优联动 推动企业高质量发展.....................陕西粮农集团（323）

以品牌提升为主线 促进粮食产业经济发展

....宁夏兴唐米业集团有限公司（328）

媒体宣传

人民日报：中国特色粮食安全之路越走越宽广.......................................（335）

新华网：加快建设粮食产业强国，扛稳粮食安全重任（一）...................（337）

新华网：加快建设粮食产业强国，扛稳粮食安全重任（二）...................（340）

新华网：全国加快推进粮食产业经济发展交流会在郑州召开 .... （343）

人民网：发展粮食产业经济　各地有哪些好招？ .... （345）

中国网：粮食产业经济的"漯河特色" .... （348）

央视网：如何加快推进粮食产业经济发展？听听"河南做法"和

　"漯河经验" .... （352）

光明日报：好挂面是"产"出来的，也是"种"出来的 .... （354）

人民日报：去年全国粮食产业经济实现总产值3.1万亿元 .... （358）

经济日报：粮食兴　产业旺　经济强　我国粮食工业年总产值

　破三万亿元 .... （359）

农民日报：第二届中国粮食交易大会在郑州开幕 .... （361）

中国科学报：逛交易大会，品粮食产业"科技味" .... （362）

人民政协报：中国碗装中国粮 .... （367）

中国网：第二届中国粮食交易大会：全产业链特色更鲜明 .... （374）

经济日报：实施3年间，助粮食产业高质量发展 .... （377）

光明日报："优质粮食工程"在更高水平上保障粮食安全 .... （381）

国际在线：中国"优质粮食工程"实施获进一步推动为消费者提供

　更丰富优质粮油产品 .... （384）

经济日报：优质粮食工程 .... （386）

粮油市场报：准确把握规律做好做活粮食产业经济发展大文章 .... （388）

粮油市场报：发力"四个更加注重"加快建设粮食产业强国 .... （392）

河南日报：牢守粮食安全底线　推进供给侧结构性改革

　让河南粮食更出彩 .... （397）

中央精神

建设粮食产业强国

建设粮食产业强国
成效与亮点

习近平总书记
关于发展粮食产业的重要讲话、指示（摘编）

要扎实实施乡村振兴战略，积极推进农业供给侧结构性改革，牢牢抓住粮食这个核心竞争力，不断调整优化农业结构，深入推进优质粮食工程，突出抓好耕地保护和地力提升，加快推进高标准农田建设，做好粮食市场和流通的文章，积极稳妥推进土地制度改革，加强同脱贫攻坚战略的有效对接，在乡村振兴中实现农业强省目标。

利用荒山推广油茶种植，既促进了群众就近就业，带动了群众脱贫致富，又改善了生态环境，一举多得。要把农民组织起来，面向市场，推广"公司＋农户"模式，建立利益联动机制，让各方共同受益。要坚持走绿色发展的路子，推广新技术，发展深加工，把油茶业做优做大，努力实现经济发展、农民增收、生态良好。

——习近平总书记在河南考察调研时的讲话

新中国成立 70 年来，全国涉农高校牢记办学使命，精心培育英才，加强科研创新，为"三农"事业发展作出了积极贡献。

中国现代化离不开农业农村现代化，农业农村现代化关键在科技、在人才。新时代，农村是充满希望的田野，是干事创业的广阔舞台，我国高等农林教育大有可为。希望你们继续以立德树人为根本，以强农兴农为己任，拿出更多科技成果，培养更多知农爱农新型人才，为推进农业农村现代化、确保国家粮食安全、提高亿万农民生活水平和思想道德素质、促进山水林田湖草系统治理，为打赢脱贫攻坚战、推进乡村全面振兴不断作出新的更大的贡献。

——习近平总书记给全国涉农高校的书记校长和专家代表的回信

要推进农业农村现代化，夯实粮食生产基础，坚持质量兴农、绿色兴农，不断提高农业综合效益和竞争力。要构建新型城乡关系，建立健全城乡融合发展体制机制和政策体系，促进城乡协调发展、融合发展。

——习近平总书记在江西考察，主持召开推动中部地区崛起工作座谈会时的讲话

河南是农业大省，也是人口大省。做好"三农"工作，对河南具有重要意义。党的十九大作出了实施乡村振兴战略的重大决策部署，乡村振兴是包括产业振兴、人才振兴、文化振兴、生态振兴、组织振兴的全面振兴，实施乡村振兴战略的总目标是农业农村现代化，总方针是坚持农业农村优先发展，总要求是产业兴旺、生态宜居、乡风文明、治理有效、生活富裕，制度保障是建立健全城乡融合发展体制机制和政策体系。要扛稳粮食安全这个重任。确保重要农产品特别是粮食供给，是实施乡村振兴战略的首要任务。河南作为农业大省，农业特别是粮食生产对全国影响举足轻重。要发挥好粮食生产这个优势，立足打造全国重要的粮食生产核心区，推动藏粮于地、藏粮于技，稳步提升粮食产能，在确保国家粮食安全方面有新担当新作为。耕地是粮食生产的命根子。要强化地方政府主体责任，完善土地执法监管体制机制，坚决遏制土地违法行为，牢牢守住耕地保护红线。要推进农业供给侧结构性改革。发挥自身优势，抓住粮食这个核心竞争力，延伸粮食产业链、提升价值链、打造供

应链，不断提高农业质量效益和竞争力，实现粮食安全和现代高效农业相统一。

——习近平总书记在参加十三届全国人大二次会议河南代表团审议时的讲话

2018 年，农业农村发展取得了新成绩，粮食再获好收成，乡村振兴开局良好。2019 年是决胜全面建成小康社会第一个百年奋斗目标的关键之年，做好"三农"工作对有效应对各种风险挑战、确保经济持续健康发展和社会大局稳定具有重大意义。要全面贯彻新时代中国特色社会主义思想和党的十九大精神，加强党对"三农"工作的领导，坚持把解决"三农"问题作为全党工作的重中之重，坚持农业农村优先发展，牢牢把握稳中求进总基调，落实高质量发展要求，深入实施乡村振兴战略，对标全面建成小康社会必须完成的硬任务，适应国内外环境变化对我国农村改革发展提出的新要求，统一思想、坚定信心、落实工作，巩固发展农业农村好形势。要毫不放松粮食生产，深化农业供给侧结构性改革，聚力打赢脱贫攻坚战，抓好农村人居环境整治工作，推进新一轮农村改革，加快补齐农村基础设施和公共服务短板，扎实做好乡村规划建设和社会治理各项工作，强化五级书记抓乡村振兴，加强懂农业、爱农村、爱农民农村工作队伍建设，发挥好农民主体作用，提高广大农民获得感、幸福感、安全感，在实现农业农村现代化征程上迈出新的步伐。

——习近平总书记对做好"三农"工作作出的重要指示

我国人多地少矛盾十分突出，户均耕地规模仅相当于欧盟的四十分之一、美国的四百分之一。"人均一亩三分地、户均不过十亩田"，是我国许多地方农业的真实写照。这样的资源禀赋决定了我们不可能各地都像欧美那样搞大规模农业、大机械作业，多数地区要通过健全农业社会化服务体系，实现小规模农户和现代农业发展有机衔接。当前和今后一个时期，要突出抓好农民合作社和家庭农场两类农业经营主体发展，赋予双层经营体制新的内涵，不断提高农业经营效率。

——习近平总书记在十九届中央政治局第八次集体学习时的讲话

要发展现代农业，确保国家粮食安全，调整优化农业结构，加快构建现代农业产业体系、生产体系、经营体系、推进农业由增产导向转向提质导向，提高农业创新力、竞争力、全要素生产率，提高农业质量、效益、整体素质。

——习近平总书记在参加十三届全国人大一次会议山东代表团审议时的讲话

李克强总理
关于发展粮食产业的重要讲话、指示（摘编）

　　坚持农业农村优先发展，深化农业供给侧结构性改革，促进农业转型升级和高质量发展。要毫不放松抓好春季田管和春耕备耕，稳定粮食播种面积，落实好粮食生产各项扶持政策。加快农业机械化和农机装备产业转型升级，大力推进高标准农田建设，着力提升粮食和农业综合生产能力，确保粮食生产稳定发展和重要农产品有效供给。深入实施"互联网＋农业"，支持返乡入乡创业创新，扎实做好农村改革、脱贫攻坚、农村人居环境整治等重点工作，为推进乡村振兴、决胜全面建成小康社会打下坚实基础。

　　——李克强总理对全国春季农业生产暨农业机械化转型升级工作会议作的重要批示

　　实施乡村振兴战略，发展现代农业，保障粮食安全，促进一二三产业融合发展，拓宽农民增收渠道。

　　——李克强总理参加十三届全国人大二次会议吉林代表团审议时的讲话

　　抓好农业特别是粮食生产。近14亿中国人的饭碗，必须牢牢端在自己手上。要稳定粮食产量，优化品种结构。加强农田水利建设，新增高标准农田 8000 万亩以上。稳定生猪等畜禽生产，做好非洲猪瘟等疫病防控。加快农业科技改革创新，大力发展现代种业，加强先进实用技术推广，实施地理标志农产品保护工程，推进农业全程机械化。培育家庭农场、农民合作社等新型经营主体，加强面向小农户的社会化服务，发展多种形式规模经营。扶持主产区发展农产品精深加工。支持返乡入乡创业创新，推动一二三产业融合发展，壮大县域经济。

全面深化农村改革。推广农村土地征收、集体经营性建设用地入市、宅基地制度改革试点成果。深化集体产权、集体林权、国有林区林场、农垦、供销社等改革。改革完善农业支持保护体系，健全粮食价格市场化形成机制，扩大政策性农业保险改革试点，创新和加强农村金融服务。持续深化农村改革，广袤乡村必将焕发新的生机活力。

——李克强总理在十三届全国人大第二次会议上作的政府工作报告

要坚持以习近平新时代中国特色社会主义思想为指导，认真贯彻党中央、国务院决策部署，落实中央经济工作会议精神，深入实施乡村振兴战略，全面深化农村改革，切实落实强农惠农富农各项政策，着力改善农村基础设施和公共服务，保护和调动亿万农民的积极性创造性，扎实推进农业农村现代化。要聚焦深度贫困地区和特殊贫困群体，落实脱贫攻坚重大举措，提高脱贫质量，巩固和扩大脱贫成果。要深化农业供给侧结构性改革，夯实粮食生产能力和农业基础，突出优质、特色、绿色等调整优化农业结构，推动农村各产业融合发展。要加快培育农村发展新动能，支持各类人才返乡下乡创业创新，拓展农村就业空间和农民增收渠道。巩固发展"三农"持续向好形势，为经济社会持续健康发展提供有力支撑。

——李克强总理对做好"三农"工作作的重要批示

　　加强农田水利基本建设，藏粮于地藏粮于技，是保障国家粮食安全、推动现代农业发展的重要举措。各地区各相关部门要以习近平新时代中国特色社会主义思想为指导，认真贯彻党中央、国务院决策部署，围绕实施乡村振兴战略，结合促进补短板领域有效投资，强化规划布局，突出提升防灾抗灾减灾能力，进一步推进农田水利和重大水利工程建设。要压实各级政府责任，深化相关改革，加快构建集中统一高效的农田建设管理新体制。要建立投入稳定增长机制，加强建设资金源头整合，大力吸引社会资金投入，千方百计调动广大农民参与农田水利基本建设和日常管护的积极性，为夯实我国农业生产能力基础、更好保障粮食安全和主要农产品有效供给、促进农民增收和农村现代化建设作出新贡献。

——李克强总理对全国冬春农田水利基本建设电视电话会议作的重要批示

韩正副总理
关于发展粮食产业的重要讲话、指示（摘编）

　　粮食安全始终是关系经济发展、社会稳定和国家安全的全局性、战略性问题，任何时候都不能放松。开展全国政策性粮食库存数量和质量大清查，是党中央、国务院作出的重大决策部署。各地区、各部门一定要高度重视，扎实做好大清查工作，切实摸清粮食库存家底，始终守住管好天下粮仓，向党和国家交一本实实在在的"明白账"，为确保国家粮食安全作出贡献。

　　在充分肯定粮食工作取得成绩的同时，也要清醒看到，政策性粮食库存管理还存在一些问题和薄弱环节。这次大清查工作必须坚持问题导向、结果导向，既要查清粮食库存数量和质量，也要排查问题隐患。要运用大清查结果，建立具体到承储库点的数据库，推动实行在线实时监管，提高库存管理水平。要加快推动粮食安全保障立法修规，改革完善政府粮食储备管理体制。

　　这次大清查工作时间紧、任务重、要求高。各地区、各部门要从实际出发，创新方式方法，把工作做得细而又细、实而又实，确保大清查各项任务落实到位。要强化统筹协调，部际协调机制要充分发挥"总调度"作用，地方各级大清查协调机制也要加强协同联动，促进横向互通、上下联动，形成强大工作合力。要压实工作责任，强化对中央储备粮管理和中央事权粮食政策执行情况的考核监督，把本次大清查纳入国务院粮食安全省长责任制考核内容，逐级落实地方政府和政策执行主体责任。要完善保障措施，选调讲政治、懂业务、有担当的同志参加大清查，加强经费保障和装备保障。

——韩正副总理在全国政策性粮食库存数量和质量大清查动员电视电话会议上的讲话

食品安全关系到每一个人的健康，是百姓最关心的民生问题之一。当前食品领域风险因素复杂，食品安全形势依然严峻。要始终坚持问题导向，决不回避问题，善于发现问题、研究问题、解决问题。针对群众反映强烈的果蔬、粮食农药残留和重金属超标，食品掺假造假，餐饮后厨卫生等烦心事，要采取更有针对性、更管用、更务实的举措，在持续解决问题中推动食品安全工作，不断提高食品安全工作能力和水平。

一定要贯彻落实好习近平总书记对食品安全工作提出的"四个最严"的要求。要高度重视标准工作，标准是食品安全的基础支撑和关键因素，要建立健全标准体系，修改完善现有标准，尽快实现我国食品安全标准与国际标准的对接。要切实强化全过程监管，把好食品从农田到餐桌的每一道关口，健全和完善覆盖食品生产、流通、消费全过程全链条的监管制度，堵住监管"缝隙"。要动员社会各方力量参与监管，完善投诉举报制度，加大有奖举报力度，保护好举报人。要第一时间权威发布相关信息，并支持鼓励媒体开展监督。要采取有力措施，真正解决好执法成本高、违法成本低的问题。对昧着良心制假售假、突破道德底线的行为，一定要实施终身行业禁入，并处罚到企业法人。要切实落实党政同责、地方负总责要求，推动食品安全工作落细落地。

——韩正副总理在国务院食品安全委员会第一次全体会议上的讲话

胡春华副总理
关于发展粮食产业的重要讲话、指示（摘编）

———————————————————————

　　习近平总书记始终关心关爱广大农民，在丰收节来临之际向全国农民祝贺节日。我们要深入学习贯彻习近平总书记关于"三农"工作的重要论述，进一步提振农民精气神，充分调动亿万农民重农务农的积极性、主动性、创造性。

　　以习近平同志为核心的党中央设立中国农民丰收节，是一件影响深远的大事，必须切实办好、办出实效。要坚持以农民为主体，紧密结合农时农事特点，突出民族区域特色，采用群众喜闻乐见的活动形式，把农民丰收节办成社会各界共庆五谷丰登、共享欢乐喜悦的节日。要大力弘扬中华农耕文明，彰显乡村价值，增强农民的荣誉感、自豪感，营造全社会关注农业、关心农村、关爱农民的浓厚氛围，全面汇聚推进乡村振兴、打赢脱贫攻坚战的强大合力。

　　　　　——胡春华副总理在参加中国农民丰收节庆祝活动时的讲话

　　要坚持以习近平新时代中国特色社会主义思想为指导，牢固树立绿色发展理念，加快推广有效治理模式，持之以恒地加强东北黑土地保护和利用，努力走出一条农业可持续发展之路。

　　东北黑土地在中国农业发展特别是粮食生产中具有举足轻重的

地位，中国政府高度重视东北地区黑土地保护，正在围绕保护性耕作进行一系列积极探索，在较大范围内开展试点试验，初步探索出一批适合不同地区特点的保护利用方式和技术路线，并且在取得经验的基础上，开始在部分地区进行示范推广。面对保护黑土地这一关系重大而又长期艰巨的任务，中国将进一步积极探索、不断实践，在进行全面科学论证的基础上，认真总结推广国内外成熟的技术模式。中国愿进一步加强黑土地保护利用国际合作，交流保护性耕作经验做法，与世界各国一道共同促进全球农业可持续发展、加快实现农业现代化。

——胡春华副总理在东北黑土地保护高端论坛上的讲话

要深入贯彻习近平总书记关于"三农"工作的重要论述，深入推进农业供给侧结构性改革，着力促进农业稳定发展、农民持续增收，为经济持续健康发展和社会大局稳定提供有力支撑。

确保重要农产品特别是粮食有效供给，是农业农村工作的首要任务。要全面落实"藏粮于地、藏粮于技"战略，积极推行保护性耕作等绿色生产方式，夯实农业基础。要加快实施质量兴农战略，积极推行标准化生产，推动农业由增产导向转向提质导向。要以"粮头食尾"、"农头工尾"为抓手，大力发展农产品加工流通，延伸农业产业链、提升价值链、打造供应链，提高农业全产业链收益，拓展农民增收渠道。要突出抓好家庭农场和农民合作社发展，健全农业社会化服务体系，把小农生产引入现代农业发展轨道。

——胡春华副总理在吉林调研农业农村工作时的讲话

要深入贯彻习近平总书记关于"三农"工作的重要论述，按照党中央、国务院决策部署，加强指导服务，全面做好夏收、夏种、夏管等各项工作，为保障粮食安全和重要农产品有效供给奠定坚实基础。

要精心组织跨区机收，搞好信息引导和机具调度，全力以赴抢收进仓。要抓好夏季粮油收储工作，落实收购政策，保障农民利益。要加快培育家庭农场和农民合作社，加强农业社会化服务，努力提高农业经营效率和效益。

——胡春华副总理在河南调研农业生产工作时的讲话

要深入学习贯彻习近平总书记关于"三农"工作的重要论述，认真落实《政府工作报告》部署要求，全面做好夏粮生产收获和秋粮播种等农业生产各项工作，努力夺取夏季粮油和全年农业丰收，确保粮食和重要农产品有效供给。

现在离夏粮收获还有半个月左右时间，秋粮播种也处在关键时期，时间紧迫，任务繁重。要抓好夏粮后期田间管理，搞好技术服务，强化病虫害防治，组织好跨区机收作业，做好防灾减灾工作，确保夏粮早稻丰收到手。要加快秋粮播种进度，抓好抗旱保种，确保播种面积和质量。要加快创新农业经营方式，坚持农户主体地位，着力培育家庭农场和农民合作社，积极发展农业社会化服务，不断提高农业经营效益和效率。要落实好强农惠农富农政策，统筹抓好生猪、蔬菜、水果、油料等生产，加强动物疫病防控，有效保障市场供应。

——胡春华副总理在江西调研农业农村工作时的讲话

做好新时代"三农"工作，必须切实按照总书记要求，坚持农业农村优先发展总方针，把实施乡村振兴战略作为总抓手，加快推进农业农村现代化。要把确保重要农产品特别是粮食供给放在首位，深入推进农业供给侧结构性改革，促进农业高质量发展。

——胡春华副总理在深入学习贯彻《习近平关于"三农"工作论述摘编》座谈会上的讲话

要深入学习贯彻习近平总书记关于"三农"工作的重要论述，认真落实政府工作报告部署要求，坚持创新驱动发展，加快推进农业科技进步和成果转化应用，为保障粮食和重要农产品有效供给、促进乡村产业振兴提供坚实的科技支撑。

要以农业产业发展需求为导向，加快推动形成产学研紧密结合的农业科技创新体系，促进科技与产业深度融合。要强化农业科技攻关，加快突破重大动物疫病防控、生物种业、绿色投入品、农业机械、农产品加工等领域关键核心技术。要适应农业现代化发展要求，完善新型农业科技服务体系，发展社会化多元化服务组织，推动科技成果转化。要深化农业科技体制改革，充分发挥农业大学等科研院所作用，不断激发农业科技人才活力。

——胡春华副总理在中国农业大学调研农业科技创新工作时的讲话

要全面贯彻中央经济工作会议精神，认真落实《政府工作报告》部署，切实扛稳粮食安全重任，深入推进农业供给侧结构性改革，不断提高农业质量效益和竞争力。

要把确保粮食和重要农产品供给作为农业农村工作的首要任务，切实稳定粮食播种面积和产量，调整优化生产结构，加强高标准农田建设，强化农业科技支撑，稳步提升粮食产能。要因地制宜扩大草食畜牧业生产，积极推进标准化规模化养殖，加强非洲猪瘟等疫病防控，加快优化生产布局，全面提升畜牧业发展水平。要大力振兴乡村产业，积极发展以农业农村资源为依托的高质量二三产业，切实加强与市场需求的有效对接。要积极创新农业经营方式，发展农业社会化服务，加快推进农业机械化转型升级，加强农业防灾减灾，保障农业生产稳定发展。

——胡春华副总理在全国春季农业生产暨农业机械化转型升级工作会议上的讲话

　　要加快创新农业经营方式，积极支持家庭农场、农民合作社和龙头企业发展，培育农业社会化服务组织，把小农户逐步引入现代农业发展轨道。

　　　　　　——胡春华副总理在山东调研春季农业生产工作时的讲话

　　加强农田水利基本建设是落实藏粮于地、藏粮于技战略的重要举措，要认真贯彻习近平总书记重要指示精神，按照党中央、国务院决策部署，大兴农田水利，加快建设高标准农田，夯实粮食生产水利基础，为保障国家粮食安全和重要农产品有效供给、保持经济持续健康发展和社会大局稳定提供有力支撑。

　　加强农田水利基本建设，要以高标准农田为主战场，强化规划布局，完善投入机制和建设标准，确保按时保质完成建设任务。要加快推进重大水利工程建设，完善农田防汛抗旱设施，健全运行管护机制，实现大中小微水利工程设施衔接配套。要全面加强水资源保护涵养，坚决控制地下水超采，大力发展高效节水灌溉，优化水资源配置，多措并举补充超采区地下水，增强水资源可持续供给能力。

　　　　　　——胡春华副总理在山东、河北调研农田水利基本建设工作时的讲话

　　作为世界上人口最多的发展中国家，中国在坚持立足国内基本解决吃饭问题的同时，积极参与农业发展国际交流与合作，取得了丰硕的成果。中方将秉持正确义利观和真实亲诚理念，进一步加强与各发展中国家的农业发展战略对接，积极培育新的农业国际贸易增长点，深化农业投资与产业合作，促进基础设施联通和农业人力资源开发，厚植合作基础。要弘扬多边主义和共商共建共享的全球治理观，提升发展中国家在国际粮农体系中的代表性和影响力，营造良好合作环境。中国将坚定不移全面深化改革和扩大开放，欢迎广大发展中国家抓住机遇，用好农交会平台，并积极参与下周在上

海举办的首届中国国际进口博览会，不断拓宽合作的广度和深度。

　　——胡春华副总理在第十六届中国国际农产品交易会、第二十届中国中部（湖南）农业博览会和全球农业南南合作高层论坛开幕式上的主旨演讲

建设粮食产业强国
成效与亮点

高层观点

建设粮食产业强国

建设粮食产业强国
成效与亮点

解决好吃饭问题始终是治国理政的头等大事

国家粮食和物资储备局

　　粮食安全是国家安全的重要基础。我国是个人口众多的大国，解决好吃饭问题始终是治国理政的头等大事。在新中国成立 70 周年之际，国务院新闻办发布《中国的粮食安全》白皮书（以下简称白皮书），全面介绍中国粮食安全现状，系统宣示我国粮食安全政府立场和政策主张，具有重要的现实意义。

2019 年世界粮食日和全国粮食安全宣传周主会场

与新中国成立之初相比，我国在粮食安全领域取得了举世瞩目的巨大成就，与 1996 年首部中国的粮食问题白皮书发布时相比也有许多新的进展成效。立足新时代新起点，要在习近平新时代中国特色社会主义思想指引下，牢固树立总体国家安全观，认真实施国家粮食安全战略，加快构建更高层次、更高质量、更有效率、更可持续的国家粮食安全保障体系。

深刻认识保障国家粮食安全的极端重要性

新中国成立后特别是改革开放以来，中国人民经过艰苦卓绝的努力，用全球 9% 的耕地、6% 的淡水资源生产的粮食，养活了近 20% 的人口，实现了从温饱不足到全面小康的历史性跨越。当前，国际环境正在发生深刻而复杂的变化，我国改革发展稳定任务繁重，保障粮食安全面临许多新情况新问题新挑战。要从世情国情粮情出发，准确把握"头等大事"，增强政治自觉、思想自觉和行动自觉。

第一，在构建人类命运共同体的进程中，粮食安全是世界性的重大课题。粮食是人类生存和发展最基本的物质条件，粮食安全是世界和平与发展的重要保障，关系人类永续发展和前途命运。联合国粮农组织发布的《世界粮食安全和营养状况》报告显示，全球饥饿人数连续 3 年增长，2018 年达到 8.2 亿人。国际粮食贸易面临着保护主义和单边主义的干扰，不稳定因素增加。虽然近年来全球粮食供应总体宽松，但粮食安全形势依然严峻，实现全球 2030 年"零饥饿"可持续发展目标面临严峻挑战。

第二，回顾总结历史发展的经验，粮食安全是国之大计、强国之基。"悠悠万事、吃饭为大"，"民为国基、谷为民命"。自古以来，粮食就被看作"政之本务"，粮食储备被认为是"天下之大命"。粮食安全保障有力，发展大局就有了坚实基础，从"富起来"走向"强起来"就更有底气。我们是人口大国，对粮食问题，要从战略上看，看得深一点、远一点。什么时候都不能轻言粮食过关了。要居安思危，牢牢掌握粮食安全主动权。

第三，面对复杂多变的国际环境，粮食安全是维护国家安全的重要支撑。粮食安全与能源安全、金融安全并称为三大经济安全。袁隆平院士说："一粒粮食能救一个国家，也可以绊倒一个国家，这就是粮食的重要性。"一个国家只有实现粮食基本自给，才有能力掌控和维护好经济社会发展大局。当今世界风云变幻，做到"手中有粮"，方可"心中不慌"，才能有"乱云飞渡仍从容"的战略定力。

深入实施国家粮食安全战略

党的十八大以来，习近平总书记就国家粮食安全发表了一系列重要论述，引领推动了粮食安全理论创新、制度创新和实践创新，是新时代保障国家粮食安全的根本遵循和行动指南，也是贯穿白皮书全篇的主题主线。要结合当前形势，学深悟透、弄通做实，深入实施"以我为主、立足国内、确保产能、适度进口、科技支撑"的国家粮食安全战略。

粮食尽管连年丰收、储备充足，但不能高枕无忧，粮食安全这根弦一刻也不能放松。我国粮食年总产量连上新台阶，连续多年稳定在 6.5 亿吨以上，人均占有量高于世界平均水平；纳入粮食产业经济统计企业达到 2.3 万户，年实现工业总产值突破 3 万亿元；粮食市场供给充足、市场平稳，进入粮食安全形势最好、保障能力最强的历史时期。同时也要看到，随着经济社会发展，粮食消费总量刚性增长，稳定发展粮食生产压力较大，我国粮食产需中长期仍将维持紧平衡态势。要增强忧患意识，准确把握"多"与"少"、"质"与"量"、生产与流通、当前与长远、政府与市场、国内与国外"六对关系"，切实加强粮食安全保障能力建设。

在资源约束趋紧背景下，保障好近 14 亿人吃饭，要统筹兼顾、突出重点、精准施策。就整体而言，坚持立足国内，把中国人的饭碗牢牢端在自己手中，而且要更多装自己生产的粮食。从品种来看，集中力量先把最基本最重要的稻谷、小麦等口粮保住，切实做到谷物基本自给、口粮绝对安全。就质量而言，坚持数量质量并重，在保障数量供给的同时，更加注重粮食产品质量安全。就价格而言，完善粮食价格形成机制，提高市场配置资源效率，在更高层次上实现粮食供需动态平衡，着力保证粮食供应和价格基本稳定。

作为发展中的人口大国，新时代实现粮食产业高质量发展，必须走好中国特色粮食安全之路。对此，白皮书从七个方面作了概括。主要是：在稳步提升粮食生产能力方面，严守耕地保护红线，提升耕地质量，保护生态环境，建立粮食生产功能区和重要农产品生产保护区，提高水资源利用效率。在保护和调动粮食种植积极性方面，保障种粮农民收益，完善生产经营方式。巩固农村基本经营制度，着力培育新型农业经营主体和社会化服务组织。在创新完善粮食市场体系方面，积极构建多元市场主体格局，健全完善粮食交易体系，稳步提升粮食市场服务水平。在健全完善国家宏观调控方面，注重规划引领，深化粮食收储制度和价格形成机制改革，发挥粮食储备重要作用。在大力发展粮食产业经济方面，加快推动粮食产业转型升级，积极发展粮食精深加工转化，深入实施优质粮食工程。在全面建立粮食科技创新体系方面，强化粮食生产科技支撑，推广应用农业科技，提升粮食储运科技水平。在着力强化依法管理合规经营方面，完善粮食安全保障法律法规，落实粮食安全省长责任制，深化粮食"放管服"改革。

切实守住管好"天下粮仓"

各级粮食和物资储备部门，要坚持围绕中心、服务大局，会同有关方面，全力抓改革、促转型，着重补短板、强监管，坚决扛稳粮食安全这个重任。

一是积极推动立法修规，加快实现粮食安全治理的法治化。2018 年和 2019 年连续两年中央一号文件，都明确提出加快粮食安全保障立法进程。十三届全国人大常委会将《粮食安全保障法》列入立法规划一类项目，在立法宗旨上进一步向保障国家粮食安全聚焦。要加快修订出台《粮食流通管理条例》，组织起草《粮食储备管理条例》；同时，支持各地制定相关地方性法规，建立健全粮食安全保障法律法规体系，为依法管粮

国家粮食和物资储备局局长张务锋、副局长黄炜在陕西省富平县就起草
《粮食安全保障法》（草稿）听取基层意见

提供强力支撑。

二是改革完善体制机制，加强粮食储备安全管理。要以服务宏观调控、调节稳定市场、应对突发事件和提升国家安全能力为目标，科学确定粮食储备功能和规模，改革完善粮食储备管理体制，健全粮食储备运行机制，确保粮食库存数量真实、质量良好、储存安全。

三是扎实开展粮食库存大清查，创新强化粮食执法监管督查。认真扎实开展全国政策性粮食库存数量和质量大清查，完善长效机制，坚决堵塞漏洞。

四是认真实施粮食安全省长责任制考核和中央事权粮食政策执行情况考核。"两项考核"互为补充，共同构成责任考核体系，在实施国家粮食安全战略中发挥着重要的"指挥棒"作用。

五是推动粮食流通现代化，做好市场和流通的文章。坚持市场化改革取向和保护农民利益并重，巩固放大玉米收储制度改革成效，改革完善稻谷和小麦最低收购价政策。

六是强化问题导向和目标导向，构建粮食安全"产购储加销"体系。强化粮食产购储加销协同机制，完善粮食产销合作机制，健全粮食安全决策咨询机制；创新完善全链条粮食调控；着力推动军民融合军粮供应、粮食应急保障、粮食物流现代化建设。

　　七是坚持质量第一、效益优先，加快建设粮食产业强国。要聚焦实现高质量发展、建设粮食产业强国"一个目标"，服务国家粮食安全和乡村振兴"两大战略"，坚持产业链、价值链、供应链"三链协同"，建设优质粮食工程、示范市县、特色园区、骨干企业"四大载体"，实施优粮优产、优购、优储、优加、优销"五优联动"，推动全国粮食产业创新发展、转型升级、提质增效。

　　（摘自国家粮食和物资储备局 2019 年 10 月 16 日发表于《人民日报》的署名文章）

关于中美经贸摩擦及 WTO 改革背景下国家粮食安全战略的思考

张晓强

　　根据会议组织方要求，我重点谈一下关于中美经贸摩擦和 WTO（世界贸易组织）改革背景下国家粮食安全战略的一些思考。

国家粮食安全政策专家咨询委员会主任委员张晓强谈国家粮食安全战略

一、把脉百年未有之大变局

　　当前，世界正面临百年未有之大变局，从五个方面来看：**一是世界**

经济重心之变，由北大西洋、西欧和北美转向太平洋，由西向东、由北向南的转移。2017 年东盟加中日韩（10+3）经济总量达 22 万亿美元，占世界的 27%，超过了美国和欧盟，在世界经济中举足轻重。**二是**世界政治格局之变，非西方化与多极化并行。广大发展中国家群体性崛起，新兴市场国家和发展中国家对世界经济增长的贡献率已达 80%；冷战后，多极化不断推进，单极"梦想"日渐遥远，中国、俄罗斯、欧盟、印度等已成为重要的多极力量，大国间博弈和战略竞争有所加剧，原有以大国协调为主的国际政治秩序面临挑战。**三是**全球化进程之变，主要推动力量面临重组。20 世纪八九十年代是美欧企业占据科技和经济绝对强势地位的发展时期，西方是全球化的主要倡导者和推动者；当前曾是全球化主要推手的一些国家打"逆全球化"牌，以"本国优先"为名搞贸易保护和单边主义，新兴经济体已成为推动经济全球化发展的新生力量，日本、德国、法国等老牌发达国家也从长远利益出发，支持多边主义和全球化。**四是**科技和产业之变，机遇与挑战并存。以往的几次科技革命和产业革命，均由大西洋两岸国家唱主角；现在虽然科技力强大的美国仍担主角，但是在新一轮科技革命和产业革命中，中国等新兴经济体表现突出。**五是**全球治理之变，新兴国家或成治理重要角色。一百多年来，以美英为首的大国一直在全球治理中处于核心地位，但是近年来西方国家日益显出"能力不足""意愿缺失"，比如美国搞贸易保护主义，退出了多份多边协议，包括气候变化、中导条约，这为新兴经济体参与全球治理并推动治理体系改革创造了难得机遇。

二、关于中美经贸摩擦及 WTO 改革进展

在百年未有之大变局下，全球经贸领域有两个世界关注的焦点：一个是中美经贸摩擦；另一个就是 WTO 改革。中美经贸摩擦虽是双边问题，但在经济全球化深入发展的今天，第一、第二大经济体之间的任何互动都具有全球效应。在美国单边主义和保护主义的影响下，WTO 这一全球多边机构的功能发挥遭到破坏，WTO 走向何处成为影响经济全球化进程、

世界经济格局的一个重要因素。

（一）中美经贸摩擦的基本情况

2017 年美国特朗普政府上任以来，秉持"美国优先"，抛弃相互尊重、平等协商等国际交往基本准则，实行单边主义、保护主义和经济霸权主义，对许多国家和地区特别是我国作出一系列不实指责，利用不断加征关税等手段进行经济恫吓，试图采取极限施压方法将自身利益诉求强加于我国。2018 年 3 月，美国总统特朗普于白宫签署备忘录，宣布将采取相关措施对我国输美商品加征关税，限制我国企业对美投资，涉及征税的我国商品价值约 500 亿美元。此后，美国分别在 2018 年 7 月和 2019 年 5 月两次加征关税。

要清醒地认识到，我国同美国的较量是崛起大国与守成大国的较量，也是不同社会制度的较量，是必然要发生的。美方的打压无法阻挡我国发展前进的步伐，这种做法只会损人不利己，使美国企业、农民、消费者的成本大幅度上升，挫伤商业信心、加剧金融市场风险，危及全球的贸易增长和经济复苏。美国有关方面的分析指出，受中美经贸摩擦的影响，美国经济增长的增速可能降低 0.5 个百分点，通胀水平提高 1.5 个百分点，新增失业人口 200 万，失业率提高 1.25 个百分点，2020 年美国经济陷入衰退的可能性达到 60%。虽然特朗普自认为所加关税全部由中方承担，美国每年能多收几千亿美元的关税，然而美国多个商会、行业协会和企业向政府提交的报告则指出，"如果再对中国的 2000 多亿美元甚至 3000 多亿美元商品加征关税，实际上主要负担是美方在承担，将使美国四口之家一年增加 2000 美元的生活成本，使美国失去两百万工作岗位"。2019 年 3 月，美国农业部报告提出，美国农业债务达到 4100 亿美元，比 2013 年增长 30%。特朗普宣布给美国农场主 160 亿美元的补贴，但是美国的很多农场主认为这不是解决问题的根本办法，这点补贴没有什么作用，他们更想要的是市场，而不是补贴。

在这种情况下，中方表示："我们不愿打、不得不打，但是也不怕打，打要奉陪到底。"实际上，中方也做了有理有力有节的反制。比如，在美国极限施压后，宣布对 600 亿美元美国输华商品加征关税；截至 2019 年 4 月，我国持有的美国国债已降到 1.113 万亿美元；美国波音公司的新型客机 737MAX 连续两次发生重大空难，我国数十家航空公司联合向其提出索赔等。此外，由于美国对我国的歧视，2018 年，我国赴美游客比上年下降了 20%，使美国旅游业受损。由于美国对我国留学生实施限制，从长远看，这既影响美国的近期经济收益，也会使美国中长期科技人才受到损失。

坦率地讲，美国对我国的打压遏制，确实会对我国的就业和进出口带来影响，特别是产业依赖出口的地区。2019 年 1—5 月，我国进出口贸易增速有所下降。有关专家分析，如果美国把我国对美出口的 5000 亿美元商品的关税全部提高到 25%，按照半年计算可能影响我国 GDP（国内生产总值）增长大约 0.8%。2018 年我国 GDP 增速是 6.6%，如果影响 0.8%，2019 年的 GDP 增速有可能降为 5.8%。前一段时间我到东莞市调研，2018 年东莞经济增长 7.6%，生产总值 8200 多亿元，外贸 13000 亿元，外贸依存度是 160%。东莞压力很大，有的东莞同志说，如果把 2018 年美产品关税全部增至 25%，经济增速将下降 5 个百分点，仅剩 2.6% 的经济增长。当然，为了应对美方的高关税等举措，我们已采取了出口多元化、专项支持困难企业、扩大内需、增加有效投资等多方面举措，可削减部分影响。

此外，中美经贸摩擦对产业链转移也有一些影响。今天上午，我专门到郑州富士康产业园区进行调研，2018 年园区年均用工数 26.5 万人，销售收入 3200 亿元，比 2017 年增长 7%；进出口金额为 508 亿美元，占河南全省外贸总额的 64%，而且周边有一些配套企业，产业链较完整。当问及是否会将产业转移至其他国家或地区时，园区中层管理人员说："我们不便发言，不知道。但工厂仍在生产，仍是两班制，当然也可能今年不增长了。"郑州富士康园区厂房建筑面积 235 万平方米，总投资 300 亿元。整个"七通一平"水、电、气、空港的运输物流设备投入就更大了。搬迁到其他国家谈何容易，不是简单的说跑掉就能跑掉。在其他国家很难找到现在这么好的综合条件。而且我国地方政府从整地拆迁、"七通一平"水、电、气供应都做好保障，综合保税区保障到位，相关配套也非常健全，郑州机场就在边上。而有些发展中国家土地私有制，拆迁非常困难，配套难以跟上，工人技能及素质也有差距，这就是我国的制度优势和产业链优势。所以说，中美经贸摩擦，会让我国有产业转移的压力，但不会像有些人认为的"天下大乱"。

（二）关于 WTO 改革进展情况

当前，世界各国对 WTO 进行改革的呼声不断高涨。欧盟于 2018 年 9 月发布了《关于 WTO 现代化的概念文件》，阐述了欧盟关于 WTO 改革的主要主张；加拿大也于 2018 年 9 月向 WTO 提交了《关于强化和现代化 WTO》的讨论稿。2018 年 11 月 22 日，我国联合包括欧盟和加拿大在内的 11 个 WTO 成员方，提交了《关于争端解决上诉程序改革的联合提案》；同时，我国还与欧盟及印度另行补充提交了《中欧加印等联合提案》。紧接着，我国政府发布了《中国关于 WTO 改革的三项原则和五项主张》。**三项原则是：**第一，WTO 改革应维护多边贸易体制的核心价值；第二，WTO 改革应保障发展中成员的发展利益，解决发展中成员在融入经济全球化方面的困难；第三，WTO 改革应遵循协商一致的决策机制，规则应该由国际社会共同制订，不能由少数成员说了算，也不能搞小圈子。**五项主张**是：第一，WTO 改革应维护多边贸易体制的主渠道地位；第二，WTO 改革应优先处理危及 WTO 生存的关键问题；第三，WTO 改革应解决贸易规则的公平问题并回应时代需要；第四，WTO 改革应保证发展中成员的特殊与差别待遇；第五，WTO 改革应尊重成员各自的发展模式。

WTO 改革是 2019 年的一个非常重要的事项。**一是**要密切关注争端解决机制。由于美国持续阻挠上诉机构大法官的遴选，目前上诉机制法官只剩三名，而且到 2019 年年底还将有两名法官到期离任，WTO 核心职能的上述机制将被迫停摆。**二是**要关注贸易规则问题。WTO 改革会涉及所谓非市场导向的政策和做法，比如国有企业补贴问题、技术转让问题、跨境电子商务和数据流动问题、"发展中国家"标准问题、特殊和差别待遇问题，这些都会有很多谈判和较量。比如美国已多次称"中国是发达国家"，党的十九大报告有两个不变：我国还处于社会主义初级阶段，我国还是人口最多的发展中国家。美国认为我国不是发展中国家，但是我国的发展是不平衡的，城乡差距巨大，农村依然较为落后，仍是发展中国家。此外，西方经济体关于国有企业、透明度通报、补贴改革，针对我国的意图非常明显，如果美欧的改革方案付诸实施，将使得我国的贸易形势非常被动。在农业规则方面，对农业补贴特别是对不利于国际贸易发展的农业补贴怎么调整，都需要将其解决好。

加快推进粮食产业高质量发展报告会现场

三、当前巩固国家粮食安全的必要性

2019 年的中央经济工作会议指出，我国发展仍然处于并将长期处于重要的战略机遇期，变局中"危"和"机"同生并存，要善于化危为机，转危为安，要把握重要战略机遇期的新内涵，将压力变为加快推动经济高质量发展的动力。中央经济工作会议还提出"六稳"，即稳就业、稳金融、稳外贸、稳外资、稳投资、稳预期，提出了要推动制造业高质量发展等七项重要工作。其中第三项重要工作就是要扎实推进乡村振兴战略，切实抓好农业特别是粮食生产，推动"藏粮于地、藏粮于技"落实落地，合理调整"粮经饲"结构，着力增加绿色农产品供给。虽然我国粮食生产十五连丰，但仍不能掉以轻心。美国用禁售的方式制裁中兴通讯、华为公司，从另一个角度也在启示我们：我国的粮食需求依靠国际贸易解决，是靠不住的，一定要高度重视国家粮食安全。

一方面，中美贸易摩擦压缩了我国粮食进口渠道。近年来，我国以大豆为主的粮食对外依存度和进口量呈逐年上升态势。2018年以来，美国挑起的贸易摩擦对我国广义粮食进口带来了一些影响，最明显的就是大豆。为了反制美国，我国不得不提高美输华大豆及其他粮食产品进口关税。2018年大豆进口总量为8800万吨，比2017年的9553万吨下降7.9%。其中，从美国进口的大豆，降到1660万吨，同比减少50%，占比降到19%，比2017年下降15个百分点，但是从巴西进口大豆6600万吨，同比增长30%，占比达75%。2019年1—4月，我国进口大豆2440万吨，同比减少7.8%。其中，进口美国大豆只有430万吨，同比减少70%，美国大豆进口量的下降，在一定程度上对国内的蛋白饲料、植物油供给以及肉类生产带来了不利影响。值得注意的是，从巴西进口大豆占我国大豆进口总量的一半多（2017年5093万吨，占比53%），而巴西大豆产业基本被以美国为主的跨国粮商所垄断，这会增加我国粮食进口稳定性的风险。

另一方面，世界贸易组织改革方向不明朗，对国际粮食贸易和国内农业竞争力会有一些影响。从20世纪70年代开始，特别是进入80年代以后，以政府补贴、双边数量限制和各种非关税为特征的保护主义重新抬头，由于缺乏有效的国际贸易规则，农业支持和保护致使国际农产品贸易扭曲加剧。为遏制保护主义，美、欧、日等缔约国共同倡导发起了乌拉圭回合多边谈判，希望通过谈判降低农业补贴，促进贸易自由化。当前，世界贸易组织再次站在十字路口，贸易保护主义抬头，美国农业保护不断加强就是很好的例证。继2014年之后，在《2018年农业提升法案》中，美国通过提高农产品营销援助贷款率、对价格损失补贴的参考价格设定为 115% 的上浮率等做法，并且把棉种纳入补贴范围，加大了农业补贴的潜在额度，"黄箱"颜色加深。此外，美国通过各类信用担保计划、紧急粮食援助计划等将大量过剩农产品输出国外，冲击了他国的农业产业发展。这些局面都会对我国农业生产、农业竞争力和粮食安全产生一定的影响。

四、构筑牢固的国家粮食安全战略体系

根据党中央、国务院确定的粮食安全战略，结合近几年的实践，谈谈如何构筑牢固的国家粮食安全战略体系。

（一）改革完善国内粮食支持政策

1995 年美国教授布朗提出："谁能够养活中国？" 1996 年国务院新闻办发布了《中国的粮食问题》白皮书，2008 年 11 月国务院印发了《国家粮食安全中长期规划纲要》，并提出到 2020 年粮食自给率在 95% 以上。2013 年国家发展和改革委员会（以下简称国家发改委）会同有关部门进行中期评估发现，如果将大豆加入粮食统计范畴，我国粮食自给率低于 90%，而且我国大豆的进口量仍会继续增加，为此向中央和国务院进行专门汇报，建议调整国家粮食安全战略的相关内容。2013 年 12 月，习近平总书记主持中央财经领导小组会议，确定了新时期要实施"以我为主、立足国内、确保产能、适度进口、科技支撑"的国家粮食安全战略，要求确保谷物基本自给，口粮绝对安全，要做好"藏粮于地、藏粮于技"。

近几年来，我国实施新时期国家粮食安全战略取得了积极成绩。在退耕还林力度不断加大，城镇化、工业化用地不断增加的情况下，当前我国粮食保有耕地量达到 20.23 亿亩，比 1996 年增加 6750 万亩，粮食产量不断迈上新台阶，2010 年突破 5.5 亿吨，2012 年超过 6 亿吨，2015 年迈上 6.5 亿吨，2019 年达到 6.6 亿吨，比 1996 年的 5 亿吨增产 30% 以上。其中谷物产量 6.1 亿吨，比 1996 年增加 1.6 亿吨，2018 年亩单产达到 747 斤，比 1996 年的 598 斤增加 25%。

当然，这些成绩的取得与党和政府高度重视农业、支持力度不断

加大密切相关。根据 WTO 的数据，2016 年，我国农业支持的总水平约 15000 亿元，近 10 年来年均增长 15%。"黄箱"中特定农产品政策支持水平 1300 亿元，近 10 年来年均增长 57.7%。但是，我国入世承诺"黄箱"补贴不超过品种产值的 8.5%，产值不是按我国粮价计算，是根据国际粮价。而且，前些年我国粮食最低收购价和临储价不断提高，使得我们粮价大幅度高于国际粮价，目前差价虽有所缩小，但仍然存在。2019 年 6 月 14 日，国产小麦批发市场价每吨 2760 元，加拿大进口麦到岸完税价成本 2008 元，国内价比进口价每吨高 750 元，高 37.5%；国产玉米批发市场价每吨 1960 元，乌克兰玉米进口到岸完税成本每吨 1736 元，国内价比进口价高 220 元 / 吨，高 12.9%，我国的"黄箱"政策基本被顶满了，也易引发国际贸易争端。2016 年 9 月 13 日，美国在 WTO 起诉我国小麦、稻谷最低收购价和玉米临时收储价等补贴政策，指称"中国补贴超出入世承诺"。2019 年 2 月 28 日，WTO 发布美诉我国粮食补贴世贸争端案专家组报告，认定我国小麦、稻谷最低收购价补贴超出入世承诺，最晚必须于 2020 年 10 月做出调整。

另外，我国"绿箱"政策工具相对单一，结构也不尽合理。按 WTO 口径，我国目前使用的"绿箱"政策主要包括政府一般服务、粮食安全公共储备、国内粮食援助、不挂钩的收入支付、自然灾害救济等，而发达国家广泛使用的收入保险、收入安全网计划等，这些政策我国还没有使用。在政府一般服务的支出中，其他费用（主要包括农业管理人员的办公场所、办公设备、工资以及退休人员工资等）支出增长较快，近 5 年年均增长 20%，而对农业科研、病虫害控制、培训、检验检疫服务、市场营销促销服务等方面的支出较低。另外，我国农业基础设施建设和维护投入远不能满足农业农村发展的实际需求，导致农业基础设施整体上存在总量不足、结构失衡，以及现代化程度不高等问题。

此外，有些措施的政策目标与实施方式存在不一致问题。比较典型的是种粮直补、良种补贴、农资综合补贴等。政策目标设计初衷是促进粮食生产，然而政策的执行方式、实际效果与目标并不匹配，导致相关政策实施效果不尽如人意。比如种粮直补、农资综合补贴政策目标是维护农户种粮利益，调动农民种粮积极性。但是，由于操作成本问题，普遍按照家庭初始承包耕地面积，而不是实际种植面积进行补贴，补贴对象本意是种粮农户，实际是土地承包者。随着承包土地流转量增长，真正的种粮人拿不到补贴。有些地区的良种补贴政策在运行中既没有与农作物实际种植面积挂钩，也没有与采用优质良种挂钩。

下一步，要根据 WTO 改革情况，用好"绿箱""黄箱"政策，总的方向应是"减黄增绿"。要加大财政支农力度，强化研发等生产性支持，努力实现财政支持的总量增加、比例提高和结构优化。比如，以市场化为导向，由价格支持逐步向收入补贴和收入保险转型。慎重推进小麦、稻谷的最低收购价政策稳步向"市场定价＋生产者补贴"方向改革，并建立粮食种植收入保险制度，多项支持措施共同发力，保护农民的种粮积极性，不能让种粮农民没积极性、地被抛荒的情况发生，否则我国的粮食安全将会出现大问题。但是，客观上讲，如果希望通过粮食政策让农民致富，这一目标难以实现。例如，郑州中牟刘集镇种粮农民老刘，今年 57 岁，种植小麦 8 亩，亩产小麦 1000 斤，按小麦价格 1 元／斤，共收入 8000 元。不算人工，总成本 4000 元，老刘净收入 4000 元，加上种粮补贴 1000 元，共 5000 元。但是，老刘外出打工，每天收入为 100~150元，年打工收入差不多 3 万元。加上其他收入 1 万多元，家庭总收入约 5万元，种粮收入仅占家庭总收入约 10%。

（二）多元化粮食进口渠道

我国谷物进口相对比较稳定，2016 年和 2017 年分别为 2200 万吨、2560 万吨，2018 年有所下降，为 2047 万吨，总体上，我国谷物自给率保持在 97% 的水平，"谷物基本自给，口粮绝对安全"基本没有问题。但是，大豆进口高度集中，2017 年我国从巴西、美国进口大豆总额占我国大豆进口总额的比重高达 90%。而且随着扩大开放，国际市场粮价可能会随着生产情况以及一些国际炒家推波助澜产生波动，这将增加我国保障粮食安全的难度。由于国内成本推动和政策支持，我国大宗农产品竞争力与主要出口国的差距较大，在制定价格政策和补贴政策时与贸易政策协调难度也较大。在这种环境下，确保产业安全和粮食安全，对宏观调控、政策协调和体制机制提出了更高要求。

下一步，要积极推进战略性农业国际合作，促进粮食进口市场多元化；着眼粮食进口对我国农业产业的影响，加强贸易救济和贸易补偿；强化对国际粮食市场的监测、研判和预警。同时，也要加快推进农业和粮食企业走出去。

（摘自中国国际经济交流中心常务副理事长、执行局主任、国家粮食安全政策专家咨询委员会主任委员张晓强同志 2019 年 6 月 21 日在加快推进粮食产业高质量发展学术报告会上的讲话）

坚决扛稳粮食安全重任

张务锋

习近平总书记在参加十三届全国人大二次会议河南代表团审议时深刻指出，"确保重要农产品特别是粮食供给，是实施乡村振兴战略的首要任务"，强调"扛稳粮食安全这个重任"，"在确保国家粮食安全方面有新担当新作为"。我们要深入学习领会、用心贯彻落实，牢记"确保国家粮食安全，把中国人的饭碗牢牢端在自己手中"的使命担当，着力推动粮食流通改革发展，加快构建更高层次、更高质量、更有效率、更可持续的粮食安全保障体系。

一、健全法治压实责任，在实施国家粮食安全战略上有新担当新作为

党的十八大以来，以习近平同志为核心的党中央把粮食安全作为治国理政的头等大事，审时度势确立并深入实施"以我为主、立足国内、确保产能、适度进口、科技支撑"的国家粮食安全战略。我国粮食产能稳定，供给宽裕，市场平稳，粮食安全形势总体向好。我国用占全球不到 10% 的耕地、6.5% 淡水资源生产的粮食，养活了 20% 的人口。这是历史性的巨大成就，对世界也是一个重大贡献。

粮食安天下安，粮价稳百价稳。我国粮食供求中长期基本态势仍将

是紧平衡，保障国家粮食安全任务依然艰巨。对我们这样一个有近 14 亿人口的大国，"手中有粮，心中不慌"任何时候都是真理。要准确把握"多"与"少"、"质"与"量"、生产与流通、当前与长远、国内与国外、政府与市场"六个关系"，更加注重依靠完善的机制和法治手段、改革的办法，深入落实国家粮食安全战略。

　　加快推进立法进程，构建粮食安全保障法律体系。健全的法律制度带有根本性、稳定性、长期性。认真落实中央一号文件要求，加快推进粮食安全保障立法进程，做好草案起草、调研论证等工作，搞好粮食生产能力保障、粮食流通能力保障、粮食储备安全保障、粮食应急保障、粮食质量安全保障和监督检查、法律责任等制度设计，力争尽早通过审议并颁布实施，健全国家粮食安全保障体系。

国家粮食和物资储备局在陕西省召开粮食安全保障立法座谈会

　　强化考核引领导向，确保粮食安全责任落实到位。粮食安全省长责任制考核，是加强各方协同、保障国家粮食安全的重要制度安排。要聚焦落实党中央、国务院关于粮食安全的决策部署，优化指标体系，突出重大事项，更好发挥"指挥棒"引领导向作用，调动地方重粮兴粮的积极性和主动性。引导各地毫不放松抓紧抓好粮食生产，稳定粮食种植面积，推动"藏粮于地、藏粮于技"政策措施落地见效，坚决守住耕地保护红线，增强粮食生产能力、储备能力、流通能力。

深化体制机制改革，充分发挥国家粮食储备"压舱石"作用。粮食储备是保障国家安全的重要物质基础。按照党中央、国务院统一部署，改革粮食储备管理体制，完善粮食储备运行和监督管理机制，建立健全功能互补、权责清晰、管理科学、运转高效、保障有力的粮食储备体系。开展中央事权粮食政策执行和中央储备粮管理情况的年度考核，压实主体责任，强化规范管理，保证数量真实、质量良好、储存安全。

二、抓好"粮头食尾、农头工尾"，在建设粮食产业强国上有新担当新作为

遵照习近平总书记关于抓好"粮头食尾、农头工尾"的重要指示和李克强总理建设粮食产业强国的重要批示精神，大力推进粮食产业高质量发展，提高粮食产业质量效益和竞争力，形成一二三产业融合发展新格局。

加快推动"三链"协同发展。延伸粮食产业链，因地制宜推广全产业链经营、产后服务带动、精深加工主导、商贸物流引领、主食产业化、粮食循环经济等方式，支持主产区依托县域培育粮食加工产业集群，加快向产业中高端和链条终端延伸。提升粮食价值链，增加多元化粮油产品供给，依靠标准引领倒逼质量提升，培育一批名牌粮油产品。打造粮食供应链，建设粮食物流枢纽和通道，完善多层次粮食交易市场体系，提高粮食流通效率。

着力促进"五优联动"。着眼"优粮优产"，发挥流通反馈激励作用，引导支持粮食产区绿色化、优质化、特色化、品牌化发展；着眼"优粮优购"，树立优粮优价导向，使优质粮食既产得出又卖得好；着眼"优粮优储"，推广绿色储粮技术，在更高水平上实现"广积粮、积好粮、好积

粮"；着眼"优粮优加"，优化粮食加工产能结构，推广粮油产品适度加工；着眼"优粮优销"，办好"中国粮食交易大会"，推广"互联网＋粮食""放心粮店＋主食厨房"等模式，畅通优质粮油消费服务的"最后一公里"。

张务锋局长、卢景波副局长赴北京市通州万达永辉超市调研国庆粮油市场供应情况

深入实施"优质粮食工程"。这是推动粮食产业高质量发展的有效载体抓手，也是国家乡村振兴战略规划"质量兴农重大工程"之一。要认真落实该工程三年规划，建设粮食产后服务体系，构建粮食质量安全检验网络，开展"中国好粮油"行动，如期实现粮食产后服务体系产粮大县全覆盖，粮食质检体系监测覆盖面提升到60%，全国产粮大县的粮食优质品率提高30%，实现产业兴旺、农民增收、企业增效、消费者受益。

三、坚持目标导向和问题导向，在守住管好"天下粮仓"上有新担当新作为

全面开展粮食库存大清查。全国政策性粮食库存数量和质量大清查，是直接关系国家粮食安全的基础性工作。这次大清查，是继2001年、

2009 年后开展的第三次全国库存大清查，是进入新时代以来首次全国性粮食库存检查。以查实粮食库存数量、质量实底为首要任务，有仓必到、有粮必查、有账必核、查必彻底，确保查实摸清粮食库存家底，向党中央、国务院交一本实实在在的"明白账"。运用信息化、智能化技术，加强粮食交易异常、资金异常和运输异常情况监测排查，畅通投诉举报渠道，强化各方监督。对发现的问题边查边改、即查即改，严肃追责问责，并举一反三，堵塞漏洞。

创新完善粮食宏观调控。加快构建粮食"产购储加销"体系，实施一批重大规划、重大政策、重大项目，健全完善统一高效的防范化解粮食领域重大风险常态化机制。深化粮食收储制度改革，统筹抓好政策性收购和市场化收购。科学把握政策性粮食库存消化节奏力度，推动稻谷等粮食库存尽快回归合理水平。坚决落实"六稳"要求，加强监测分析、预调微调和预期管理，保证粮油市场运行平稳有序。

切实强化粮食监管执法。推行"双随机、一公开"，采取全面检查与重点检查、随机检查与专项检查、跨省交叉检查等方式，提高执法监管效能。实施"金储"工程，建设智能粮库，推进信息化监管。实行信用监管，将严重违法失信企业列入"黑名单"，并实施联合惩戒。办好 12325 监管热线，认真核查举报案件，切实保护广大种粮农民和涉粮企业的合法权益。

（摘自国家发展和改革委员会党组成员，国家粮食和物资储备局党组书记、局长张务锋同志 2019 年 4 月 20 日发表于《经济日报》的署名文章）

推进粮食产业高质量发展的思考

程国强

　　党的十九大提出，我国经济已经由高速增长阶段转向高质量发展阶段，正处在转变发展方式、优化经济结构、转换增长动力的攻关期。必须坚持质量第一、效益优先，以供给侧结构性改革为主线，推动经济发展质量变革、效率变革、动力变革，提高全要素生产率。2019 年中央经济工作会议也指出，推动高质量发展是我们当前和今后一个时期确定发

国家粮食安全政策专家咨询委员会委员程国强谈粮食产业高质量发展

展思路、制定经济政策、实施宏观调控的根本要求。如何推动我国粮食产业迈向高质量发展，既是一个重要的理论问题，更是一个重大的实践探索。

一、粮食产业高质量发展的内涵

（一）高质量发展是粮食产业转型升级的新机遇

我国经济由高速增长阶段转向高质量发展阶段，粮食产业面临转型升级、提质上档的重大机遇。

第一，发展理念创新。粮食生产将从过去数量优先转向质量第一、效益优先，由注重"有没有"转向"好不好"，从"吃饱"转向"吃好"，粮食产业将形成以高质量发展为根基的发展理念创新、战略创新。

第二，政策调控转型。粮食政策将从增产导向转向提质导向，政策与调控将以高质量发展为目标，提升竞争力为导向，由过去的价格支持、行政干预，转变为充分发挥市场配置资源的决定性作用，更好地发挥政府作用。

第三，产业融合发展。由发展方式粗放、产业链脱节，转变为一二三产融合发展，由经营资源性、博弈型，转变为发展创新性、共享型。更加注重开发粮食多功能，延长粮食产业链，提升粮食价值链，完善粮食利益链，实现小农户与现代粮食经济有效对接、深入融合。

第四，国内国际统筹。大豆从90年代中期开始有效利用国际农产品市场和农业资源，为保障口粮绝对安全、谷物基本自给提供了重要支撑。面对下一阶段人口峰值及其粮食需求峰值与农业资源禀赋之间的矛盾，粮食产业高质量发展要更加重视国内国际统筹，从过度生产、资源透支，转向统筹利用国内外粮食资源和市场，拓展深化全球粮食产业链和价值链，构建持续、稳定、安全的全球粮食供给和安全保障体系。

（二）粮食产业高质量发展的内涵

第一，高质量粮食供给保障。要求构建高质量的粮食生产体系和经营体系，实现创新引领、消费驱动，结构合理、供给有效，适应居民消费转型升级需要，更好地满足日益丰富、多元的需求。

第二，高质量粮食产业体系。要求拓展粮食产业链，提升价值链，优化利益链。亦即，要沿产业链上游向提供农资、贷款、种子等各种服务拓展，下游向收储、物流、加工、国际贸易拓展，既要促进企业增效，也要促进农民增收，实现粮食一二三产业深度融合、一体化发展。

第三，高质量粮食资源配置。推动粮食高质量发展就要处理好政府和市场的关系。要充分发挥市场配置资源的决定性作用，更好发挥政府作用；要优化粮食支持政策机制，全面激活主体，激活要素，激活市场；提高全要素生产率，提升粮食产业效益。

第四，高质量粮食可持续发展。推进农业供给侧结构性改革，要求构建生产绿色、资源节约、环境友好的粮食产业，既要守住口粮绝对安全、谷物基本自给的底线，也要把好粮食安全的历史边界，给我们的子孙后代留出足够的好地、好水、好资源。

第五，高质量粮食竞争力。要推动更高质量的农业对外开放，全面提高统筹利用国内外粮食市场和资源的能力；按照效益优先、竞争力导向原则，着力实施粮食产业差异化战略，通过科技化、品牌化、特色化、绿色化路径，全面提升我国粮食产业的竞争力。

二、推进粮食产业高质量发展意义重大

（一）推进粮食高质量发展，是解决粮食产业发展不平衡、不充分问题的战略选择

过去粮食产业发展不平衡，主要体现在长期供给总量不足，所以政策目标是解决"有没有""够不够"的问题。现在粮食产业发展面临的问题是从总量不足转为结构性矛盾，供过于求与有效供给不足并存。如目前水稻、玉米去库存仍然有压力，但大豆供需缺口巨大，进口达9000万吨以上；中筋小麦供给过剩，但弱筋小麦、强筋小麦供需缺口较大。粮食"五高一低"问题仍然严重，即粮食产量高、库存高、进口高、成本高、价格高，竞争力低，不平衡发展是我国粮食产业亟待解决的当务之急。

另外，粮食产业不充分发展，突出体现在以下几个方面：其一，发展方式粗放。粮食生产拼要素、拼投入、拼环境；粮食经营拼资源、拼规模，部分主产区以及地方国有粮食企业政策路径依赖严重，竞争力日益弱化。其二，产业链脱节。粮食生产、收储、物流、加工等环节，国内外供应链基本脱节，没有形成完整的粮食产业链。粮食加工转化链短，初级产品、半成品多，深加工不足，缺乏粮食增值增收的价值链。其三，缺乏创新机制。我国粮食产业远未进入需求引领、品牌驱动的发展阶段。特别是，粮食产业的创新能力可能是国内最弱的行业之一，我国粮食行业最近十多年在科技创新方面，已远远滞后其他行业。有关研究表明，我国稻谷加工的增值率仅为 1:1.3，而美国、日本等大米加工业发达国家，稻谷加工产品已超过 350 种，稻谷加工增值率达到 1:4~1:5。我国家庭居民消费食物中，工业化食品只有 18% 左右，而发达国家达到 70% 左右，在美国和日本社会消费中分别占 92% 和 82%。

（二）实现粮食产业高质量发展，是应对人口增长以及居民食物消费结构升级的战略任务

今后粮食产业满足人民不断增长的对美好生活的需要，主要有两大维度的战略考量。一方面，人口增长及结构变化。从总量看，预计未来 5~6 年人口总量将达到 14.5 亿的峰值，比现在增加 5000 万左右。目前的粮食保障能力是以 14 亿人口需求为基准建设的，今后面对人口峰值所形成的粮食安全保障与消费新需求，必须谋划粮食安全保障新战略和粮食产业发展新方式。从结构看，人口发展将进入深度转型阶段，老龄化程度不断提高。2018 年 60 周岁及以上人口占总人口的比重为 17.9%（15%为老龄化社会），预计该比重在 2030 年达到 1/4、2050 年达到 1/3，老龄化或将使粮食需求峰值提前到达，更将对粮食安全保障提出新挑战、新任务。另一方面，收入增长与消费升级。口粮直接消费（面粉、大米）逐步减少并趋于稳定，肉蛋奶的消费总体仍呈上升趋势。细分品种也有结构变化，如肉类消费中牛肉消费呈增长趋势，猪肉消费则逐步减少。这意味着，今后我国粮食消费结构中，除了主粮供应，饲料粮，包括蛋

白饲料、能量饲料等需求将呈持续增长趋势，面临统筹国内国际供应链的战略选择。同时，个性化、多元化、绿色化、功能化的食物消费逐步增长。按照世界银行的划分标准，高收入国家的标准是人均 GDP 达到 1.25 万美元，目前我国人均 GDP 不到 1 万美元，从中等收入迈向高收入阶段预计还有 8~10 年的时间。经验表明，从中等收入迈向高收入阶段的过程也是食物消费结构变动较大的阶段。这一阶段粮食需求仍处于上升通道，保障粮食供应的任务十分艰巨，但同时也为粮食产业链的转型升级、高质量发展，提供了战略性机遇。

（三）应对世界百年未有之大变局，切实稳住"三农"基本盘，保障国家粮食安全的战略要求

粮食安全与能源安全、金融安全并称三大经济安全，是国家安全的重要基础。当前全球经济力量对比发生着根本性变化，全球经济治理体系正处于重构关键期。在国际环境日益复杂多变的形势下，推动粮食产业高质量发展、稳住"三农"基本盘，是应对国内外各种风险挑战、保障国家经济安全的战略要求。中美贸易摩擦有可能对国内经济社会产生深刻影响，对管控风险、保障国家经济安全提出更高的要求。实现粮食产业高质量发展，是强化国家粮食安全保障能力建设的根本途径，是应对世界大变局的基础支撑，也是粮食行业义不容辞的责任。

三、推进粮食产业高质量发展的总体思路和路径

（一）总体思路

下一阶段粮食宏观管理要明确两个战略重点：一是强化国家粮食安全保障能力建设，进一步增强粮食国内生产能力、储备调节能力、国际供应链管理能力，推进实现粮食安全管理能力和管理体系的现代化。亦即，坚持一个并重（粮食安全、资源环境安全并重）、二元路径（立足国内、适度进口）、三大能力（体现保障口粮绝对安全的粮食国内生产能力、体现压舱石作用的现代化高效储备调节能力、体现现代化粮食产业经济体系的国际供应链管理能力）。二是促进粮食产业高质量发展，全面提升

粮食产业竞争力。要以实施乡村振兴战略为总抓手，以推进农业供给侧结构性改革为主线，坚持质量兴粮、绿色兴粮、效益优先、竞争力导向，加快转变粮食产业发展方式，推动粮食产业转型升级，要推进创新引领，改革突破，结构升级，绿色发展，建设现代粮食产业经济体系。

（二）推进粮食产业高质量发展的路径

推动粮食产业迈向高质量发展关键要从"制度环境""改革突破"和"创新驱动"三个路径发力。

第一，要构建制度环境。粮食产业实现高质量发展，首先必须要有体制机制支撑和制度保障。一是要构建统一开放、竞争有序的粮食市场体系。这就要求必须深化农业供给侧结构性改革，尤其要推进粮食价格形成机制和收储制度改革，最大限度激活主体、要素和市场。二是要逐步建立充分发挥市场作用、更好发挥政府作用的粮食管理体制。建议各地各部门在实际操作中，避免泛化粮食安全边界，要用制度乃至立法的方式明确粮食安全保障的内涵与框架。同时，也要明确界定粮食安全与粮食产业发展的功能目标与管理边界，形成市场机制有效、微观主体有活力、宏观调控有度的机制安排，建立现代化粮食产业经济体系。进一步深化国有粮食企业改革，消除现有管理规则的所有制歧视。三是要构建推动粮食产业高质量发展的指标体系、政策体系、标准体系、统计体系、绩效评价、政策考核等。

第二，要坚持改革突破，为粮食产业高质量发展提供制度供给。一是粮食产业高质量发展亟待制度支撑。如现有的粮食生产体系与经营制度，是改革初期为了解决吃饭问题而设计的，已经无法适应现代农业的发展要求。虽然在农业经营制度上有许多探索，如家庭农场等规模经营模式，实质上难以形成规模经济和分工经济；"公司＋农户"、土地信托等模式，面临合作不稳定的问题，且存在"非农化"与"去粮化"经营趋向。粮食产业迈向高质量发展，必须打破过去按照温饱目标设计的制度框架，否则，就会存在基础性、制度性约束。二是要处理好政府与市场的关系，坚持市场化改革不动摇。粮食安全是三大经济安全之一，紧急状态下，政府必须动员一切资源确保国家粮食安全，为国家总体安全提供根本支撑。但在紧急状态之外，市场化是粮食产业高质量发展的基础制度安排。收储制度、市场准入制度等，作为粮食产业绿色化、品牌化、特色化发展的体制基础，都是以市场化为体制基础的。要激活主体、激活要素、激活市场，政府必须制定框架和标准，提供良好的市场环境。而在目前多重问题的制约下，现有政策箱的可选工具并不多。如价格支持政策一直被认为支持信号最为明确，比如粳稻 2014—2016 年的最低收购价为 1.55 元 / 斤，比成本高 0.35 元 / 斤，由此导致东北粳稻种植积极性高涨。尤其是玉米收储制度改革以后，甚至出现旱改水的现象，导致市场扭曲的问题出现。美国、欧洲、日本也都曾实施价格支持政策，但这些价格支持政策都产生了明显的外部性和效率损失。据测算，政府每补贴 1 元钱，农民仅能得到补贴的 1/4，而且严重扭曲市场。对目前我国的实际而言，政策实施的难点还在于，若不使用价格支持措施，大水漫灌式的补贴确实难以精准到位，政策的针对性明显不足，其他可替代的政策选项也较少。今后在市场化改革进程中，如何将保护农民利益的政策目标落实到位，确实是对决策部门和各级地方政府管理能力的重大考验。当前深化粮食收储制度和价格形成机制改革，重点是改革完善小麦、水稻的最低收购价政策。建议按照"稳定构架、增强弹性、改革机制、遵循规则"的原则进一步推进最低收购价政策改革。其中，"稳定构架"，即要保持最低收购价政策构架的基本稳定，给种粮农民吃"定心丸"；"增强弹性"，即粮价既可升也能降，政策既要及时启动也要适时退出；"改革机制"，即改革最低收购价政策的功能与机制，由既保供给又保增收的托市机制，调整回归至兜底保障、解决卖粮难的托底机制；"遵循规则"，即政策机制必须符合 WTO 规则，不能违背我国对 WTO 的承诺。从操作层面看，最低收购价政策的改革方向是在保留政策构架的基础上，价格逐渐调整到成本水平。但据测算，即使调到成本水平，补贴仍然超过 8.5% 的"黄箱"微量允许水平，调到成本线以下则农民面临较大的收入损失，需要采取符合规则的收入补偿措施。政策性农业收入保险有可能成为替代政策之一。美国农业部由风险管理局负责保险产品的设计和实施管理，日本也有专门机构管理，且都要求有较高的执行精度。美国、日本的农民数量只有 200 多万人，而我国农民数量是上亿级的，农业收入保险政策或许难以真正落地实施。三是解决市场失灵问题。以食品安全和农业品牌化为例，食品标准、品牌专利、地理标志保护、市场监督等市场环境管理，难以通过市场机制解决。如何在政府和市场之间做好分工，需要政府在制度创新、政策创新和创造良好市场环境方面发挥更大作用，解决好执行不严、投入不足等问题，弥补由于市场失灵而出现的资源错配现象。

第三，要坚持创新驱动，促进粮食一二三产融合发展、国际化升级。创新发展方式，实现一二三产业全产业链经营、融合发展，这是实现粮食产业提质增效、转型升级的基本模式。这要求从长期以来粮食企业拼资源、拼要素，增长方式粗放、产业链脱节，转向一二三产融合发展，促进开发粮食多功能，延长产业链、提升价值链、完善利益链。以日本粮食产业融合发展的经验为例，其延长产业链、提升价值链、完善利益链的做法有几点启示。一是需求导向、创新引领。从吃饱转向吃好，需求引导是迈向高质量发展的起点。如日本消费者对寿司的消费，刺激了直链少、支链淀粉含量高的大米需求，因此研发并大面积种植了直链淀粉含量只有 16% 的"越光"米。发挥产学研一体的优势，改良培育了适用于炒饭的大米品种，创新开发功能性大米。同时，为了减少大米过剩的库存压力，研究开发了发酵粗饲料用水稻，进行结构调整。二是消费驱动、融合发展。为了把米饭蒸得好吃，日本研发电饭煲，成为世界最大的厨具产业之一。同时适应劳动力结构及生活方式变革的需要，通过精深加工将糙米加工成大米、免淘米、米饭，开发功能性大米、方便米饭等，提高附加值。三是科技支撑、品牌经营。在大米的保存加工方面，以食用口感为标准，通过低温冷藏技术最大限度保持稻谷的鲜度。构建了一套以消费为导向的集生产、储藏、加工、品牌化为一体的产业链和质量标准体系。日本大米从 20 世纪 70 年代由短缺转为过剩后开始进行结构调整，实现高质量发展也经历了长期的过程。到 80 年代中期，用 10 年时间普及食味优良的大米品种。经过 20 年，优良品种成为主力。优质大米普及率从最初不到 20%，到 20 年后达到 80%，这一阶段用了二十年时间。日本经验也启示我们，实现高质量发展需要一定的战略定力。

另外，创新发展理念，实现粮食产业国际化升级，是粮食产业高质量发展的基本标志。作为一个人口大国，必须建立一个与大国地位相匹配的全球粮食等主要农产品供给保障和市场体系。促进粮食产业国际化升级，在世界面临百年不遇的大变局新形势下，显得更加紧迫。一是要实施差异化发展战略。农业缺乏竞争优势将是今后一个不可回避的常态。实施粮食产业的差异化战略，就是要避开我国粮食产业的劣势，发挥差异化、特色化优势。要求粮食产业的发展，除了体现为产品的安全、健康、快捷、方便、有效供给外，反映更多的是对粮食农业多功能性的新消费新需求。在今后我国工业化、城镇化发展的关键阶段，农业所承载的生态环境安全和农村社会稳定保障功能，将在一定程度上接近甚至逐步超过其长期所担负的产品供给功能。实施美丽乡村建设，挖掘农业多功能供给以及多元化需求，是以生态环境保护为前提，以资源约束为代价，满足居民美好生活需要的战略路径。二是在"一带一路"倡议下，提高统筹配置全球农业资源的能力，建立持续、稳定、多元、安全的全球粮食供应链网络。构建"一带一路"粮食产业链和投资合作平台，促进粮食产业国际化升级，是粮食产业高质量发展的重要方向。"一带一路"沿线的中南半岛国家，稻谷资源丰富，生产潜力加大。目前四川、重庆、云南和贵州四省市的粮食供需缺口约 2500 万~3000 万吨，若通过"一带一路"投资平台推动粮食供应链建设，打通物流通道，则可通过中国—中南半岛经济走廊建设，构建安全、稳定的区域性粮食供应链，既可形成西南四省市新的粮食供求平衡关系，也为中南半岛发展中国家农业发展提供巨大机遇。

目前全球大豆生产增量部分的 70%~80% 出口到我国，这是提高我国对全球大豆资源统筹配置能力的重要条件。黑海地区有广袤的土地资源，据测算可替代美国 1000 万~2000 万吨的大豆进口。大豆进口来源地向黑海地区等"一带一路"沿线地区转移，将推动全球粮食供需格局的深刻变化，也有利于促进我国加快建立持续、稳定、多元、安全的全球粮食供应链网络。

（摘自同济大学经济与管理学院教授、国家粮食安全政策专家咨询委员会委员程国强同志 2019 年 6 月 21 日在加快推进粮食产业高质量发展学术报告会上的讲话）

部署落实

建设粮食产业强国

建设粮食产业强国
成效与亮点

在第二届中国粮食交易大会上的致辞

陈润儿

在这万物争荣、生机盎然的盛夏时节，第二届中国粮食交易大会在郑州隆重举办。在此，我谨代表中共河南省委、河南省人民政府，向莅临粮食交易大会的各位嘉宾表示诚挚的欢迎！向关心支持河南发展的各界朋友表示衷心的感谢！

河南省省委书记王国生、省长陈润儿、国家粮食和物资储备局局长张务锋
共同启动第二届中国粮食交易大会

　　河南是中华民族和中华文明的重要发祥地，是全国重要的粮食大省。近年来，在以习近平同志为核心的党中央坚强领导下，我们全面贯彻落实党的十九大精神和习近平总书记视察指导河南时的重要讲话，统筹推进"四个着力"，持续打好"四张牌"，全省经济社会发展保持了"稳、进、好"态势。2018年，全省生产总值达到4.8万亿元，比上年增长7.6%，稳居全国第五位。2019年1—5月，经济保持平稳较快增长，主要经济指标好于预期。我们始终把扛牢粮食安全责任与调整农业结构、增加农民收

王国生书记、陈润儿省长、张务锋局长参观第二届中国粮食交易大会现场

入统一起来，正确处理产出与产能、数量与质量、生产与生态、增产与增收的关系，坚持绿色化、优质化、特色化、品牌化发展，大力实施"四优四化"，加快发展绿色食品业，深入推进农业供给侧结构性改革，确保粮食安全、农业增效、农民增收。近年来，河南省粮食种植面积稳定在1.6亿亩，小麦种植面积8600万亩以上，其中优质小麦种植面积发展到1204万亩，粮食产量连续两年超过1300亿斤，以占全国1/16的耕地，生产了全国1/10的粮食，其中小麦产量超过全国的1/4，每年外调原粮及制成品超过400亿斤。河南还是全国花生第一大省，年种植面积1800万亩以上，

产量超过 110 亿斤，分别占全国的 1/4 和 1/3。河南农产品加工业也已成为全省第一大支柱产业，全省规模以上农产品加工企业达到 7250 家，涌现出"三全""思念""双汇"等一批知名品牌。不仅为保障国家粮食安全作出了积极贡献，而且正在实现从"中原粮仓"到"国人厨房"，再到"世人餐桌"的转型发展。

中国粮食交易大会作为推动全国性粮食产销衔接的重要平台，是全国粮食和物资储备行业的一大盛会，具有展示成就、引领产业、促进贸易、扩大消费的重要功能。本届粮交会以"新机遇、大融合、聚优势、谋共赢"为主题，以推动粮食产业高质量发展为主线，全面展示新中国成立七十年来粮食和物资储备系统发展成就，宣传优质粮油品牌，推广新技术新设备，开展粮油政策形势分析和粮食产业发展经验交流，必将为广大客商深入对接、合作共赢搭建更广平台，创造更多机遇。

民以食为天，国以粮为安。我们将以这次粮食交易大会为契机，认真贯彻落实习近平总书记关于"三农"工作的重要论述和参加十三届全国人大二次会议河南代表团审议时的重要讲话精神，扛牢粮食安全政治责任，发挥粮油生产大省优势，坚持以"粮头食尾""农头工尾"为抓手，延伸产业链、提升价值链、打造供应链，加快粮油产业高质量发展。落实好李克强总理批示要求，优化粮食种植结构，提升精深加工水平，为建设粮食产业强国、保障国家粮食安全作出新贡献！同时，河南将进一步扩大开放，加强与国内外粮油组织、知名企业、科研院校的合作交流，热忱欢迎有识之士抢抓机遇，投资河南、深耕中原，共谋合作大计，共享发展成果，共创美好未来！

最后，预祝第二届中国粮食交易大会圆满成功！

祝各位嘉宾身体健康、事业发达！

谢谢大家！

（摘自河南省省长陈润儿同志 2019 年 6 月 21 日在第二届中国粮食交易大会上的致辞）

在第二届中国粮食交易大会开幕式上的致辞

张务锋

今天，我们齐聚商都郑州，共同启幕第二届中国粮食交易大会。在此，我代表国家粮食和物资储备局，向各位领导嘉宾表示热烈的欢迎，向多年来关心支持粮食流通改革发展的各界朋友表示真诚的感谢！

大家知道，2019年全国"两会"期间，习近平总书记在参加河南代表团审议时强调："延伸粮食产业链、提升价值链、打造供应链，不断提

张务锋局长为第二届中国粮食交易大会开幕式致辞

高农业质量效益和竞争力。"近日，李克强总理作出重要批示，要求在"绿色、优质、特色、品牌"上做文章，加快建设粮食产业强国。举办这次交易大会，就是要认真落实总书记、总理重要指示批示精神，开展产需对接，推动"三链协同"，促进粮食产业创新发展、转型升级和提质增效。

本届交易大会，**适逢新中国成立 70 周年，是展现我国粮食产业发展成果的一次盛会**。70 年来，我国粮食产业蓬勃发展，粮食产品日益丰富，成功解决了十几亿人的吃饭问题。大会设有十个展区，从优质粮油到加工制品，从机械设备到技术研发，从国内消费升级到国际粮食合作，全链条、多角度展示辉煌成就。

本届交易大会，**规模宏大、内容丰富，是粮食产销衔接的重要平台**。31 个省区市均组织参展，河北、山西、吉林、黑龙江、安徽、山东等省份由省级领导同志带队参加；与会企业 2200 多家，专业人员 1.5 万人；涉及"产购储加销"各环节，为产业对接融合提供了便利。

本届交易大会，**名品荟萃、导向鲜明，是引领粮食产业高质量发展的风向标**。随着"优质粮食工程"深入实施，大批"中国好粮油"产品涌现出来。依托交易大会这个大舞台，提高知名度和美誉度，引导更多企业以市场需求为导向，打好绿色优质牌。

本届交易大会，**助力脱贫攻坚，是践行初心使命、服务贫困群众的有效载体**。在中央和国家机关工委、国务院扶贫办等部门大力支持下，举办首届全国贫困地区优质特色粮油产品展销会，22 个省区 169 个贫困县的 300 多家合作社和企业参会，扩大市场影响，拓宽销售渠道，促进产业扶贫和消费扶贫。

本届交易大会，**聚焦河南粮食产业，是助力"中原更加出彩"的具体行动**。河南是全国重要的粮食主产区和粮食加工转化大省。近年来，省委、省政府深入贯彻习近平总书记重要指示精神，认真落实粮食安全省长责任制，加大政策支持，实施"四优四化"，粮食产量保持高位，粮食产业蓬勃发展，粮食"王牌"效应不断放大。刚才，国家局与河南省政府签署了战略合作协议，从建设现代粮食产业示范园区、布局粮食物流园区和搭建产销合作平台、打造区域品牌等方面，全力支持河南。

各位领导嘉宾、同志们，本届粮食交易大会，以"新机遇、大融合、聚优势、谋共赢"为主题，旨在"创新转型增活力、提升产业促发展"。对大会筹办工作，河南省委、省政府高度重视，王国生书记、陈润儿省长等领导同志多次作出重要指示，亲自安排部署，亲临会议指导；省直相关部门和郑州市委、市政府做了大量周到细致的工作。在此，我代表国家粮食和物资储备局向各位领导表示诚挚的感谢！

最后，预祝第二届中国粮食交易大会圆满成功！祝各位领导嘉宾身体健康、如意吉祥！

（摘自张务锋同志 2019 年 6 月 21 日在第二届中国粮食交易大会开幕式上的致辞）

在全国加快推进粮食产业经济发展第三次现场经验交流会上的讲话

张务锋

　　2019 年全国"两会"期间，习近平总书记在参加河南代表团审议时发表重要讲话，明确指出"确保重要农产品特别是粮食供给，是实施乡村振兴战略的首要任务"，特别强调"扛稳粮食安全这个重任"，对"实现粮食安全和现代高效农业相统一"等重大课题作了深刻阐述和重要部署。这既是对河南省提出的要求，又为全国发展粮食产业经济和保障国家粮食安全，指明了正确方向，提供了根本遵循。近日，李克强总理在国家局《关于以"粮头食尾"和"农头工尾"为抓手加快建设粮食产业强国的报告》上作出重要批示，强调做强做优粮食产业的重要意义，要求加快建设粮食产业强国，具有很强的针对性和指导性。

　　我们在河南省召开这次会议，就是要坚持以习近平新时代中国特色社会主义思想为指导，认真贯彻习近平总书记重要指示和李克强总理重要批示精神，总结交流经验，部署下步任务，大力推动粮食产业高质量发展，积极构建现代化粮食产业体系，加快建设粮食产业强国。这次会议，专门印发并认真传达了习近平总书记重要讲话和李克强总理重要批示。要深刻领会、用心把握，结合各地实际，全力抓好落实。

　　昨天，与会同志先后参观了漯河市、郑州市的粮食骨干企业和特色园区。接下来，国家局将举办第二届中国粮食交易大会和粮食产业高质量发展报告会；与河南省人民政府签署战略合作协议，举行专家论证会；与联合国世界粮食计划署签订南南合作谅解备忘录。这些活动旨在凝聚共识，协同联动，深化合作，全力推动粮食产业创新发展、转型升级、提质增效。

授予河南省漯河市"全国主食产业化工程示范市"称号

　　刚才，国家局授予漯河市"全国主食产业化工程示范市"称号；漯河市人民政府、河南省粮食和物资储备局就发挥特色优势、发展主食产业、打好粮食这张"王牌"，介绍了典型做法和突出成效；山东省滨州市人民政府、黑龙江省五常市人民政府、湖北省粮食局、湖南省南县人民政府、山西省粮食和物资储备局、中粮贸易公司、陕西粮农集团、深粮控股有限公司主要负责同志作了很好的典型交流发言。这些先进经验，特色鲜明、代表性强，是全国粮食产业蓬勃健康发展的缩影。希望各地各单位相互借鉴、扬长补短，不断开创粮食产业高质量发展的新局面。下面，根据国家局党组研究的意见，我讲三个方面。

一、深刻领会习近平总书记重要论述精神，充分认识加快推动粮食产业高质量发展的重大现实意义

党的十八大以来，以习近平同志为核心的党中央着眼全局、审时度势，确立了国家粮食安全战略，对深化农业供给侧结构性改革、推动粮食产业高质量发展、增强粮食安全保障能力作出了一系列重大部署。我们要牢记初心使命，自觉对表对标，增强"四个意识"，坚定"四个自信"，做到"两个维护"，进一步强化担当作为。

一是加快推动粮食产业高质量发展，有利于在应对百年未有大变局中，坚决扛稳粮食安全这项重任。 早在 2013 年，习近平总书记就在中央经济工作会议和中央农村工作会议上对粮食安全问题作出深入系统的阐述。在粮食连年丰收、市场供应充裕的情况下，习近平总书记发出谆谆告诫："手中有粮，心中不慌"；"解决好吃饭问题始终是治国理政的头等大事"；"只要粮食不出大问题，中国的事就稳得住"；"什么时候都不能轻言粮食过关了。在粮食问题上不能侥幸、不能折腾，一旦出了大问题，多少年都会被动，到那时谁也救不了我们"；"粮食问题不能只从经济上看，必须从政治上看，保障国家粮食安全是实现经济发展、社会稳定、国家安全的重要基础"。近年来，习近平总书记在多次重要会议上都着重讲到粮食安全，每到地方考察调研总要特别叮嘱，反复强调"十几亿人口要吃饭，这是我国最大的国情"，"保障国家粮食安全是一个永恒课题，任何时候这根弦都不能松"，"各级党委和政府一定要抓紧抓紧再抓紧"；在河南代表团又作出了"在确保国家粮食安全方面有新担当新作为"的重要指示。针对如何把握好国内与国外关系，习近平总书记深刻指出："看看世界上真正强大的国家、没有软肋的国家，都有能力解决自己的吃饭问题"；"靠别人解决吃饭问题是靠不住的。如果口粮依赖进口，我们就会被别人牵着鼻子走"。在百年未有之大变局、中美经贸摩擦持续、外部环境复杂严峻的新形势下，深入学习领会这些重要指示，愈加深刻体会到习近平总书记对国家粮食安全一以贯之的高度重视，愈加体现出

其中的战略定力和远见卓识，愈加感到责任重大、义不容辞。我们要充分认识到，"产业强、粮食安"，一个国家和地区的粮食安全水平与粮食产业完整性、链条紧密性、结构合理性密切相关。保障国家粮食安全，需要产业安全做基础；构建更高层次、更高质量、更有效率、更可持续的粮食安全保障体系，做强做优粮食产业是关键之举。要从认真落实总体国家安全观的高度，发展壮大粮食产业，牢牢掌握粮食安全的主动权。

二是加快推动粮食产业高质量发展，有利于在一二三产业融合中，切实用好"粮头食尾"和"农头工尾"这个抓手。习近平总书记在黑龙江省考察时指出，要以"粮头食尾"和"农头工尾"为抓手，推动粮食精深加工，做强绿色食品加工业；在中央政治局集体学习时，强调"要加快建立现代农业产业体系，延伸农业产业链、价值链，促进一二三产业交叉融合"；在参加河南代表团审议时，要求"抓住粮食这个核心竞争力，延伸粮食产业链、提升价值链、打造供应链，不断提高农业质量效益和竞争力"。这些重要论述，通盘谋划，提纲挈领，统揽粮食产业各领域各环节，贯穿了系统思维、创新思维和辩证思维。我们要充分认识到，在粮食产业链条上，加工转化具有重要引擎作用，粮食流通具有反馈引导效应。实现高质量发展的过程，也是链条整合、资源集聚，首尾相顾、互促共进的过程。要着眼"大粮食、大产业、大市场、大流通"，强化统筹协调，着力构建现代化粮食产业体系。

三是加快推动粮食产业高质量发展，有利于在农业供给侧结构性改革和收储制度改革中，做好做活粮食这篇大文章。习近平总书记深刻指出："农业的主要矛盾已经由总量不足转变为结构性矛盾，突出表现为结构性供过于求和供给不足并存"；"要坚持以农业供给侧结构性改革为主线，坚持质量兴农、绿色兴农，加快推进农业由增产导向转向提质导向"；强调"要用好深化改革这个法宝"。2017 年 9 月，李克强总理专门就发展粮食产业经济作出重要批示，提出了加快推动我国从粮食生产大国向粮食产业强国迈进的奋斗目标；最近，在重要批示中，对做强粮食产业在提升粮食安全保障能力、促进农业提质增效、推动乡村振兴中的重要意义作了强调。这些重要指示和批示，既分析了主要矛盾，又指明了破解难题的途径；既分析了问题压力，又指明了发展潜力所在。我们要充分认识到，粮食产业一头连着生产一头连着消费，基础性强，涉及面广。既是稳增长的重要支撑、促转型的重要一环，也是容纳劳动力众多的民生产业。在农业供给侧结构性改革和粮食收储制度改革中，粮食是篇大文章，需要做好做活。随着玉米价格形成机制的理顺，市场流通更趋顺畅，玉米加工业全面激活，达到了"一招活、满盘皆活"的效果。要坚持把改革创新作为动力源泉，使市场在粮食资源配置中起决定性作用，更好发挥政府作用，加速实现粮食产业新旧动能转换。

张务锋局长在全国加快推进粮食产业经济发展第三次现场经验交流会上讲话

以上，我们从三个方面认真学习领会了党中央、国务院领导同志关于粮食产业发展的重要指示和重要批示精神。近期，中央印发了《习近平关于"三农"工作论述摘编》，将"确保国家粮食安全，把中国人的饭碗牢牢端在自己手中"单列一个专题。习近平总书记的重要论述视野宏阔、思想深邃，内涵丰富、博大精深。我们要在"不忘初心、牢记使命"主题教育中，全面系统学、深入思考学、联系实际学，努力往深里走、往心里走、往实里走。

二、总结经验、把握规律，进一步明确推进粮食产业经济发展的思路举措

2017 年以来，遵照习近平总书记重要指示精神和李克强总理重要批示要求，在国家发改委党组的高度重视和大力支持下，我们认真落实国务院办公厅《关于加快推进农业供给侧结构性改革大力发展粮食产业经济的意见》，先后三次召开现场经验交流会，重点推广山东省滨州市、黑龙江省五常市、河南省漯河市的成功经验，以"连抓三年、紧抓三年"的劲头和力度，持续推动粮食产业高质量发展。30 个省级政府出台实施意见。12 个省份党政主要领导同志作出批示，各省级政府分管负责同志专题部署，集中出台了一批政策含金量高、扶持力度大的举措。农业农村部、工业和信息化部、财政部、自然资源部、商务部、国家市场监督管理总局、国家能源局和中国农业发展银行等部门单位，在资金投入、用地用电、品牌创建、培育龙头等方面大力支持、合力推动。在近三年实践中，全国各地认真落实党中央、国务院决策部署，积极探索、锐意创新，创造了许多好经验好做法。概括起来就是聚焦"一个目标"、围绕"两大战略"、突出"三链协同"、建设"四大载体"、实施"五优联动"。

聚焦"一个目标"。即：坚持"粮头食尾"和"农头工尾"，以实现高质量发展、建设粮食产业强国为目标，优化粮食资源配置，调优调绿产能结构，提高粮食产品创新力、品牌影响力和市场竞争力，加快构建现代化粮食产业体系。从规模实力看，2018 年年末，全国纳入粮食产业经济统计的企业达到 2.3 万户，年工业总产值达到 3.1 万亿元，产值超千亿元省份 11 个。其中，山东省突破 4000 亿元，江苏、安徽、广东、湖北、河南 5 省均超过 2000 亿元。从质量效益看，产能结构调整优化，传统成品粮加工行业产值占比下降，粮食精深加工和食品加工行业产值增幅分别高于全行业平均水平 3.8 个和 10.7 个百分点；利润总额比 2016 年

增长 64.9%，销售利润率达到 6.9%，提高 2.1 个百分点。从品牌影响看，"吉林大米""荆楚大地""山西小米""广西香米""齐鲁粮油""天府菜油"等大批区域品牌知名度和美誉度明显提高，一批龙头企业集团做强做优做大，成为粮食产业高质量发展的排头兵。

围绕"两大战略"。即：一方面，围绕实施国家粮食安全战略，推动粮食供求平衡向高水平跃升，着力防范化解粮食领域重大风险，为构建更高层次、更高质量、更有效率、更可持续的粮食安全保障体系提供强力支撑；**另一方面**，围绕实施乡村振兴战略，推动粮食精深加工转化，加速产业链条向两端延伸，形成新的经济增长点，在实现农业强、农村美、农民富中发挥积极作用。主要体现在三个方面：**一是**粮食加工产能和产业集中度提高。2018 年，全国各类涉粮企业实际加工转化粮食 5.5 亿吨，粮食加工转化率达到 83%；入统产业化龙头企业产值占全国总量的 61%，提高近 20 个百分点。**二是**粮食市场体系更加完善。全国主食厨房销售网点 2.2 万个，覆盖超过 3000 万城乡人口，同比增加一倍多；粮食大型市场 500 多家；中国粮食交易大会和黑龙江金秋粮食交易会、福建粮食交易洽谈会等活动，为优质粮油产品搭建了展销对接平台。**三是**产业融合促进农民增收。全国产业化龙头企业建立优质粮源基地 6700 多万亩，关联农户 1200 多万户。入统企业中民营企业达 2 万多户，占比接近 90%，有力带动了创业就业。第一产粮大省黑龙江坚持质量兴农调优"头"、接二连三壮大"尾"、勇闯市场做强"销"、千方百计促农"富"，粮食产业工业总产值突破 1000 亿元。

突出"三链协同"。即：推进产业链、价值链、供应链协同发展，增创粮食产业发展新优势。**一是**延伸粮食产业链，实施"建链、补链、强链"，全产业链经营等"六种模式"推广开来，产业链完整性大幅提高。**二是**提升粮食价值链，引导企业以市场需求为导向，增品种、提品质、创品牌，打好绿色优质牌，提高产品附加值。**三是**打造粮食供应链，"点线面"统筹布局，抓住关键节点，补齐薄弱环节，构建高效便捷的粮油供应网络。"全国粮食产业经济发展示范市"山东省滨州市，突出高点定位、龙头带动，产业链延伸拉长实现"全"、价值链融合提升实现"增"、供应链优化升级实现"新"、产业集群集约集聚实现"强"、种植结构调整实现"优"，2018年全市粮食产业实现总产值1010亿元，粮食加工转化增值率达3.4∶1。湖北省建立"放心粮油"一张网，打好"荆楚大地"一张牌，探索线上线下一体化，建立起优质粮油营销体系。京津沪等城市与主产区共建直销通道，深粮集团探索"厨房管家"和"社区粮站"等模式，使优质粮油产品直通市民"米袋子"。

　　建设"四大载体"。即：抓好"优质粮食工程"和示范市县、特色园区、骨干企业建设，形成多点支撑整体发力格局。**一是**深入实施"优质粮食工程"。中央财政三年累计安排专项资金近200亿元，带动地方财政和社会投资500多亿元，全面推动粮食产后服务体系建设、粮食质检体系建设和"中国好粮油"行动。**二是**遴选认定示范市县，给予优先支持，发挥"领头雁"作用。"中国好粮油行动示范市"黑龙江省五常市，抓源头保品质、抓营销强品牌、抓产业增效益，实现农民增收、企业增效、税源增加、消费增信、品牌增值，五常大米品牌价值达600多亿元。**三是**依托粮食主产区、特色粮油产区、粮食重点销区、关键物流节点，支持建设一批粮食产业示范园区。河南省布局六大粮食产业示范园区，新乡市的延津县成为全国首个"优质小麦现代产业园"，永城市实现由"中国面粉城"向"中国食品城"的转型，临颍县建成知名休闲食品基地。**四是**扶持发展一批具有核心竞争力、行业带动力的骨干企业和成长性好、独具特色的中小企业。"全国主食产业化工程示范市"河南省漯河市，实施重点企业五年倍增工程，注重招大育强、产业谋划、创新引领、融合发展，引导企业聚焦主业，特中求优、优中求强。2018年，该市新增规模以上工业企业76家，新增超10亿元的企业5家，食品工业对工业增长的贡献率达到69%。

　　实施"五优联动"。即：坚持质量兴粮、绿色兴粮，大力推动优粮优产、优粮优购、优粮优储、优粮优加、优粮优销。**第一，**实现"五优联动"重在区域整体提升。吉林省从良种培育、集约种植的源头把控质量，依托"企业+合作社+基地+农户"搞活订单收购，通过实施重点项目改善仓储条件，依靠工艺升级保证产品品质，拓展立体式销售渠道，走出了稻米产业优质高效发展之路。**第二，实现"五优联动"重在坚持标准引领。**江苏省严把标准打造"品质苏米"，湖南省以好粮油团体标准促进产品升级，四川省通过高位定标实现菜油产业高点起步。**第三，现"五优联动"重在利益紧密联结。**内蒙古自治区大力支持农企合作，土地流转和订单农业发展到 110 万亩，帮助农民增收近亿元。安徽省 80% 以上粮油加工骨干企业与农户、家庭农场、专业合作社开展股份合作，实现了风险共担、利益共享。

三、乘势而为、接续发力，加快建设粮食产业强国

粮食产业创新发展永无止境。从粮食生产大国向粮食产业强国迈进，是一个爬坡过坎、持续推进的过程。要清醒认识到，对照党中央、国务院关于保障国家粮食安全的决策部署，对照广大人民群众对粮油消费升级的愿望要求，对照建设粮食产业强国的现实需要，差距依然不小，任务还很艰巨。要不断完善和创造性落实"一二三四五"的思路举措，切实把握"四个更加注重"，精准施策，加力提效。

第一，更加注重"三产融合"和"三链协同"，进一步推动粮食产业创新发展、转型升级、提质增效。认真落实供给侧结构性改革"巩固、增强、提升、畅通"八字方针，放大产业融合的乘数效应，不断提高粮食产业发展的质量和效益。

加快发展精深加工。要坚持"加减乘除"并用，调整存量、做优增量，增加专用型品种、功能性食品供给，有序引导粮食加工向医药、保健、化工等领域延伸，促进初级加工、精深加工与综合利用协调发展。同时，提倡稻谷、小麦等口粮品种适度加工，减少资源浪费和营养流失。

创新模式深化融合。要引导企业采取全产业链经营、上下游协作等方式，实现仓储、物流、加工等环节有机衔接。要开展"互联网+粮食"行动，推广手机售粮、网上粮店、农商直供等业态。要推动粮食产业融

入乡村振兴，促进农业观光、农耕体验、文化科普等产业发展。

培育龙头集群集聚。实践证明，壮大一个龙头，带动一个产业；建好一个园区，隆起一片高地。要发挥国内市场巨大的优势，用好"两个市场、两种资源"，培育有国际竞争力的龙头企业；立足各地产业基础，发展一批实力强、带动作用突出的骨干企业。要优化粮食产业区域布局，支持主产区依托县域培育粮食产业集群，尽可能把产业链留在县域。

提升装备技术水平。要持续落实科技兴粮和人才兴粮"双十八条"意见，支持粮食企业和涉粮院校、科研院所开展产学研合作，攻克一批重点关键技术，培养大批创新领军人才和高技能人才。要精心谋划粮食机械装备产业提升行动，积极研发和推广先进粮机设备，加快向自动化、精准化、智能化、绿色化方向发展。

第二，更加注重深入实施"优质粮食工程"，进一步突出"绿色、优质、特色、品牌"引领，更好地满足人民美好生活需要。"优质粮食工程"是推动粮食产业高质量发展的有效方式，继列入乡村振兴战略规划后，又写入 2019 年中央一号文件。最近，财政部和国家局印发了《关于深入实施"优质粮食工程"的意见》和三个子项建设指南，提出了突出需求导向、功能拓展、品牌提升等 5 个方面 16 条政策措施。应该说，思路更加清晰，措施更加精准，扶持更加有力。下一步，要着力抓好"三个一批"。**一是**加快建设一批重点项目。各地要加强统筹协调，健全机制、周密组织，推动项目加快落地、提速建设、从速投用。国家局有关司局建立调度督导机制，对进展迟缓的地方，要提醒督促；不能及时扭转被动局面的，要及时调整退出扶持范围。**二是**创新探索一批服务模式。在产后服务中心建设方面，要坚持多元主体、优化布局，实现高效运营；在粮食质检中心建设方面，要完善机制、拓展功能，更好服务各类市场主体；在"中国好粮油"行动方面，要强化企业带动作用，引导优化种植结构，使粮食"既产得多，又品质优；既卖得出，又效益好"，拓展农民就业增收渠道，努力增加人民群众获得感。**三是**培育推广一批示范样板。要选树推广一批先进典型，培育百个典型示范县、千个先进示范企业（合作社）、万个样板店，形成"百千万"典型引领示范的新局面。

深入实施"优质粮食工程"，目的在于优化粮油产品供给，实现广大人民群众由"吃得饱"向"吃得好"转变。这次参观的三全食品、南街村集团、多福多食品等企业，产品种类之多、生产规模之大、产出效益之高，给与会同志留下了深刻印象。以这些好粮油示范加工企业为代表，河南省主食加工业快速发展，正在实现从"中原粮仓"到"国人厨房"再到"世人餐桌"的转型发展。各地要借鉴河南省的做法，鼓励企业发挥优势、突出特色，改造提升"老字号"，深度开发"原字号"，培育壮大"新字号"，更好满足消费者中高端、多样化、个性化需求。

第三，更加注重建设"两个体系"，进一步补短板强弱项建机制，切实增强国家粮食安全保障能力。当前，国家局正在统筹研究和加快建设现代化粮食产业体系与粮食"产购储加销"体系。"两个体系"的立足点、着力点各有侧重，推进机制和具体要求不尽相同，但最终目标是一致的，都要服从服务于粮食宏观调控需要，服从服务于国家粮食安全大局。两者要相互促进，相得益彰。

加快建设现代化粮食产业体系。国务院办公厅 78 号文件，明确到 2020 年初步建成适应我国国情和粮情的现代粮食产业体系。这个目标实现后，到全面建成粮食产业强国，还有大量的工作要做，需要付出艰辛的努力。为此，国家局立足于收官"十三五"，衔接"十四五"，研究起草了《关于坚持以高质量发展为目标加快建设现代化粮食产业体系的指导意见（征求意见稿）》，围绕到 2025 年基本建立现代化粮食产业体系，提出了重点工作措施。希望各地各单位认真提出意见建议，并创造条件推动落实。

加快建设"产购储加销"体系。按照国家发改委党组的意见，国家局认真研究论证，起草了《关于创新完善粮食"产购储加销"体系确保国家粮食安全的实施意见（征求意见稿）》。这项重大举措，不是对各环节的修修补补，而是着眼增强防范化解重大风险能力，建立一套常态化协作机制，补齐一批关键性短板，布局一批支撑性重点项目，力求做实载体抓手，达到衔接顺畅、协同联动、运转高效、保障有力的效果。希望各省（区、市）粮食和物资储备部门认真研究讨论并提出修改建议，策划建设具有全局意义的重点项目，以利于增强实效性。

第四，更加注重"深化改革、转型发展"，进一步优化营商环境，激发粮食产业高质量发展活力。 深化"放管服"改革，转职能、转方式、转作风，改善发展环境，吸引要素集聚，保持粮食产业持续健康发展态势。

一要加大协调推动。 健全粮食产业发展协调机制，加强与相关部门的协同配合，发挥粮油领域协会学会作用，凝聚工作合力。在粮食安全省长责任制考核中，合理设置粮食产业经济发展指标，更好地引领推动粮食产业高质量发展。

二要强化政策扶持。 统筹用好商品粮大省奖励资金、产粮大县奖励资金、粮食风险基金等；鼓励金融机构以产业化龙头企业、优质粮油产品加工项目等为重点，加大信贷支持力度；放大减税降费、用地用电等方面优惠政策效应，切实减轻粮食企业负担。

三要优化政务服务。 深入学习宣传和贯彻落实国家局党组"两决定一意见"，扎实推进"深化改革、转型发展"，履行好"为耕者谋利、为食者造福、为业者护航"的使命。要积极构建"亲""清"政商关系，密切联系服务企业，帮助解决实际问题。要广泛宣传解读政策，报道先进典型，营造浓厚氛围。要力戒形式主义和官僚主义，出实招、办实事、求实效。

雄关漫道真如铁，而今迈步从头越！回顾"连抓三年、紧抓三年"的历程，我们全力推动粮食产业高质量发展，从破题开局到全面起势、整体提升，各地亮点纷呈、成果丰硕。这充分说明，党中央、国务院关于粮食产业高质量发展的决策部署是完全正确的；国家局党组谋定后动，各项措施是切实可行的；各地各单位因地制宜，创新实践是扎实有效的。今后，在粮食产业由大到强的进程中，必将迸发出更充沛的发展活力，涌现出更多各具特色的先进典型，展现出更强劲更广阔的发展前景。

滨州市"全增新强优"、五常市"三抓五增"、漯河市"四个注重、四个着力"的经验做法，定会在全国落地生根、开花结果。期待各地按照"一二三四五"的思路举措，在建设现代化粮食产业体系上有新担当新作为，争取更大成绩，做出新的贡献。

同志们，加快推动粮食产业高质量发展，意义重大，使命光荣。让我们更加紧密地团结在以习近平同志为核心的党中央周围，敢于担当，善谋实干，锐意进取，以建设粮食产业强国、保障国家粮食安全的实际行动和优异成绩，庆祝中华人民共和国成立 70 周年！

（摘自张务锋同志 2019 年 6 月 20 日在全国加快推进粮食产业经济发展第三次现场经验交流会上的讲话）

在全国加快推进粮食产业经济发展第三次现场经验交流会上的致辞

武国定

在全党扎实开展"不忘初心、牢记使命"主题教育活动、以崭新面貌迎接新中国成立 70 周年之际，全国加快推进粮食产业经济发展第三次现场经验交流会今天在郑州召开，第二届中国粮食交易大会也将于明天开幕，这是我国粮食产业发展进程中的一件大事、喜事。在此，受王国生书记、陈润儿省长委托，我代表中共河南省委、河南省人民政府，对莅临会议的国家粮食和物资储备局领导、各省（区、市）粮食和物资储备局领导、各粮油企业负责同志，以及参会的各位代表、各位来宾表示诚挚的欢迎！

河南地处华夏腹地、中国中部，总面积 16.7 万平方千米，总人口 1.09 亿人。河南是中华民族和华夏文明的重要发祥地，历史悠久、文化灿烂，区位优越、交通便利，资源丰富、物产众多，不仅是"中国粮仓"，也是新兴工业大省。近年来，我们深入贯彻落实党的十九大和习近平总书记两次视察指导河南时的重要指示精神，统筹推进"四个着力"，持续打好"四张牌"，大力实施郑州航空港经济综合实验区、郑洛新国家自主创新示范区、中国（河南）自由贸易试验区、中原城市群等"三区一群"国家战略规划，经济社会发展保持了"稳、进、好"的态势。2018 年全省完成生产总值 4.8 万亿元，增长 7.6%，总量稳居全国第五位、中西部之

河南省副省长武国定在全国加快推进粮食产业经济发展第三次现场经验交流会上致辞

首；2019 年一季度生产总值增长 7.9%，主要指标明显好于 2018 年、好于预期，河南在全国发展大局中的地位持续提升。

　　河南是农业大省、产粮大省和农产品加工业大省，全省现有耕地 1.22 亿亩，粮食种植面积常年稳定在 1.6 亿亩，粮食产量连续两年超过 1300 亿斤，居全国第二位，其中小麦产量稳定在 700 亿斤以上，占全国 1/4，每年外调粮食和粮食制品超过 400 亿斤；蔬菜面积 2582 万亩，居全国第二位，食用菌产量 540 万吨，居全国第一位，畜牧业产值 2424 亿元，居全国第二位；全省规模以上农产品加工企业 7250 家，2018 年完成营业收入 1.23 万亿元，为全省两大超万亿产业之一，河南的速冻水饺产量占全国的 85%，汤圆产量占全国的 75%，每两根火腿肠中有 1 根、每 3 包方便面中有 1 包、每 4 个馒头中有 1 个产自河南，实现了从"国人粮仓"到"国人厨房"再到"世人餐桌"的转变，为保障国家粮食安全作出了重要贡献。

　　河南粮食产业的经济发展，得到了国家粮食和物资储备局的高度重视和关心支持，国家局的各位领导多次亲临河南检查指导工作，在推进主食产业化、实施优质粮食工程、改造维修危仓老库、仓储智能化升级等方面给予了大力支持；这次又把全国加快推进粮食产业经济发展第三次现场经验交流会及第二届中国粮食交易大会放在河南举办，更是对我们的信任和激励。同时，各兄弟省（区、市）也对河南的发展给予了帮助和支持。借此机会，我代表河南省政府和全省人民，向国家粮食和物资储备局、向各兄弟省（区、市）领导和同志们表示衷心的感谢！

党中央、国务院对河南的发展特别是粮食产业发展高度重视，2014年习近平总书记在视察河南时明确指出，"粮食生产是河南的一大优势，也是河南的一张王牌，这张王牌任何时候都不能丢"。2019年3月8日习近平总书记在参加全国"两会"河南团审议时，再一次对河南的"三农"工作作出重要指示，要求河南要扛稳粮食安全这个重任，立足打造全国重要的粮食生产核心区，推动"藏粮于地、藏粮于技"，稳步提升粮食产能，在确保国家粮食安全方面有新担当新作为；要推进农业供给侧结构性改革，抓住粮食这个核心竞争力，延伸粮食产业链、提升价值链、打造供应链，不断提高农业质量效益和竞争力，实现粮食安全和现代高效农业相统一。总书记的重要指示，对亿万河南人民是极大的鼓舞和鞭策。4月28日，省委召开十届九次全会，对贯彻落实总书记重要讲话精神进行全面安排部署，明确提出要不辜负总书记的殷切希望，加快高标准农田建设，打造全国重要的粮食生产核心区；要积极推进农业供给侧结构性改革，以发展优质小麦、优质花生、优质草畜和优质林果为重点，持续调优种养业结构，以面、肉、油、乳、果蔬五大食品业为重点，推进绿色食品业转型升级，努力实现从农业大省到农业强省的转变，在中原更加出彩中谱写"三农"的崭新篇章。

这次全国加快推进粮食产业经济发展第三次现场经验交流会及第二届中国粮食交易大会的举办，为我们提供了一次难得的学习交流机会。特别是各省（区、市）在粮食产业经济发展上有基础、有优势、有特色、有亮点，有很多先进经验值得我们学习。我们一定珍惜机遇，认真学习借鉴各地的好经验、好做法。特别是会上，张务锋局长还要作重要讲话，会后我们要认真学习，抓好贯彻落实。我们有决心、有信心，以此次会议为契机，全面提升河南粮食产业经济发展水平，在确保国家粮食安全上有新担当新作为！

最后，预祝本次交流会取得圆满成功！

祝各位领导、各位代表在豫期间身体健康，工作顺利！

谢谢大家！

（摘自河南省副省长武国定同志 2019 年 6 月 20 日在全国加快推进粮食产业经济发展第三次现场经验交流会上的致辞）

在全国加快推进粮食产业经济发展
第三次现场经验交流会上的总结讲话

卢景波

全国加快推进粮食产业经济发展第三次现场经验交流会认真传达了习近平总书记在参加河南代表团审议时的重要讲话精神和李克强总理对本次会议的重要批示，这对我们大力发展粮食产业经济、加快建设粮食产业强国具有十分重大的指导意义，大家要认真学习领会，用心抓

全国加快推进粮食产业经济发展第三次现场经验交流会现场

好落实。

河南省漯河市、河南省粮食和物资储备局、山东省滨州市、黑龙江省五常市、山西省粮食和物资储备局、湖北省粮食局、湖南省南县、中粮集团有限公司、陕西粮农集团有限责任公司和深圳市深粮控股股份有限公司10家单位作了很好的发言，有思路、有成效，有经验、有亮点，听后很受启发，希望各地加强沟通交流，相互学习借鉴，共同推动粮食产业发展。

国家发改委党组成员，国家粮食和物资储备局党组书记、局长张务锋同志作了重要讲话，站位高、立意深，方向明、措施实。讲话从扛稳粮食安全重任、用好"粮头食尾、农头工尾"抓手、做好做活粮食这篇大文章三个方面，深入阐释了习近平总书记关于发展粮食产业、保障国家粮食安全的重要论述精神和李克强总理关于加快建设粮食产业强国的重要批示要求，概括提炼了"聚焦'一个目标'、围绕'两大战略'、突出'三链协同'、建设'四大载体'、实施'五优联动'"的思路举措，充分肯定了各地近年来推动粮食产业发展的典型经验和突出成效；特别是围绕落实习近平总书记重要讲话精神和李克强总理重要批示要求，就把握好"四个更加注重"，持续发力、加快建设粮食产业强国进行了安排部署，为下一步工作提供了目标导向、靶向定位、创新动力和强力支撑。下面，就贯彻落实好本次大会精神和张务锋同志重要讲话部署安排，提三点要求：

（一）**抢抓机遇，乘势而上**。党中央、国务院高度重视粮食产业发展，习近平总书记和李克强总理等中央领导同志多次强调并作出重要指示。2019年全国"两会"期间，习近平总书记在参加河南代表团审议时发表重要讲话，再次作出重要部署；李克强总理对这次会议又专门作出重要批示，对加快建设粮食产业强国、保障国家粮食安全提出明确要求，为我们鼓劲加压明向。国务院办公厅78号文件进一步全面落实，30个省级人民政府的实施意见也都在落地见效，粮食产业发展迎来了新的战略机遇期。正如张务锋同志讲话中指出的"产业强、粮食安"，大家要进一步提高政治站位，充分认识到发展粮食产业的重大意义，抓住当前有利时机，超前谋划，主动作为，以更加坚定的信心、更加务实的作风、更加有力的举措，推进粮食产业发展迈上新台阶，推动粮食产业强国建设取得新进展。

（二）**对表对标，担当作为**。要对照中央要求，学深悟透习近平总书记、李克强总理等中央领导同志关于发展粮食产业的重要指示批示精神，武装头脑、指导实践、推动工作。要对照张务锋同志"四个更加注重"的部署安排，认真剖析自检，查找短板弱项，确定任务书、时间表、路线图，挂图作战、逐项攻坚。要对照滨州、漯河和五常等先进典型，认真学习借鉴、取长补短，在全系统形成"比学赶超、争创一流"的良好氛围。要夯实工作责任，强化监督考核，层层传导压力，推动形成一级抓一级、层层抓落实的良好局面。

（三）**因地制宜，协同联动**。张务锋同志的讲话，对下一步推动粮食产业发展作了全面部署。各地在贯彻过程中，既要把握精神实质和总体要求，又要与本地实际相结合，创造性地加以实施。要因地制宜，把情况搞准搞透，立足本地粮食产业发展的现状，抓住主要矛盾，把握自身优势，有的放矢，精准发力。要解放思想，大胆实践，打开思路，勇于突破，走出适合当地的粮食产业发展之路。需要强调的是，发展粮食产业离不开党委政府的高度重视，离不开兄弟部门的配合支持。会后，大家要积极向省委、省政府专题汇报，加强与发改、财政、农业农村、银行等部门单位会商协调，争取最大支持和政策倾斜，有力有序推动各项工作。

最后，再强调两件事情。

一是修改完善两个文件。刚才，张务锋同志在讲话中，就国家局组织起草加快建设现代化粮食产业体系和"产购储加销"体系两个征求意见稿的主要背景和总体考虑作了详细解读。请大家认真研提意见，并及时反馈会务组；需要进一步深入研究的，请于会后一周内反馈国家局粮食储备司。

二是持续抓好夏粮收购。抓好粮食收购是粮食部门的重要职责和中心工作，涉及面广、敏感性强，再加上 2019 年又是新中国成立 70 周年，党中央、国务院高度重视，社会各界和新闻媒体高度关注。各地和有关企业一定要提高政治站位，进一步加大工作力度，确保收购工作平稳有序，做到多添彩、不添乱。当前正值夏粮收购高峰期，安徽、江苏两省已启动了小麦最低收购价执行预案。此前，国家局已经召开了全国夏季粮油收购工作会议，并下发了做好夏季粮油收购的通知。大家要按照会议要求，严格执行国家收购政策，密切跟踪监测收购形势，及时解决工作中出现的新矛盾新问题，牢牢守住不发生大面积农民"卖粮难"的底线。

（摘自国家粮食和物资储备局副局长卢景波同志 2019 年 6 月 20 日在全国加快推进粮食产业经济发展第三次现场经验交流会上的总结讲话）

建设粮食产业强国
成效与亮点

政策支撑

建设粮食产业强国

建设粮食产业强国
成效与亮点

国家发展改革委　国家粮食和物资储备局关于坚持以高质量发展为目标加快建设现代化粮食产业体系的指导意见

国粮粮〔2019〕240号

各省、自治区、直辖市、计划单列市及新疆生产建设兵团发展改革委、粮食和物资储备局（粮食局）：

为认真贯彻落实习近平总书记关于"粮头食尾"和"农头工尾"、李克强总理关于加快建设粮食产业强国的重要指示和批示要求，深入实施《国务院办公厅关于加快推进农业供给侧结构性改革大力发展粮食产业经济的意见》（国办发〔2017〕78号），全面开创粮食产业高质量发展新局面，特提出以下指导意见。

一、明确总体要求

大力发展粮食产业经济，加快建设现代化粮食产业体系，对于增强粮食安全保障能力、促进农业提质增效、更好满足人民美好生活需要具有重要意义。要以习近平新时代中国特色社会主义思想为指导，认真贯彻党的十九大和十九届二中、三中全会精神，全面落实总体国家安全观，大力实施国家粮食安全战略和乡村振兴战略，以农业供给侧结构性改革为主线，坚持"粮头食尾"和"农头工尾"，推动粮食产业链、价值链、供应链"三链协同"，建设优质粮食工程、示范市县、特色园区、骨干企业"四大载体"，促进粮食产购储加销"五优联动"，健全完善适应高质量发展要求的长效体制机制，稳步提升粮食产业综合素质、效益和竞争力，加快建设粮食产业强国，为实现更高层次、更高质量、更有效率、更可持续的国家粮食安全提供重要产业支撑。

要坚持市场主导、政府引导，充分发挥市场配置粮食资源的决定性作用和更好发挥政府作用。要坚持质量第一、效益优先，加快推进粮食产业创新发展、转型升级、提质增效。要坚持资源节约、绿色循环，建立健全与资源环境相匹配、集约高效可持续的长效发展机制。要坚持问题导向、底线思维，妥善解决粮食产业链条不长、质量效益不高、核心竞争力不强等实际问题，不断提高守底线、保安全的能力和水平。

到 2025 年，实体经济、科技创新、现代金融、人才资源协同发展的现代化粮食产业体系基本建立，"大粮食、大产业、大市场、大流通"格局全面形成，防范化解粮食领域风险挑战、保障国家粮食安全的能力显著增强。粮食产业增加值年均增长 7% 左右，总产值达到 5 万亿元；主营业务收入过百亿元的粮食企业超过 60 个；绿色优质高端产品供给大幅增加，充分满足粮油消费需求；科技创新取得新的突破，逐步形成世界先进的创新引领能力和产业竞争优势；国际粮食合作交流持续深化，统筹"两个市场、两种资源"的水平明显提高。

二、加快延伸产业链

（一）**推动粮食全产业链发展**。推广实行全产业链发展模式，指导各地统筹推进建链、补链、强链各项工作，提高粮食产业发展的整体性和系统性。健全完善粮食产购储加销体系，由各环节分散经营向一体化发展转变。支持有条件的企业向上游延伸建设原料基地，向下游延伸发展精深加工，建设物流、营销和服务网络。

（二）**增加绿色优质粮油产品供给**。坚持绿色化、优质化、特色化、品牌化发展理念，优化粮食种植结构，开发绿色优质粮油产品，不断增加多元化、个性化、定制化产品供给。积极构建现代种业体系，培育具有自主知识产权的优良品种。加快主食产业化发展，推进米面、玉米、杂粮及薯类主食制品的工业化生产和社会化供应，大力发展方便食品、速冻食品，提高主食产品的产业化经营能力。

（三）**适度发展粮食精深加工**。统筹推动粮食精深加工与初加工、综合利用加工协调发展，增加专用型品种、功能性食品有效供给，引导粮食加工向医药、保健等领域延伸，不断提高产品附加值和综合效益。结合粮食不合理库存消化，引导玉米精深加工适度有序发展。提倡稻谷、小麦等口粮品种适度加工，减少资源浪费和营养流失。

（四）**加快发展粮食循环经济**。加强粮油副产物循环、全值和梯次利用，提升秸秆、玉米芯、稻壳米糠、麦麸、油料饼粕等副产物综合利用率。推广应用各类高效节能环保技术装备，推进清洁生产和节能减排，逐步建立低碳低耗、循环高效的绿色粮食产业体系。

（五）**建设特色粮食产业集群**。依托粮食主产区、特色粮油产区和关键物流节点，推动粮食产业集群发展，建设一批粮食产业经济发展示范市县。支持主产区依托县域发展粮食加工，就地就近实现转化增值，让农民更多分享产业增值收益。引导粮食企业向各类园区集聚，优化提升仓储、加工、物流、质检、科研、电子商务等配套服务功能，建设一批粮食产业经济发展示范园区。

三、着力提升价值链

（六）**调整优化产业结构**。坚持分类指导，改造提升一批"老字号"，深度开发一批"原字号"，培育壮大一批"新字号"，促进粮食产业结构优化、提档升级。扩大优质产能，化解过剩产能，淘汰落后产能，推动新老产业协调发展、新旧动能有序转换。把握好投资结构和力度，避免重复建设。

（七）**做强做优粮食企业**。深化国有粮食企业改革，加快建立健全现代企业制度。加大对民营和中小粮食企业支持力度，进一步激发"大众创业、万众创新"的热情。依托农业产业化龙头企业和粮油产业化龙头企业，通过资源整合、兼并重组等方式，鼓励发展产业联盟和各类联合体，实现优势互补、强强联合。

（八）**培育创建知名粮油品牌**。加强顶层设计和政策扶持，支持粮食企业弘扬"工匠精神"，增品种、提品质、创品牌，培育一批全国性、区域性知名粮油品牌。完善产品标准、检验监测、质量追溯体系，强化品牌质量管控。加强粮油品牌信用体系建设，严厉打击制售假冒伪劣产品行为，营造良好市场环境。

（九）**培育发展新模式新业态**。深入开展"互联网＋粮食"行动，积极利用大数据、物联网、云计算、移动互联网、人工智能等新一代信息技术，加快推动粮食业务线上线下融合发展，探索推广手机售粮、网上粮店等新业态。深入实施"金储"工程，强化质量追溯和在线监管，不断提升科学管理、指挥调度水平。推动粮食产业经济与数字乡村发展战略深入融合，促进农业观光、农耕体验、文化科普等新产业发展。

（十）**改造提升机械装备水平**。实施粮食加工转化机械装备产业提升行动，加强关键粮油机械制造自主创新，开发具有自主知识产权和核心技术的粮食加工成套设备。大力实施技术改造，加快设备升级换代，推动粮油机械设备向自动化、精准化、智能化、绿色化方向发展。

（十一）**健全完善粮食标准体系**。深化标准化工作改革，强化以需求为导向的标准立项机制，加快优质粮油产品、绿色加工技术等方面标准的研究制修订和推广实施，形成覆盖粮食全产业链的标准体系。深入开展标准化国际合作交流，进一步提升中国粮食标准国际影响力。

（十二）**深入实施"科技兴粮"**。突出粮食企业在科技创新中的主体地位，加强粮食营养健康、质量安全、精深加工、绿色仓储等关键环节和重点领域创新，培育一批创新型粮食企业。支持粮食企业与涉粮院校、科研机构深入合作，通过设立研发基金、实验室、科技创新联盟等，促进科研机构、人才、成果与企业有效对接，加快构建产学研用一体化科技创新体系。

（十三）**扎实推进"人才兴粮"**。深化粮食行业人才发展体制机制改革，重点培养一批粮食科技创新领军人才、优秀青年科技人才和粮食领域卓越工程师等高技能人才。推动涉粮院校粮食产业相关学科建设，加强职业技能培训，提升行业职工技能水平。充分发挥国家粮食安全政策专家咨询委员会智库作用，加强粮食产业高质量发展重大政策问题研究。

四、积极打造供应链

（十四）**健全完善粮食市场供应体系**。统筹考虑人口分布、生产布局、交通条件等因素，加强粮食市场体系规划建设，扩大覆盖范围，提高供应效率。进一步完善国家粮食电子交易平台体系，探索建立特色品种粮食交易市场，服务新型经营主体与大型加工用粮企业。积极发展粮超对接、粮批对接、粮校对接等直采直供模式，加快"放心粮油"和"主食厨房"建设，畅通粮食供应"最后一公里"。

（十五）**大力发展现代粮食物流**。加快建设沿海沿江、沿铁路干线的粮食物流重点线路，进一步打通国内粮食物流主要通道和进出口通道。大力发展散粮运输和多式联运，鼓励粮食企业建设中转仓、铁路专用线、内河沿海码头。

（十六）**全面深化粮食产销合作**。支持各地加强政府层面战略协作，构建长期稳定、高效精准的粮食产销合作关系。鼓励产区企业到销区建立营销网络，销区企业到产区建立粮源基地、加工基地和仓储物流设施等，提高省际粮食流通的组织化程度。扩大中国粮食交易大会品牌效应，鼓励开展区域性产销合作洽谈活动。

（十七）**充分利用"两个市场、两种资源"**。引导粮食企业深度参与"一带一路"建设，支持骨干企业建设境外粮食生产加工基地，加强国际粮食贸易和产业合作，加快培育一批跨国"大粮商"，着力建设"海外粮仓"，更好利用国际资源保障国内粮食安全。

五、深入实施"优质粮食工程"

（十八）**严格落实"优质粮食工程"实施方案**。加强对各地"优质粮食工程"建设的统筹指导，把实施目标分解落实到示范市县、示范企业和相关项目。加强粮食产后服务体系、粮食质量安全检验监测体系和"中国好粮油"行动计划三个子项的统筹融合，合理安排实施规模、范围和资金配比，实现"1+1+1＞3"的效果。

（十九）**优化粮食产后服务中心功能布局**。科学规划、合理布点，逐步实现产粮大县全覆盖，根据需要向非产粮大县延伸。突出环保要求，推广应用粮食处理新技术和新设备，不断优化粮食产后服务中心清理、干燥、收储、加工、销售等服务功能，引导分等分仓储存和精细化管理，切实提高专业化、社会化产后服务能力。

（二十）**提高粮食质量安全检验监测机构运行水平**。以现有粮食检验监测机构为依托，以大型粮食骨干企业为补充，进一步明确建设重点，落实好设备、场地、人员、经费等相关条件，加快建设国家、省、市、县四级粮食检验监测机构。积极开展第三方检验监测服务，推动单一检验服务向技术咨询、标准研制、检验培训等综合服务转变。

（二十一）**充分发挥"中国好粮油"示范引领作用**。完善分级遴选机制，突出品牌培育期、市场占有率、消费认同度等指标，择优遴选"中国好粮油"产品。制定完善"中国好粮油"产品及标识管理办法，增强品牌公信力和美誉度。支持示范企业与农业合作社、种粮农民结成利益共同体，促进农民持续增收。

（二十二）**健全完善优粮优价市场运行机制**。坚持市场化改革取向和保护农民利益并重，完善小麦、稻谷最低收购价政策，进一步激发市场活力。依托"优质粮食工程"、粮食安全保障调控和应急设施专项等，着力解决粮食产购储加销各环节不平衡不稳定不充分的问题，推动形成"五优联动"良性运行机制。

六、强化保障措施

（二十三）**加强组织领导**。各地要切实增强大局意识和责任意识，建立健全粮食产业高质量发展工作协调机制，统筹推进各项工作。加强部门协同配合，引导社会各方力量参与，形成粮食产业发展合力。要与打赢打好脱贫攻坚战紧密结合，在粮食产业规划布局、项目安排、资金投入等方面，对革命老区、民族地区、边疆地区和贫困地区等予以支持倾斜。

（二十四）**加大财税扶持**。鼓励各地统筹利用商品粮大省奖励资金、产粮产油大县奖励资金、粮食风险基金等相关资金，综合运用贴息、奖补等政策，支持粮食产业经济发展。落实新型农业经营主体购置仓储、烘干设备按规定享受农机具购置补贴政策。落实粮食加工企业从事农产品初加工所得按规定免征企业所得税政策和国家简并增值税税率有关政策。

（二十五）**强化金融信贷服务**。鼓励金融机构以产业化龙头企业、优质粮油产品加工等为重点，加大对粮食产购储加销各环节的信贷支持力度。支持金融机构依托国家粮食电子交易平台研发设计供应链融资产品，有效化解中小粮食企业融资难、融资贵问题。支持粮食企业通过上市、新三板挂牌、发行债券等筹集资金。建立健全粮食收购贷款信用保证基金融资担保机制。鼓励保险机构为粮食企业开展对外贸易和"走出去"提供保险服务。

（二十六）**落实用地用电政策**。落实在土地利用年度计划中对粮食产业发展重点项目予以支持，改制重组后的粮食企业可依法处置土地资产，城乡建设用地增减挂钩节余指标重点支持农产品加工，有关粮食储备企业减免房产税、城镇土地使用税、印花税等政策要求。支持国有粮食企业依法依规将划拨用地转为出让用地。落实粮食初加工用电执行农业生产用电价格政策。

（二十七）**注重典型示范引领**。全面总结山东滨州、黑龙江五常、河南漯河等示范市县的经验做法，支持各地培树一批粮食产业高质量发展示范市县、企业、园区，通过组织参观考察、召开现场会、举办成果展示等活动，发挥以点带面的示范引领作用。

（二十八）**坚持正确宣传导向**。全方位宣传解读粮食产业经济发展政策，深入报道丰富实践和重大成就。办好世界粮食日和全国爱粮节粮宣传周、粮食科技活动周等重要活动，广泛传播粮食文化和科学知识，引导公众树立营养、健康、绿色的消费理念。

（二十九）严格责任考核奖惩。适时调整优化粮食安全省长责任制考核指标体系，提高粮食产业经济发展相关指标权重，强化考核结果运用，切实增强推动粮食产业高质量发展的主动性。加强调度督导，对工作推进有力、发展成效明显的予以表彰，在相关扶持政策上予以倾斜；对工作不力、进展缓慢的通报批评，适当减少或取消扶持安排。

国家发展和改革委员会

国家粮食和物资储备局

2019 年 8 月 23 日

财政部　粮食和储备局
关于深入实施"优质粮食工程"的意见

财建〔2019〕287 号

各省、自治区、直辖市、计划单列市财政厅（局）、粮食和储备局（粮食局），新疆生产建设兵团财政局、粮食局：

实施"优质粮食工程"是落实乡村振兴战略和国家粮食安全战略，深化农业供给侧结构性改革的有力举措。启动以来，在增加绿色优质粮油产品供给，促进农民增收、企业增效、消费者得实惠等方面取得了积极成效。为深入贯彻落实习近平新时代中国特色社会主义思想和党的

国家粮食和物资储备局有关负责人解读《关于深入实施"优质粮食工程"的意见》

十九大精神，现就深入实施"优质粮食工程"，进一步把惠农利民的好事办实办好，提出以下意见。

一、强化总体要求，创新"优质粮食工程"实施方法

（一）**突出"五优联动"。** 充分发挥流通激励作用，提高粮食产后服务水平，强化质量安全检验监测保障，支持发展粮食精深加工，引导绿色优质粮油产品消费，促进优粮优产、优购、优储、优加、优销"五优联动"，推动粮食产业高质量发展，加快建设粮食产业强国。

（二）**聚焦目标任务。** 各地要按照粮食产后服务体系力争实现产粮大县全覆盖、粮食质量安全检验监测体系监测面扩大到 60% 左右、全国产粮大县的粮食优质品率提高 30% 左右的总体要求，进一步完善三年实施方案，将目标任务分解到示范县（市）、示范企业和相关项目。有条件的地方，可立足实际适当提高目标。

（三）**创新示范引领。** 围绕延伸粮食产业链、提升价值链、打造供应链，培育壮大一批龙头骨干企业，促进粮食"产购储加销"体系建设和一二三产融合发展。选树推广一批先进典型，在全国形成百个典型示范县、千个先进示范企业（合作社）、万个样板店和一大批知名品牌的"百千万"典型引领示范格局。

（四）**放大资金效应。** 坚持以企业和地方投入为主、中央财政适当奖励，积极引导社会资本投入，发挥奖励资金"四两拨千斤"作用。同一项目同一实施内容，已通过其他渠道或方式获得过中央财政资金的，原则上不再重复安排。突出精准扶贫，在项目安排上向国家级扶贫开发重点县和集中连片特殊困难县倾斜。

二、突出需求导向，优化粮食产后服务体系布局与功能

（五）**优化服务体系布局。** 根据区域粮食产量、生产集中度、服务辐射半径等，科学布点粮食产后服务中心，力争产粮大县全覆盖。现有设施设备已满足实际需要的产粮大县，原则上不安排新建项目。非产粮大

县粮食生产较为集中的，可适当予以支持。

（六）**坚持多元主体建设**。鼓励各类市场主体参与粮食产后服务体系建设，充分发挥新型农业经营主体、粮食企业和基层供销社等各自优势，择优确定建设主体。整合盘活现有仓储设施等资源，探索建立共投共建共享机制。

（七）**提升综合服务效能**。优化粮食产后服务中心建设内容，合理配置清理、干燥、收储、加工、销售等功能。原则上不新建仓容，鼓励通过改造现有设施，实行粮食分等分仓储存。创新服务方式，既可开展"五代"服务，也可提供"一卖到位"等便捷服务，以及技术指导、生产资料、市场信息等延伸服务。

三、突出功能拓展，提高粮食质量安全检验监测能力

（八）**完善强化功能**。以符合布局要求的粮食和储备部门现有事业单位为主要依托、粮食骨干企业和有关高校为补充，完善国家、省、市、县四级检验监测机构网络。根据功能定位和承担的任务，提升各级检验监测机构装备能力。

（九）**加强省级统筹**。各地要制定统一技术标准，合理确定设备配置与选型，明确运行配套条件。原则上由省级粮食和储备部门统一组织设备采购、项目验收和统筹调剂使用等工作。建立省级检验监测机构技术联络员制度，帮助基层提高业务能力。

（十）**提高服务水平**。各级检验监测机构要拓宽服务领域，创新运行机制，提高仪器设备利用率，加快从提供单一检验服务向综合服务转变。积极开展第三方检验服务，培育扩大检验市场，提供便捷优质服务。

四、突出品牌提升，发挥"中国好粮油"行动示范引领作用

（十一）**放大示范带动效应**。统筹兼顾产粮大县、特色粮油生产县，择优选定示范县（市）和示范企业。支持示范企业以"公司＋合作社＋

基地＋农户"模式结成利益共同体，开展订单收购，建设种植加工基地，增加优质粮油产品，带动农民持续增收。

（十二）**加强粮油品牌建设**。推出一批具有较高市场知名度、美誉度和竞争力的粮油名牌产品，拓宽销售渠道，增加有效供给。发挥好国家粮食电子交易平台作用。制定"好粮油"产品及标识管理办法，健全粮油企业信用监管体系。实行分级遴选，省级粮食和储备部门负责本省"好粮油"产品遴选，国家粮食和物资储备局在此基础上择优遴选"中国好粮油"产品。

（十三）**引导科学合理消费**。建立粮油质量调查和品质测报、"好粮油"产品调查监测信息发布机制。各级粮食和储备部门要宣传"好粮油"产品，普及营养知识，提高全社会健康消费认知水平，引领城乡居民由"吃得饱"向"吃得好"、吃得健康转变。

五、精心组织实施，形成合力推动落地见效的良好局面

（十四）**坚持分级负责**。粮食和储备、财政部门要在各级政府领导下，统筹做好项目规划、组织实施、运行管理和监督考核等工作。国家粮食和物资储备局根据本意见，制定粮食产后服务体系、粮食质量安全检验检测体系建设和"中国好粮油"行动计划的实施指南。国家粮食和物资储备局、财政部加强对各地实施情况的督导检查和中央财政奖励资金的绩效评价。

（十五）**强化创新驱动**。实施"科技兴粮"和"人才兴粮"，推进产学研深度融合，鼓励企业加强技术改造和产品研发，加大烘干环保、快速检验、精深加工等新技术研发与推广力度，创新经营业态和服务方式。

（十六）**构建长效机制**。"优质粮食工程"实施已列入粮食安全省长责任制考核重要内容。各地要创新完善相关政策举措，着力增品种、提品质、创品牌，更好满足城乡居民对绿色优质粮油产品的消费需求。

财政部

粮食和储备局

2019 年 6 月 6 日

国家粮食和物资储备局
关于印发"优质粮食工程"各子项实施指南
的通知

国粮规〔2019〕183号

各省、自治区、直辖市粮食和物资储备局（粮食局）：

为认真落实财政部、国家粮食和物资储备局《关于深入实施"优质粮食工程"的意见》（财建〔2019〕287号）精神，指导各地更好地推动"优质粮食工程"各子项目落地见效，我们制定了《粮食产后服务体系建设实施指南》、《粮食质量安全检验监测体系建设实施指南》和《"中国好粮油"行动计划实施指南》。现印发给你们，请结合实际抓好落实。

附件：1.粮食产后服务体系建设实施指南

2.粮食质量安全检验监测体系建设实施指南

3."中国好粮油"行动计划实施指南

国家粮食和物资储备局

2019年6月13日

附件 1

粮食产后服务体系建设实施指南

根据财政部、国家粮食和物资储备局《关于深入实施"优质粮食工程"的意见》（财建〔2019〕287 号），现就加强粮食产后服务体系建设制定本实施指南。

一、目标任务

整合粮食流通领域的现有资源，建设一批专业化的经营性粮食产后服务中心，形成布局合理、需求匹配、设施先进、功能完善、满足粮食产后处理需要的新型社会化粮食产后服务体系，力争实现全国产粮大县全覆盖。

（一）**促进提质进档**。通过提供专业化的清理、干燥、分类等服务，引导分等定级、分仓储存、分类加工，有效提高质量，为实现优质优价、增加绿色优质粮油产品供给创造条件。

（二）**推动节粮减损**。通过粮食产后服务中心和农户科学储粮设施建设，使收获后的粮食得到及时处理、妥善保管，减少粮食产后损失。

（三）**提高服务水平**。通过整合产后服务资源，形成完整的服务链，提升为种粮农民服务的专业化水平，提高服务效率和劳动生产率，促进农村第三产业发展。

（四）**增强议价能力**。鼓励粮食产后服务中心通过向农民宣传国家粮食收储和优质优价政策、传递市场信息、疏通交易渠道等，为农民适时适市适价卖粮创造条件，帮助农民好粮卖好价，带动持续增收致富。

二、规划布局

（一）**科学规划数量和布点**。各地应综合考虑区域粮食产量、生产集中度、服务辐射半径、交通运输条件，兼顾现有配套设施、产业集聚发展等情况，统筹规划粮食产后服务中心数量和布点、总体建设规模、功能设计等，按需配置设施设备。

（二）**合理确定产后服务能力**。原则上每个粮食产后服务中心年服务能力，东北地区在 5 万吨以上，黄淮海、华北主产区不低于 3 万吨，南方稻谷主产区及其他地区不低于 1 万吨。各地可根据实际情况科学合理确定。

（三）**从实际需要出发精准施策**。优先支持产粮大县建设粮食产后服务中心，重点向粮食产量多和商品率高、产后服务能力缺口大、粮食收储市场化程度高的产粮大县倾斜。对现有设施设备等已满足实际需求的产粮大县，原则上不再安排新的粮食产后服务中心建设项目，既有的服务点可纳入粮食产后服务体系范围。非产粮大县粮食生产较为集中的，可适当予以支持。鼓励各地结合国家扶贫开发工作，开展粮食产后服务体系建设。鼓励有条件的非产粮大县使用地方财政资金和企业自筹资金等，建设粮食产后服务体系。

（四）**有序组织推进项目建设**。项目实行滚动方式分批建设，可先行试点再整体推进，也可按照整县推进的原则集中连片组织实施。列入年度计划的项目要创造条件加快建设，在 12 个月内完成建设任务。

三、建设主体

（一）**鼓励各类市场主体参与建设**。从有利于整合资源、放大效应和鼓励竞争出发，支持农民专业合作社等新型农业经营主体、收储企业、加工企业、基层供销社等各类主体公平参与建设，在制定方案、安排项目、分配资金、出台政策等方面平等对待。

（二）**结合实际择优选定建设主体**。尊重建设主体意愿，从满足条件的申报建设主体中，择优选定经营能力强、服务优、积极性高的建设主体。注重整合盘活存量资源，充分利用社会闲置的仓房、厂房、场地等，建设粮食产后服务中心。

（三）发挥各自优势开展合作建设。 在满足相关要求和自愿的前提下，各类主体可开展双方或多方合作建设，各方对合作方式、投资分担、管理机制、风险承担、利益分配等方面予以明确，扬长补短、合作共赢。具备条件的可采取政府和社会资本合作（PPP）等模式。

四、功能定位

（一）因地制宜确定产后服务功能方式。 粮食产后服务中心既可配置清理、干燥、收储、加工、销售五方面服务功能，也可选配其中部分功能，不搞"一刀切"。根据当地种粮农民需要，既可开展"五代"服务，也可提供"一卖到位"等便捷服务；有条件还可提供技术指导、生产资料、市场信息等延伸服务。

（二）粮食产后服务中心建设范围。 根据功能定位，重点围绕补齐烘干等短板，开展粮食产后服务中心建设。建设范围主要包括：

（1）产后干燥清理设施设备。改造提升老式粮食烘干设施设备，并酌情增加水分和温度在线检测、自动控制等功能；建设符合环保要求的粮食烘干设施设备（如燃气和生物质燃料干燥、电热及热泵通风干燥、旋转式干燥等），以及就仓干燥系统；配置移动式烘干机，以及粮食清理、色选、脱粒等设施。

（2）必要的物流仓储设施。建设粮食干燥、清理等所需的罩棚、晒场、地坪等配套设施。维修改造必要的仓储设施，为分等分仓储存创造条件，原则上不得新建仓容。配置接收、发放、输送、装卸、通风设备及必要的运输车辆等。

（3）粮食质量常规检测仪器设备，以及与国家粮食电子交易平台连接的网上交易终端等设备。另外，可根据实际情况实施农户科学储粮，为农户配置实用、经济、安全、可靠的科学储粮装具。

五、相关要求

（一）**强化制度保障**。各地要加强对粮食产后服务体系建设指导，结合实际制定项目申请、建设、验收、运营和绩效评价等相关管理文件和技术、服务指南等。实行项目管理公开制，主体选择、资金补助、项目验收及服务范围、服务项目、服务程序、收费标准、收费依据等情况及时对外公布，自觉接受社会监督。

（二）**规范项目建设**。各地要围绕粮食产后服务体系建设三年实施方案和年度建设任务，明确路线图和时间表，确保如期完成。项目建设原则上以县（市）为单位组织实施，在县（市）政府统一领导下，财政、粮食和储备部门开展需求摸底调查、编制项目建设方案，具体承担建设管理、项目验收、设施信息管理、绩效评价、总结报告等工作。要开展项目实施前现场核查，对建设主体基本情况、建设意愿、经营情况、用地合法性及承载能力、建设内容的真实性等进行核查，确有问题的应及时整改，问题严重的要取消建设主体资格。项目建成后地方财政、粮食和储备部门要按有关规定及时组织验收，并做好项目档案管理工作。

（三）**严守环保要求**。坚持绿色环保，全面推广应用节能型、智能化粮食清理、储藏、烘干等新技术新装备。按照《国务院关于印发打赢蓝天保卫战三年行动计划的通知》（国发〔2018〕22号）和《锅炉大气污染物排放标准（GB 13271—2014）》等有关规定及标准规范，建设和改造粮食烘干等设施设备，使热源烟气排放及粮食处理过程中的噪声、粉尘等方面符合相关环保要求。鼓励和支持相关科研院所、企业结合实际，加强对环保烘干新技术和设备的研发推广应用。

（四）**加强运营管理**。各地既要重视项目建设又要加强运营管理，督导已建成项目切实发挥作用，完善粮食产后服务模式，优化服务流程，规范服务行为，提高粮食产后服务中心运营管理和专业化服务水平。各地要指导粮食产后服务中心认真贯彻"优质、便捷、规范、安全"的服务方针，合理收费、诚信服务；对贫困户、残疾人等特殊群体提供优先或优惠服务。严禁利用各种方式变相扩大收费范围或提高收费标准。清理、烘干等相关生产作业，应满足有关规范和文件要求，确保安全生产。粮食产后服务中心要严格遵守国家相关法律、法规，本着平等、自愿、诚实、守信的原则，拓展服务范围，提高服务质量。

（五）**完善合作机制**。粮食产后服务中心除烘干粮食外，还可科学合理地烘干其他经济作物，提高设备利用率并增加收入。鼓励粮食产后服务中心与农民专业合作社、村级集体组织等通过多种方式建立长期稳定的合作关系；通过建立动态信息网、开发手机 App，或成立粮食产后服务中心协会、烘干中心联合会（体）等，科学合理利用当地烘干资源，充分发挥当地粮食产后服务体系协同效应。按照《国务院办公厅关于加快推进农业供给侧结构性改革大力发展粮食产业经济的意见》（国办发〔2017〕78 号）关于"落实粮食初加工用电执行农业生产用电价格政策"等要求，各地财政、粮食和储备部门积极会商协调相关部门对粮食产后服务中心烘干等用电执行农业生产用电价格政策。产后服务中心要结合绩效评价，及时统计产出数量、产出质量等方面数据，认真分析经济和社会效益，不断提高服务水平，完善运行机制。

要注重挖掘典型、强化示范引领，在省级粮食和储备部门推荐的基础上，国家粮食和物资储备局择优确认粮食产后服务中心先进典型，放大示范效应。

附件 2

粮食质量安全检验监测体系建设实施指南

根据财政部、国家粮食和物资储备局《关于深入实施"优质粮食工程"的意见》（财建〔2019〕287 号），现就加强粮食质量安全检验监测体系建设制定本实施指南。

一、目标任务

（一）**建设目标。**2017—2020 年，构建以国家区域中心为龙头、省级为骨干、市级为支撑、县级为基础、企业为补充，适合我国国情和粮情的粮食质量安全检验监测体系，做到功能定位清晰、区域布局合理、检验监测能力强、运行机制良好、服务业务范围广、质量安全保障有力。

力争到 2020 年，建立和完善 1000 个左右粮食质量安全检验监测机构（以下简称"检验监测机构"），监测覆盖面达到产粮县（5 万吨以上）的 60% 左右；粮食质量安全检验监测体系基本完善，粮食质量安全监管、风险监测预警、应急处置能力显著增强，服务粮食安全战略、食品安全战略、政府决策、粮食产业经济、粮油标准制修订工作水平明显提升。

（二）**主要任务。**进一步加强国家级、省级检验监测机构建设，重点在粮食年产量 5 万吨以上或人口在 50 万以上的县（市）新建或提升检验监测机构，着力解决粮食质量安全监测预警与检验能力不足、基层检验监测机构严重缺失等问题。

（三）**建设范围。**2017—2018 年，重点在粮食年产量 10 万吨以上或人口在 80 万以上的县（市）、机构空白县（市）建设检验监测机构；2018—2019 年，重点在粮食年产量 5 万 ~ 10 万吨或人口 50 万 ~ 80 万的县（市）建设检验监测机构；2019—2020 年，统筹协调，补齐短板，进一步提升各级检验监测机构能力水平。各地可根据实际情况适当调整。

二、建设主体

（一）优化机构布局。省级粮食和储备部门要认真做好可行性研究，综合平衡本省（区、市）不同粮食品种区域分布和不同层级的机构状况，结合当地粮食产量、流通量、储存量、消费量、检验监测业务量等实际情况，坚持需求导向，统筹确定检验监测机构数量、布局、总体和分年度建设方案。以发挥作用效能为立足点，加大对检验监测机构薄弱地区的指导、协调和扶持力度，补齐短板。

（二）建设主体范围。主要包括四类：一是隶属于粮食和储备部门的事业单位或已经取得当地编办事业单位批件的检验监测机构；二是本地区尚无检验监测机构的市、县，可依托当地骨干粮食企业检验室建设检验监测机构，建成后按照当地粮食和储备部门要求，承担相关检验监测任务；三是纳入国家粮食质量检验监测体系的有关高校、中央企业，由所在地省级粮食和储备部门统筹考虑；四是可承担粮食监测任务，并纳入国家或省级粮食质量安全检验监测体系的相关检验监测机构。

（三）建设主体基本条件。建设主体应具备与开展工作相适应的场地和专业技术人员，与发挥作用相匹配的检验任务以及必要的业务运行经费保障，有明确的配套资金落实方案和职责、任务、资产归属要求，保证建成后能够正常开展业务，实现良性运行，发挥应有作用。

三、功能定位

（一）国家区域中心。应具备省级检验监测中心的全部功能，重点承担粮食质量安全政策、法规、规划、标准及技术规范的研究与制修订，相关技术指导、技术培训、技术咨询与服务等任务。

（二）省级检验监测中心。主要承担粮食质量安全监测预警体系建设和快速反应机制研究；承担国家标准和技术方法、技术规范的试验验证，以及地方粮食质量标准与团体标准制修订、验证和宣传贯彻，开展技术咨询、技术培训等工作；承担本区域内粮食质量安全监测计划实施，开展风险监测、质量调查、品质测报、监督抽检、突发事件应急监测、隐患排查、预警分析、认定检验、评价鉴定检验等工作，为服务粮食产业链、价值链、供应链及农户科学储粮提供技术服务与技术支持；协调、指导区域内市、县级检验监测机构的业务工作；收集粮食质量安全及生产灾害等动态信息，提出有关工作建议和意见；具备检验各种粮食质量指标、品质指标和主要食品安全指标及批量检验的能力。

（三）**市级检验监测站**。主要承担粮食质量调查、品质测报和粮食质量安全风险监测；承担粮食例行监测、质量监督抽查、普查、突发事件应急监测、隐患排查及其他委托检验；为企业提供检验服务；负责本区域内粮食质量安全标准的宣传贯彻、技术咨询、技术培训，以及县级粮食检验监测机构的技术指导等工作；协助省级检验监测中心开展相关业务工作；收集本区域内粮食质量安全及生产灾害等信息；依据国家和行业粮油标准以及国家有关规定，具备检验主要粮食质量指标、品质指标、主要食品安全指标和区域内必检指标的能力。

（四）**县级检验监测站**。主要承担生产种植情况、粮食收获情况调查，掌握本区域内粮食品种、种植面积、产量情况；跟踪粮食种植过程施肥、施药、受灾等情况；进行质量调查的各项质量指标、品质测报感官指标的检测；开展相关的检验把关服务，协助省、市级检验监测机构开展相关业务工作，承担下乡、进企业扦样和原始样品转送，以及其他检验服务。具备检验当地主要粮食质量指标、主要品质指标和主要食品安全指标快检筛查的能力。

四、建设内容

国家级机构侧重质量安全、标准研究能力建设，省级机构侧重质量安全、批量检验能力建设，市、县级机构侧重质量指标、储存品质项目检验能力和主要食品安全指标检验、快速筛查能力建设。

（一）**配置检验仪器设备**。按照立足当前、着眼长远、优化配置、补充配套、填平补齐的原则，在充分利用已有检验监测资源基础上，根据功能定位、检验任务和今后业务开展需要，配置相应的检验仪器设备。检验仪器设备选型要坚持需求导向、能用适用、够用好用、安全可靠、节能减排原则，满足检验质量与内在品质、储存品质、安全卫生、添加剂及非法添加物、微生物、转基因等指标相应参数的要求，同时要紧密结合粮食检验监测工作和队伍建设需要，避免闲置浪费。

（二）**完善配套基础设施**。根据工作需要和检验仪器设备配置等具体情况，进行必要的配套基础设施建设。基础设施在使用面积、布局和环境条件等方面应满足机构职责任务以及人员、仪器设备配备的实际需求。实验室内各类功能区应做到分区明确、布局合理；应设有废水、废气的处理设施，并达到排放标准要求；配备必需的安全生产防护和应急处置设施。

五、建设要求

（一）**项目申报**。省级粮食和储备部门要摸清本省（区、市）检验监测机构现状和实际需求，按照国家总体要求和整省推进的原则，围绕功能定位、目标任务、建设内容，统筹安排域内检验监测机构建设布局、投资标准和分段实施步骤，上报粮食质量安全检验监测体系建设实施方案。在中央财政资金下达前，完成采购仪器设备技术参数编制和项目招投标工作方案制订等前期工作，确保项目实施与财政资金使用进度要求相匹配。要积极协调相关部门，尽早落实机构场地、人员、运行经费、建设资金等，确保项目建设各项配套条件落地。

（二）**项目审核**。省级粮食和储备部门要根据本省（区、市）检验监测机构功能定位及检验项目、工作量、技术人员条件等情况，对市、县级申报的建设方案进行认真审核，重点做好检验监测机构场地、人员和运行经费等核实工作。对不符合申报条件的、建成后难以正常运行和无检验监测任务的建设项目，要坚决剔除，保证所建项目能够用得上、用得好。

各省（区、市）建设实施方案应由正文、附件、附表三部分组成。正文应包含本省（区、市）现有粮食检验监测体系建设取得的成效、存在的问题、已有基础条件，总体和分年度实施目标、建设范围、建设内容、投资测算和规模、实施进度、项目管理、体系运行保障具体措施、绩效考核指标，以及省级粮食和储备部门粮食质量安全检验监测体系建设工作组成员、职务、联系方式等。附件包括项目提升机构需附现有人员、检验能力、运行经费等情况的佐证材料，新建机构需附批复成立机构、落实场地人员和拟承担的检验任务等情况的佐证材料，以及其他必要的材料。详见附表1–3。

（三）**仪器设备采购**。科学制定仪器设备采购方案，坚持厉行勤俭节约，不得盲目追求"高大上"而造成资金、资源的浪费。仪器设备采购工作，原则上由省级粮食和储备部门牵头统一组织实施，并负责督导协调所购仪器设备的到货、安装、调试、验收和使用；招标过程中，可邀请纪检监察部门相关人员现场监督，确保采购工作公平、公正。各省（区、市）原则上应做到区域内仪器设备统一功能、统一选型、统一参数；实验室名称标牌统一款式、统一规格、统一制作；技术操作人员统一培训。

列入当年建设范围的机构，应在中央财政资金拨付后12个月内完成项目建设；项目建设完成后，省级财政、粮食和储备部门要及时组织项目验收，并将项目完成、整体验收、绩效评价等情况及时报送财政部、国家粮食和物资储备局。

（四）**资金筹措使用**。坚持中央财政适当补助，地方积极配套，中央与地方共建共享的原则，由中央补助和地方财政投入（企业自筹）统筹解决。有关高校、中央企业的检验监测机构所需中央财政资金，在中央下达所在省份的资金中统筹安排。严格按照财政资金管理有关规定使用项目资金，财政资金主要用于配置检验仪器设备、实验室配套基础设施建设、移动检验扦样及样品传递工具等。

（五）**逐级压实责任**。省级粮食和储备部门对项目申报、实施、绩效评价、验收等承担监管责任，应加强对本省（区、市）项目建设进度、质量、资金使用、资金落实、体系运行以及其他有关情况的监督检查。建立定期调度制度，全面掌握、及时跟踪项目实施情况，做好项目协调、服务和推进工作，确保项目实施进度和建设成效。实行建设单位项目法人负责制，项目法人对项目申报、实施、建设质量、资金管理和建成后的运行等承担主体责任。各级检验监测机构要承担起所配仪器设备管好、用好、维护好的责任。

六、创新机制

（一）**因地制宜、分类指导**。省级粮食和储备部门要针对不同地域、不同层级、不同机构的特点分类施策，加强分类指导。根据机构功能定位，结合粮食质量安全检验监测工作实际，安排工作任务，开展技术培训，制定指导管理措施，充分发挥各级检验监测机构作用。研究建立检验监测机构管理制度，加强事中事后监管，建立诚信体系和"黑名单"制度。

（二）**严格管理、加强监督**。检验监测机构要建立公正性保证机制。实行检验监测机构与检验人责任制，检验人应依法依规进行检验，保证出具的检验数据和结论客观公正，对检验数据和结论负责；检验监测机构对出具的检验报告负责。省、市级粮食和储备部门要落实"双随机"要求，实施"抽检分离"，优化抽样、检验工作方式，确保检测结果客观公正。提高仪器设备使用效率，对长期闲置或利用率偏低的仪器设备，必要时省级粮食和储备部门可对使用财政资金购置的仪器设备予以调配使用。

（三）**发挥优势、增强功能**。各级检验监测机构要按照功能定位和检验监测任务要求，发挥专业性、系统性的优势和技术专长，继续加强新收获粮食和库存粮食风险监测，确保监测面有效提升。依托粮食行业专业优势，按照积极服务社会和公正检验原则，开展政策性粮食第三方检验监测服务，在平仓检验、鉴定检验、准入检验和仲裁检验等方面加快实施第三方检验。省级粮食和储备部门要研究建立第三方检验监测机构资质认定管理制度，增强检验监测机构的权威性和公信力。

（四）**优化服务、激发动力**。各级检验监测机构按照高质量发展要求，结合粮食收储制度和储备制度改革市场化的新形势，拓展服务范围，创新服务方式，增强服务效果，激发内生动力。省、市检验监测机构要延伸检测服务链，鼓励政策性监测任务与社会委托业务并行发展，主动承接其他行政部门、种粮大户、农民专业合作社、食品加工企业等委托业务；鼓励开展产学研、技术咨询、标准研制、培训、验货以及其他技术服务。围绕实施乡村振兴战略、推进农业供给侧结构性改革、加快粮食产业经济发展等，聚焦"五优联动"，构建"监测服务政府、抽查服务监管、检测服务产业、测报服务农户"的服务模式。

发挥典型示范引领作用，选取部分项目实施好、运行好、服务好的机构，在省级粮食和储备部门推荐的基础上，国家粮食和物资储备局择优确认示范检验监测机构。

七、保障措施

（一）**加强领导**。省级粮食和储备部门要加强领导，成立工作组，明确负责人，组织精干力量，加强调度协调，积极解决实施中出现的问题，保障粮食检验监测体系建设按时保质完成。支持建立联络员制度，由省级检验监测机构选派专业技术人员，分工联系市、县检验监测机构，加强跟踪指导服务。

（二）**完善制度**。省级粮食和储备部门要制定项目和资金管理办法及项目绩效评价方法，按要求组织项目验收。重点加强对专项资金使用、仪器设备采购、建设进度、履约验收、项目执行、绩效评价等情况进行监督检查，对场地、人员、运行经费未落实到位，仪器设备长期闲置，不能正常运行和未能有效发挥作用的检验监测机构要采取有效措施督促整改。

（三）**强化保障**。各地要为检验监测机构扩展运行服务、开展检验监测业务提供包括场地、设备、经费等在内的相关条件保障，确保业务正常开展，确保技术支撑作用有效发挥。转换用人机制，搞活用人制度，完善收入分配，实行体现粮食质检工作专业性、技术性特点的收入分配激励机制，激发内生动力。要在现行政策规定范围内，加大对粮食检验监测机构的支持。加强部门间的横向合作交流，根据各地实际，采取多种合作方式，优势互补，形成合力，提高检验监测机构检验能力和服务水平。

（四）搞好培训。要选拔素质好、作风实、专业对口的人员充实粮食质检队伍。加大专业技能培训力度，让新入职人员尽快适应岗位要求，确保所配仪器设备有人会用。省、市级检验监测机构要发挥引领带动作用，组织技术人员到县级检验监测机构和粮食收储企业指导质检队伍建设。

（五）严格考核。将粮食质量安全检验监测体系建设项目纳入粮食安全省长责任制和国务院食品安全工作考核内容，确保项目建设落地，体系良性有效运行。严格实行项目绩效评价，细化绩效考核指标；重点考核新建机构场地、人员、资金配套、经费保障和运行成效等情况；务必使配置的检测仪器设备能够有效利用，机构真正发挥作用，满足当地粮食质量安全检验监测工作需要。

（六）严明纪律。各地要认真贯彻落实中央八项规定精神，严格执行廉政规定，切实改进作风，将检验监测体系建设工程建成廉政工程、优质工程。在建设中要坚持公平公正、科学规范，对弄虚作假、谎报瞒报等行为予以批评并责令改正，并视情节追究有关责任人的责任。

附件 3

"中国好粮油"行动计划实施指南

根据财政部、国家粮食和物资储备局《关于深入实施"优质粮食工程"的意见》（财建〔2019〕287 号），现就落实"中国好粮油"行动计划制定本实施指南。

一、主要目标

"中国好粮油"行动计划要紧扣实现粮食产业兴旺、农民增收、企业增效，满足消费者对优质粮油产品的需求，到 2020 年，全国产粮大县粮油优质品率提高 30% 左右。

二、组织实施

（一）实施主体

1. **省级粮食和储备、财政部门**负责组织制定本省（区、市）总体实施方案，并进行监督检查和绩效评价；管理省级层面的实施项目和示范企业；负责示范县（市）和示范企业的监督检查、指导实施及考核验收。

2. **示范县（市）政府**是示范县（市）的实施主体，负责制定实施方案，加强对实施全过程的管理；负责对区域内示范企业实施情况的协调指导、监督检查和考核评价。

3. **示范企业**要坚持市场导向，聚焦"中国好粮油"行动计划目标任务，制定切实可行的实施方案，有序推进、确保落实，真正起到示范引领作用。

（二）示范县（市）条件和数量

1. **示范县（市）应具备以下条件：**

（1）处于优质粮油优势生产区，具备良好产地环境和发展潜力；

（2）在培育、优选、推广新品种方面有明显优势，具备较好的连片规模化种植基础和粮食产后服务能力；

（3）具有较好的优质粮油加工、销售和区域公共品牌建设基础；

（4）县（市）政府高度重视，实施方案目标明确，措施可行。

2. **示范县（市）数量**由各地根据实际情况选择确定，原则上粮食主产省每年可支持 10 个以内示范县（市），其他省份每年可支持 5 个左右示范县。示范县（市）除国家级贫困县外，应当实行动态调整，已列入支持范围的示范县（市）原则上今后不再纳入；各省（区、市）三年实施方案确定滚动支持的示范县（市），应当一次性确定资金支持额度，按计划分年度实施。

（三）示范企业条件和数量

1. **示范企业应具备以下条件：**

（1）企业有注册商标和品牌，市场开拓能力强，有销售渠道；

（2）企业资产优良，信用良好，无相关违法违规行为；

（3）产品销售量大、市场占有率及消费者认同度高，具有较强的新产品开发和产品质量保障能力，符合国家产业政策和环保政策要求；

（4）企业积极性高，实施方案主要目标和考核指标清晰，措施具体可行。

2. **示范企业数量**由各省（区、市）根据实际情况确定，示范县（市）政府在符合条件的企业中择优选定。

三、实施内容

各实施主体要聚焦目标任务，把"五优联动"贯穿于"中国好粮油"行动计划全过程；围绕"从田间到餐桌"各环节，统筹谋划、补齐短板、系统推进。突出示范引领、创新模式、挖掘典型、推广经验、放大效应，着力在品牌推广、渠道建设、科技支撑和专题宣传等方面取得重点突破。

（一）**优化种植结构，促进"优粮优产"**。示范县（市）和示范企业要立足优势，突出特色，加大培育和优选优质粮种力度，积极引导和组织推广优质品种，实现连片种植和规模化经营。

（1）示范县（市）和示范企业建立种植基地，开展优质粮食订单农业，培育和优选优质品种，推广连片种植。

（2）示范县（市）建立优质粮油产前产后科技服务平台，指导农户科学种粮、科学管理、科学储粮等，特别是加大优质粮食种植技术的推广力度。

（3）示范县（市）和示范企业与科研机构开展合作，制定粮食生产过程控制技术规程，建立全程可追溯体系等。

（4）地方各级粮食和储备部门建立有效激励机制，对采取建设种植基地、开展优质粮食订单农业等方式，与农民形成利益共同体成效突出的示范企业给予奖励。

（二）强化质量导向，促进"优粮优购"。示范县（市）和示范企业要根据粮食质量及品质情况，按照"优粮优价"原则进行收购，切实增加农民收益，保护农民种植优质粮食积极性。

（1）省级粮食和储备部门结合本地实际情况、生产特色、区域特点、市场认可程度等，组织制定优质原粮标准。

（2）地方各级粮食和储备部门对本区域内粮油产品进行测评，掌握粮油质量、品质、营养特性等，指导企业加大产品研发力度，推动产业升级。

（3）支持企业按优质优价原则进行收购。

（三）提高储粮水平，促进"优粮优储"。示范县（市）和示范企业要推行优质粮食按品种及等级分仓储存，积极推进绿色储粮和智能化储粮新技术，不断提高仓储技术和精细化管理水平。

（1）示范县（市）和示范企业在粮食收购、清理、干燥、储存等关键环节制定技术规程或技术要求，通过改造仓储设施，实现储粮技术升级，满足按品种及等级分仓储存的要求。

（2）地方各级粮食和储备部门及示范企业开展优质粮食分品种及等级储存保鲜技术研究，制定相关技术规程或技术要求。

（3）在示范县（市）和示范企业推广应用保质保鲜、防虫防霉、低温干燥、低温储藏等新技术。

（四）倡导适度加工，促进"优粮优加"。地方各级粮食和储备部门、示范县（市）和示范企业要建立标准领跑者激励机制，走"标准引领""以质取胜"之路，加快推广粮油产品适度加工，发展粮食循环经济，促进粮食资源综合利用。

（1）省级粮食和储备部门结合本省（区、市）实际情况、区域特点、特色品种、市场认可程度等，组织制定优质成品粮油标准；鼓励粮食企业结合品牌特色、区域特点、市场认可程度等，制定企业产品团体标准，提升区域粮油产品的加工质量。

（2）通过示范企业与科研院所开展合作，采用新工艺和新技术，研发优质粮油新产品。

（3）各级粮食和储备部门组织相关企业、科研院所根据优质粮食生产区域特点，结合地域优势和品牌建设等，研究建立优质粮油适度加工标准和规范。

（4）示范企业应用先进技术，通过技术改造和提高质检水平，实现产品升级，增加优质粮油产品供给。

（五）引领消费升级，促进"优粮优销"。按照分级遴选机制推出省级"好粮油"和"中国好粮油"产品，促进粮油产品"提质进档、消费升级"；进一步拓展销售渠道，推进"互联网＋粮食"行动，发展粮食电子商务和新型零售业态，构建经济高效的优质粮油销售渠道；通过"中国好粮油"专题宣传，普及科学膳食知识，提高好粮油产品认知度。

（1）省级粮食和储备部门及示范县（市）结合实际推进区域公共品牌建设，示范企业加强企业品牌建设，提高"好粮油"品牌的公信力。省级粮食和储备部门负责制定地方"好粮油"产品标准和遴选办法，把品牌影响力、市场占有率、消费认同度和企业经营年限等作为重要指标，遴选过程要注重产品品质、地域文化和传统特色，做到公平、公正；组织地方"好粮油"遴选工作，按程序进行公示后，将遴选结果报送国家粮食和物资储备局备案；加强对地方"好粮油"生产经营者监督，保证"好粮油"产品质量和信用。

（2）国家粮食和物资储备局负责组织"中国好粮油"遴选工作，在省级"好粮油"产品基础上，择优遴选"中国好粮油"产品。制定"中国好粮油"产品标准、产品及标识管理办法，规定"中国好粮油"遴选范围、要求，规范产品质量和标识管理，实行动态管理和淘汰退出机制。

（3）各级粮食和储备部门、示范企业建立完善网络销售平台，或者依托成熟的电商平台开展线上销售，利用"放心粮油店"、大型综合超市等设立"好粮油"专柜和建设直营店，加大"好粮油"线下销售力度。

（4）示范企业利用社会物流资源，完善优质粮油产品配送网络，探索成品粮"公共库"模式，提供专业的优质粮油产品储存和配送服务。

（5）发挥"中国好粮油网"作用，突出公益服务功能，实现"中国好粮油"政策宣传、标准发布、产品推介、科普宣传等功能。

（6）省级粮食和储备部门、示范县（市）和示范企业多渠道广泛宣传"好粮油"产品，运用粮食科技周、世界粮食日、展销会、推介会等宣传平台和电视、广播、网络、微博、微信等新闻媒体加强宣传。

（六）放大示范效应，促进"五优联动"。为发挥"好粮油"示范引领、辐射带动、放大效应的作用，在"优质粮食工程"示范县、示范企业（合作社）和"好粮油"销售店中遴选认定百个全国性典型示范县、千个先进示范企业（合作社）、万个样板店。

1. 全国百个典型示范县。典型示范县应在推广基地建设或订单农业等方面有稳定模式和成熟经验，本县（市）粮油优质品率提高 40% 以上；在促进粮食产业兴旺、农民增收、企业增效等方面有具体举措并取得实效；在粮食品质测评、区域品牌推广方面成效显著；在推动"五优联动"、创新发展模式等方面示范作用明显。以现有示范县（市）为基础，原则上主产省推荐典型 5 个，其他省（区、市）推荐 2 个；在各省（区、市）推荐基础上，由国家粮食和物资储备局确认。

2. 全国千个先进示范企业（合作社）。先进示范企业品牌应在当地知名度和影响力大、产品市场认可度高，或区域特色明显，带动能力强；在系统推进"五优联动"，重点是通过基地建设或订单农业构建粮食种植利益共同体、品牌推广、渠道建设、科技支撑等方面实际成效和示范作用明显；典型示范合作社应有加工产业基础和配套条件，优质粮油种植面积达到 50% 以上，且连片种植面积达 30% 以上，农户收益提高 20% 以上，在推广优质粮油连片种植、农民增收、脱贫攻坚等方面示范作用明显。先进示范企业（合作社）原则上主产省推荐 50 个左右，其他省（区、市）推荐 20 个左右；由省级粮食和储备部门在"中国好粮油"行动计划示范企业（合作社）中择优认定。

3.**全国万个样板店**。结合在"放心粮油店"、大型超市等设置专卖柜台或建设专卖店，年销售"好粮油"300 吨以上，信用良好、消费者认同度高，在宣传优质粮油品牌、提升品牌影响力、扩大"好粮油"产品销售、规范服务等方面示范作用明显。各省（区、市）样板店数量要综合考虑"好粮油"销量和网点数量等因素，原则上按每 14 万消费人口 1 个样板店的标准，在销售"好粮油"的实体店中择优认定。

在"百千万"典型示范中，各省应规范认定程序，经公示无异议后，向国家粮食和物资储备局推荐，核审后统一公布。

四、考核验收

（一）验收条件

（1）"中国好粮油"行动计划实施方案中各项具体任务均已完成，达到了预期目标；

（2）有完整的总结报告和绩效自评报告，包括项目达到的目标及考核指标、计划实施内容、实施内容完成投资情况、总体进度完成情况、取得的主要成果和经验等；

（3）有每项实施内容完整的档案资料；

（4）有完整的财务决算报告，并有第三方审计报告；

（5）有已备案的实施方案及资金下达的有关文件；

（6）示范县（市）和示范企业出具的验收材料真实性声明；

（7）示范县（市）和示范企业提交的项目验收申请。

（二）验收组织

（1）示范县（市）政府领导小组负责组织示范县（市）和示范企业的验收，省级粮食和储备、财政部门可派员督导。示范县（市）政府领导小组在国家或省级推荐的专家库中抽取不少于5名专家，成立专家验收组，或委托有资质有经验的咨询机构进行验收。采取专家验收组验收的，应对重要实施内容、示范企业进行现场查看，可根据需要设立资料小组、财务小组等开展相关工作。

（2）省级粮食和储备、财政部门负责对省级层面项目、省级管理的示范企业进行验收。

（3）项目验收后应形成正式验收报告，主要内容应包括：目标及指标完成情况、主要实施内容及投资完成情况、取得的主要成果、验收结论等。

（三）验收备案

（1）项目通过验收后，以示范县（市）为单位报送省级粮食和储备、财政部门备案。备案的具体要求由省级粮食和储备、财政部门确定。

（2）省级层面项目实施单位和省级管理的示范企业，直接报送省级粮食和储备、财政部门备案。

（3）省级粮食和储备、财政部门汇总本省（区、市）"中国好粮油"行动计划验收情况，编制总体验收报告，并附绩效自评价报告，报送国家粮食和物资储备局、财政部备案。

五、保障措施

（一）完善方案。省级粮食和储备、财政部门要按照国家整体要求，完善"中国好粮油"行动计划实施方案。根据本区域的实际情况，结合产粮大县、区域特色、品牌建设等，统筹遴选示范县（市）和示范企业，对示范县（市）和示范企业实施方案进行认真审核确认，在此基础上编制本省（区、市）实施方案，做到统筹规划、目标明确，重点突出、内容科学，资金合理、测算准确，措施得力、限期完成。

（二）精心组织。省级粮食和储备、财政部门要密切配合，建立工作机制，组织做好项目申报、实施、考核与验收等工作。省级粮食和储备部门要建立项目推进和定期调度制度，全面掌握、及时跟踪项目进度、质量等情况，加大统筹协调力度，确保项目实施成效。示范县（市）政府要成立由粮食和储备、财政等部门组成的领导小组，制定有关措施和管理办法，聚集动能、形成合力、精准施策，与粮食产后服务体系建设、粮食质量安全检验监测体系建设协调一致，与示范县（市）各项惠农政策深度融合，与示范企业及品牌建设实际紧密结合，加强对实施全过程的统一协调和跟踪管理，推动项目落地见效。

（三）规范管理。省级粮食和储备部门要会同财政部门制定项目及资金管理办法，严格按照财政资金管理有关规定使用项目资金，对项目资金到位、使用等情况加强监督检查。加强对项目实施过程中关键风险点的监控，严格执行廉政规定。坚持公平公正、客观真实，对弄虚作假、谎报瞒报等行为责令改正、追究责任；对违法违纪等行为严肃查处。

（四）强化保障。各级粮食和储备部门要建立"中国好粮油"专家咨询制度，为实施方案策划、标准规范和技术规程制定、产品研发、品牌策划等提供技术支撑。支持示范企业与科研机构联合制定"好粮油"产品发展战略规划，制定收购、储存、加工、物流、销售的全流程技术规范或服务指南。引导示范企业加强人才培养，特别是对实施"中国好粮油"行动计划中的关键管理岗位、关键技术岗位人才的培养。

（五）严格考核。将"中国好粮油"行动计划纳入粮食安全省长责任制考核内容，确保落地落实，发挥示范引领作用，构建长效机制。严格实行绩效评价，细化绩效考核指标，重点考核提高粮油优质品率、促进农民种植优质粮油收益和粮油产品提级进档的实效、品牌建设及配套资金落实等方面取得的成效。

附录：粮油优质品率的计算方法

附录

粮油优质品率的计算方法

1. 粮油优质品的概念

有地域特色、有品牌影响力、消费者认同度高且安全卫生指标达到国家标准要求的产品；或符合"中国好粮油"系列标准的产品；或符合省级"好粮油"系列标准的产品。

2. 粮油优质品率提高率的计算方法

粮油优质品率提高率 = $\left[\left(T_2 - T_1\right) / T_1\right] \times 100\%$

其中，$T_1 = W_1 / W_a$，$T_2 = W_2 / W_b$

T_1："中国好粮油"实施前一年粮油（折原粮）优质品率

T_2："中国好粮油"实施完成后粮油（折原粮）优质品率

W_a："中国好粮油"实施前一年粮油总产量

W_b："中国好粮油"实施完成后粮油总产量

W_1："中国好粮油"实施前一年优质粮油产量

W_2："中国好粮油"实施完成后优质粮油产量

关于切实做好 2019 年秋粮收购工作的通知

国粮粮〔2019〕255 号

各省、自治区、直辖市及新疆生产建设兵团发展改革委、粮食和储备局（粮食局）、财政厅（局）、交通运输厅（局、委）、农业农村厅（局、委），人民银行上海总部和各分行、营业管理部、各省会（首府）城市中心支行、各副省级城市中心支行，各银保监局，各铁路局集团公司，各有关商业银行，中国农业发展银行，中国储备粮管理集团有限公司、中粮集团有限公司、中国供销集团有限公司、中国中化集团有限公司：

2019 年全国秋粮收购工作会议在湖南长沙召开

为认真贯彻落实 2019 年中央一号文件精神，切实保护种粮农民利益，促进农业农村优先发展，现就做好 2019 年秋粮收购工作的有关事项通知如下：

一、准确把握秋粮收购形势，提早做好各项准备工作

秋粮占全年粮食产量七成以上，涉及品种多、区域分布广，收购时间跨度长、工作任务重。当前秋粮长势总体良好，有望再获丰收，做好秋粮收购工作，对保护种粮农民利益、维护社会和谐稳定具有重要意义。今年秋粮收购形势较为复杂，不确定因素较多，各地要切实加强监测分析和形势研判，增强工作的前瞻性和预见性，未雨绸缪，有针对性地做出安排部署，尽早协调落实粮食收购资金、仓容和运力等保障措施，指导各类收购主体提前做好收粮场地、器材工具、人员培训等准备工作，做到有备无患，确保秋粮收购起好步、开好局。

二、积极落实粮食安全省长责任制，下大力气抓好市场化收购

市场化收购是农业供给侧结构性改革的必然要求。各地要结合本地实际，多措并举，不断优化营商环境，为各类主体入市收购创造良好条件，进一步搞活粮食流通，加快形成主体多元、渠道多样、优粮优价的市场化收购新格局。要坚持"粮头食尾""农头工尾"，大力发展粮食产业经济，结合实施"优质粮食工程"，充分发挥产后服务设施和质量检测体系的作用，大力推广优质粮油品牌，引导企业优粮优购、优粮优储、优粮优加、优粮优销。要不断深化粮食产销合作，督促有关地区和企业认真落实已签订的购销合同，提高履约率，畅通粮食购销。要主动引导农企对接，鼓励各类企业与家庭农场、农民合作社等新型农业经营主体建立稳固的利益联结机制。要积极搭建银企对接平台，建立健全市场化收购贷款资金保障长效机制，按照市场化原则完善粮食收购贷款信用保证基金政策，并防止发生地方政府隐性债务风险。各地人民银行、银保

监会各派出机构要指导金融机构提高服务水平，扩大市场化收购融资渠道，鼓励商业性金融机构参与粮食收购，符合条件的可按规定享受涉农贷款优惠政策。要完善粮食铁路运输需求与运力供给对接机制，加强路网、港口运行监测和信息服务，强化运输能力保障，必要时开通公路粮食运输专用通道。

三、严格落实预案规定，认真组织政策性收购

最低收购价政策是确保口粮绝对安全的一项重要举措。中储粮集团公司要切实履行政策执行主体责任，按照《小麦和稻谷最低收购价执行预案》（国粮发〔2018〕99号）各项规定，不折不扣抓好组织实施，发挥托底作用。要提前确定委托收储库点，合理布设收购网点，在重点地区和关键时段充分挖掘社会仓容潜力，适当增设库点，确保及时开秤收粮，满足农民售粮需要。要严格执行预案启动和停止规定，符合条件的及时按程序报批启动，当价格回升到最低收购价水平以上时要立即停止。要严格执行粮食收购入库质量安全检验制度，按照粮食质量标准和食品安全标准及有关规定对相关粮食质量安全项目进行检验。要严格执行质价政策，不得压级压价、抬级抬价，不得拒收符合标准的粮食；要严格把好入库和验收关，确保数量真实、质量合格。同时，各地要切实抓好不达标粮食收购，必要时可采取地方临储等措施，保护种粮农民利益。中央和地方储备粮承储企业要增强大局意识，坚决服从宏观调控，积极收购储备轮换粮源，与政策性收购形成合力，特别是要结合实施大豆振兴计划做好储备大豆轮换收购，巩固农业供给侧结构性改革的成果。

四、紧贴售粮农民需要，着力提高服务质量

各地要以开展"不忘初心、牢记使命"主题教育为动力，进一步增强为农服务意识，强化各项服务措施。要积极开展入户服务，指导农户做好庭院储粮，支持配备科学储粮装具和设施，有条件的地方要组织开展入户预检抽检，做到关口前移。要切实强化产后服务，充分发挥粮食

产后服务体系作用，积极为农民提供清理、干燥、收储、加工、销售等社会化服务，统筹作业时间用好烘干设施，尽量避免霉粮坏粮。要着力优化现场服务，各政策性收储库点要尽量采取预约收购方式，减少不必要的排队时间；要做到价格上榜、标准上墙、样品上台，让农民交"明白粮"；要加强与当地有关部门协作配合，维护好现场工作秩序；具备条件的，可开设休息室、提供叫号服务等，并根据需要早开门晚收秤延长收购时间，让农民交"舒心粮"。要创新服务方式，进一步升级完善粮食购销客户端 App、"易粮通"微信小程序等，加大推广力度，扩大使用范围，不断提升自助化、便捷化水平。

五、强化收购监管，维护市场秩序

各地要按照《粮食流通管理条例》和《小麦和稻谷最低收购价执行预案》（国粮发〔2018〕99 号）、《关于切实加强国家政策性粮食收储和销售出库监管的意见》（国粮发〔2018〕264 号）等有关规定，加强对粮食收购环节的监督检查。要全面推行"双随机一公开"监管方式，加强"四不两直"暗查暗访，发挥 12325 全国粮食流通监管热线作用，严肃查处"先收后转""压级压价""打白条"等损害群众利益和"转圈粮""以陈顶新"等损害国家利益的违法违规行为，维护粮食流通良好秩序。要加强政策性粮食入库验收监管，按照"谁验收、谁负责"的原则，压实验收责任，追究具体收储企业数量、质量、食品安全主体责任。同时，各地各有关企业要压紧压实安全生产主体责任，坚决防范重特大事故发生，确保人民群众生命和财产安全；要加大储粮安全隐患排查力度，做到早预防、早发现、早排除，确保粮食储存安全。

六、做好政策宣传，有效引导预期

各地要在继续利用传统媒体的基础上，充分发挥新媒体作用，广泛宣传和解读收购政策，帮助广大农民和各类企业准确理解把握。要密切跟踪市场动态，强化监测预警，及时收集、整理和发布秋粮生产、质量、价格、供求、收购进度等信息，引导舆论客观、真实反映市场情况，帮助农民有序售粮、适时售粮、理性售粮。要加强舆情监测分析，及时主动回应社会关切，为收购工作营造良好舆论氛围。新粮集中上市期间，国家有关部门将暂停相应地区政策性粮食公开竞价销售。

七、严明责任严格落实，务求工作实效

各地各有关部门要在当地党委、政府统一领导下，健全完善粮食收购工作协调机制，明确职责分工，层层压实责任。要突出问题导向，提前制订工作方案，细化应对预案，牢牢把握收购工作的主动权。要加强上下联动、部门协同，形成工作合力，切实履职尽责，确保各项政策措施落地见效。新粮收购期间，各级粮食部门和有关中央企业要深入一线开展调查研究，认真听取售粮农民和企业的意见建议，及早发现苗头性、倾向性、潜在性问题并妥善应对，做到为民服务解难题，确保秋粮收购平稳有序进行。

国家发展和改革委员会　国家粮食和物资储备局　财政部
交通运输部　农业农村部　中国人民银行
中国银行保险监督管理委员会　中国国家铁路集团有限公司
2019 年 9 月 18 日

政策支撑 125

国家粮食和物资储备局
关于做好 2019 年夏季粮油收购工作的通知

国粮电〔2019〕6 号

各省、自治区、直辖市粮食和物资储备局（粮食局），中国储备粮管理集团有限公司、中粮集团有限公司、中国供销集团有限公司、中国中化集团有限公司：

为认真落实中央经济工作会议、中央农村工作会议和中央 1 号文件精神，切实做好 2019 年夏季粮油收购工作，现将有关事项通知如下：

一、进一步提高站位，增强大局意识和责任意识

今年是新中国成立 70 周年，是全面建成小康社会、实现第一个百年奋斗目标的关键之年，是粮食和物资储备系统深化改革转型发展的重要一年，各项工作任务艰巨繁重。在当前国内经济下行压力加大、外部环境复杂多变的形势下，认真抓好夏季粮油收购工作，对于稳步推进农业供给侧结构性改革，保护农民种粮积极性，保持粮食市场总体稳定；对于深入实施乡村振兴战略、促进农业农村优先发展、确保经济持续健康发展具有极其重要的意义。各地和有关中央企业要坚持讲政治、顾大局，强化责任担当，积极主动作为，把夏粮收购工作摆在突出位置，抓实抓细抓好，牢牢守住不发生大面积农民"卖粮难"的底线。

二、加强组织领导和统筹协调，形成工作合力

各地要在当地政府的统一领导下，健全完善粮食收购工作协调机制，强化上下联动和部门单位协作，充分发挥各方面积极性，形成统筹推进、同频共振的工作格局。要在前期工作基础上，研究制订针对性、操作性强的收购工作方案，细化相关措施，做好收购仓容、资金供应、人员培训等各项准备工作。要坚持问题导向、底线思维，对于收储矛盾较为突出和可能出现不达标粮食的地区，要结合实际提前制定应急处置预案，做到有备无患，应对及时处置有效。各级粮食行政管理部门要加强调研调度，有关负责同志要深入一线广泛了解情况、听取意见建议，及时发现、解决收购中遇到的困难问题，重要情况要及时报告当地政府。

三、认真落实粮食安全省长责任制，积极开展市场化收购

各地要按照粮食安全省长责任制要求，统筹组织调度好辖区内夏季粮油收购工作，确保农民种粮卖得出。要坚持市场化改革方向，发挥市场配置粮食资源的决定性作用，充分调动多元主体积极性，多措并举组织好市场化收购。要支持大型骨干企业利用自身渠道和资金优势，合理把握节奏，积极发挥示范带动作用。要引导加工企业积极入市、就地转化，促进粮食产业经济发展，帮助农民增收。要协调组织辖区内中央和地方储备粮承储企业及早入市，按市场价格收购轮换粮源，发挥储备轮换的引领作用。要鼓励各类粮食企业主动适应粮食生产组织方式变化，与家庭农场、农民合作社等新型农业经营主体建立长期稳定的购销合作关系，完善利益联结机制，让农民分享加工销售环节收益，拓宽农民增收渠道。

四、切实履行政策执行主体责任，严格落实最低收购价政策

中储粮集团公司及相关分公司要按照《关于印发小麦和稻谷最低收

购价执行预案的通知》（国粮发〔2018〕99 号）规定，严格执行小麦、稻谷国家标准和食品安全标准，认真抓好最低收购价收购，有效发挥政策性收购的托底作用。要提前做好预案启动的各项准备工作，及早合理布设收购网点，满足农民售粮需要。要严格落实预案启动和停止有关规定，达到启动条件及时按程序启动预案，价格回升到最低收购价水平以上时要及时停止收购。要严格执行最低收购价粮食质价标准，严把政策性收购质量关，既不得随意放宽标准，收购不符合质量标准的粮食，也不得拒收农民交售的达标粮食，切实保护种粮农民利益。

五、创新方式方法，大力提升为农服务水平

各地要认真履职尽责，进一步增强为农服务意识。要指导农民做好已收获粮食的整理、晾晒，做好庭院储粮，促进粮食提级进档。要加快推进粮食产后服务体系建设，积极为农民提供清理、干燥、储存、加工、销售等社会化服务。要督促各收购库点做到价格上榜、标准上墙、样品上台，让农民交"明白粮""放心粮"，并根据农民售粮需要早开门晚收秤。有条件的地方要做到收购质量检验端口前移，采用绿色通道、预约收购等方式，尽量减少农民排队等候时间。要积极推广使用手机客户端、小程序等"互联网 +"模式，重塑流程，改善服务，提升粮食购销自助化、便捷化水平。

六、密切跟踪市场动态，强化宣传引导

各地要认真做好粮食收购进度统计和市场监测工作，及时掌握收购进展总体情况。要加强形势分析研判，及早发现和解决苗头性、倾向性、潜在性问题。要灵活利用电视、广播、报纸、网络、公示栏、宣传册等多种渠道，广泛宣传解读粮食收购政策，主动发布粮食生产、质量和收购进展、市场价格等信息，为农民售粮和企业经营提供必要的信息服务，引导市场预期。要加强舆情监测分析，主动回应社会和媒体关切，妥善做好舆情处置应对，为收购工作营造良好的社会舆论氛围。

七、加大市场监管力度，维护收购市场秩序

　　各地要按照《关于切实加强国家政策性粮食收储和销售出库监管的意见》（国粮发〔2018〕264号）有关规定，加强重点环节监管，加大执法力度，严格落实具体收储企业的直接责任、政策执行主体的责任、地方行政监管和属地管理责任。督促企业自觉遵守"五要五不准"收购守则，严格执行质价政策，确保政策落实不出偏差、不打折扣。要发挥12325全国粮食流通监管热线作用，坚决查处"克扣斤两""压级压价""打白条"等损害群众利益和"以次充好""先收后转""转圈粮""以陈顶新"等损害国家利益的违法违规行为，维护粮食流通秩序。要压紧压实粮食企业安全生产主体责任，切实履行监管责任，坚决防范重特大事故发生，确保人民群众生命和财产安全。要加大储粮安全隐患排查力度，早预防、早发现、早排除，确保粮食储存安全。

国家粮食和物资储备局

2019年5月6日

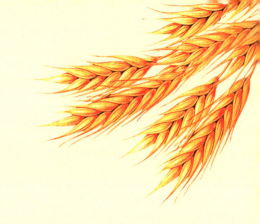

调查研究

建设粮食产业强国

建设粮食产业强国
成效与亮点

关于坚决扛稳粮食安全重任 加快推进河南粮食产业高质量发展的报告

国家粮食安全政策专家咨询委员会

　　为认真贯彻落实习近平总书记在参加十三届全国人大二次会议河南代表团审议时关于"要扛稳粮食安全这个重任""要发挥好粮食生产这个优势，立足打造全国重要的粮食生产核心区，推动'藏粮于地、藏粮于技'，稳步提升粮食产能，在确保国家粮食安全方面有新担当新作为""要推进农业供给侧结构性改革""延伸粮食产业链、提升价值链、打造供应链，不断提高农业质量效益和竞争力，实现粮食安全和现代高效农业相统一"的重要指示精神和李克强总理关于加快建设粮食产业强国的重要批示要求，受国家粮食和物资储备局、河南省人民政府委托，国家粮食安全政策专家咨询委员会协同有关力量组成专题调研组，认真借鉴"寻乌调查"方法，先后深入郑州、商丘、信阳等 14 个地市进行实地调研，紧紧围绕"坚决扛稳粮食安全重任，加快推进河南粮食产业高质量发展"主题，认真分析河南的优势、问题和短板，有针对性地提出了重点问题和措施建议，起草形成了报告。并经国家粮食安全政策专家咨询委员会陈锡文同志审阅，张晓强同志主持邀请相关专家进行专题论证，多方听取意见建议进一步修改完善。国家粮食和物资储备局与河南省委、省政府高度重视，张务锋、喻红秋、武国定等领导同志出席专家论证会。现将调研成果报告如下：

一、成效与优势

近年来，河南省委、省政府认真贯彻落实党中央、国务院决策部署，把保障国家粮食安全作为重要政治任务，深入推进农业供给侧结构性改革，认真落实粮食安全省长责任制，大力发展粮食产业经济，取得明显成效。2018 年河南粮食产量达 6649 万吨，创历史新高，居全国第二位；农产品加工成为全省第一支柱产业，以"四优四化"（重点发展优质小麦、优质花生、优质草畜、优质林果；统筹推进布局区域化、经营规模化、生产标准化、发展产业化）为重点促进农业转型升级，为粮食产业高质量发展奠定了坚实基础，为保障国家粮食安全作出了巨大贡献。

（一）粮食生产地位举足轻重，成为加快推进高质量发展的重要根基。河南深入落实"藏粮于地、藏粮于技"战略，粮食产能稳步提升。主要表现为：粮食单产水平高于全国平均水平，特别是小麦亩产高于全国平均水平 130 多斤，连续多年位居全国第一；2018 年小麦产量 3603 万吨，占全国小麦产量的 27.6%，位居全国第一；油料产量 587 万吨，占全国油料产量的 17%，位居全国第一，其中优质花生面积 2200 万亩，占全国的 25%，位居全国第一。

（二）主食加工产业蓬勃发展，成为加快推进高质量发展的重要支柱。2018 年，粮食加工业总产值 2033 亿元，较上年增长 8.6%。年处理小麦能力 4973 万吨，生产面粉 1691 万吨，居全国第一。粮油加工能力（含食品、饲料和深加工）超过 1 亿吨，主食产业化率 48%。其中，小麦粉及其工业化馒头、挂面、方便面等年产量均占全国近 1/3，速冻食品年产量占全国 2/3 以上。

（三）粮油科研基础和市场基础比较扎实，成为加快推进高质量发展的重要支撑。河南工业大学、河南农业大学、河南省农业科学院、郑州中粮科研设计院有限公司等院校、科研机构和企业在粮油育种、储运、加工、装备、信息、管理等方面拥有完整的科研体系。郑州粮食批发市场、郑州商品交易所分别是全国第一家粮食现货市场和期货市场，制订

张务锋局长、武国定副省长在中国（漯河）电子商务产业园调研

了全国第一部规范化的粮食现货交易规则和商品期货交易规则，对全国粮食市场体系形成发挥了重要作用。

（四）资源禀赋和政策支持，成为加快推进高质量发展的重要保障。 河南自然生态环境独特，农耕文化源远流长，耕地面积1.2亿亩，平原面积占河南总面积的55.7%，灌溉面积占50%以上，耕地利用率较高，农作物复种指数达178%。河南地处中原，是承东启西、连贯南北的现代综合交通枢纽，也是"一带一路"倡议、国家粮食和物资应急调运与集散的重要运输通道和节点。同时，国家相继出台的河南粮食生产核心区建设规划、促进中部地区崛起规划以及河南省出台的乡村振兴战略规划等，为河南粮食产业高质量发展提供了良好政策环境。

二、问题与短板

当前，河南粮食产业高质量发展具备了一定基础和条件，但相关的体制机制尚未完全形成，粮食产品结构矛盾突出，产业融合度较低，产业竞争力不强。

（一）**粮食生产基础不够牢**。近年来，河南在全国率先开展高标准农田建设并取得明显成效，但耕地后备资源相对不足，农田基础设施依然薄弱。目前尚有近 50% 的耕地属于中低产田，已建成的 6000 万亩高标准农田不同程度存在基础设施不够完善、耕地质量不高、老化失修等现象，正在实施的高标准农田建设项目资金投入不足。

（二）**粮食生产比较效益低**。受粮食生产成本刚性增长影响，农民种粮收益处于微利，有时甚至亏本，特别是小麦净利润连续多年下降，影响农民种粮的积极性。2015—2017 年河南省小麦亩均现金收益分别为 669 元、443 元、546 元，2018 年受不利气候影响，质量和产量双降，亩均现金收益仅为 277 元，种粮农民持续增收后劲不足。

（三）**三产融合水平不够高**。目前，河南粮食生产仍以小农户经营为主，耕地 10 亩以下的农户有 1800 多万户，与现代高效农业融合发展仍任重道远。粮食产品结构不优、产业链条不长。近几年来，河南优质小麦产业得到较快发展，但优质粮食专种、专收、专储、专用"四专"水平不高，优质小麦、优质花生等在育种、种植、收购、储存、加工、运输、销售等环节有效衔接机制尚未建立起来。产品同质化严重，多数加工企业的产品品种、质量处于同一个水平线上，市场上普通民用面粉占到面粉加工总产量的 55% 左右，专用粉占面粉加工总量的比重为 22%。精深加工不足，农产品精深加工仅占全部农产品加工的 25%。企业产品附加值不高，精深加工产品缺乏大品牌、强品牌。

（四）**科技创新能力不够强**。河南粮食科技创新具有较好基础，但与其粮食产业发展规模不相匹配，产学研用结合不紧密，主食加工装备研发不足，成果转化率不高。2018 年，粮油加工企业投入的科研费用仅 7.7 亿元，占工业总产值的比重仅为 0.4%，不仅低于其他行业的科研投入比例，还低于 0.6% 的粮食行业规划纲要目标。调研发现，一些大型面粉企业和主食加工企业，进口了不少国外关键设备；驻马店、信阳等地的企业反映，产品加工工艺、包装设计以及定制化设备需求得不到相应满足。

三、思路与重点

今后一个时期，河南将聚焦扛稳粮食安全重任，立足打造全国重要的粮食生产核心区，落实"藏粮于地、藏粮于技"战略和"粮头食尾、农头工尾"要求，以推进供给侧结构性改革为主线，以延伸粮食产业链、提升价值链、打造供应链为重点，以统筹建设示范市县、产业园区、骨干企业、优质粮食工程为载体，实施优粮优产、优粮优购、优粮优储、优粮优加、优粮优销"五优联动"，形成产品优质、产业融合、产出高效、资源节约、环境友好的粮食产业高质量发展新格局，加快实现由粮食生产大省向粮食产业强省跨越。到 2025 年，初步建成适应河南省情和粮情的现代粮食产业体系，粮食产业发展的质量和效益明显提升，粮食产业经济总产值达到 4000 亿元。重点建设"一区、两中心"：

（一）立足产能优势，打造全国重要粮食生产核心区。 立足河南粮食生产资源禀赋与比较优势，加快实施新一轮高标准农田建设规划，持续改善农田基础设施条件，到 2025 年新建 2000 万亩以上、提升 2000 万亩，高标准农田总面积达到 8000 万亩。实施现代种业提升工程，培育国内一流的种业企业。开展农业生产全程机械化整省推进行动，到 2025 年主要农作物耕种收综合机械化水平达到 90%。粮食产能确保稳定在 1300 亿斤以上，促进粮食产业高质量发展与保障国家粮食安全相统一。把绿色优质小麦和优质花生作为河南粮食产业高质量发展的突出优势，建设全国优质专用小麦基地，大力发展高油、高油酸花生和花生加工产业，力争到 2025 年，优质专用小麦发展到 2000 万亩，花生种植面积达到 2500 万亩，增强小麦口粮和优质花生的供应保障能力。

（二）发挥产业优势，建设粮食加工物流集聚中心。 充分发挥河南粮油加工和主食产业发展等方面的优势，结合粮食生产功能区的划定和现代农业示范区建设，统筹协调，推进成品粮油加工、粮油食品加工、饲料加工、精深加工等产业发展，大力发展粮食产业园区、物流园区和大型交易市场等，培育壮大以主食产业为主导，集粮油加工、仓储、物流、信息服务等多功能一体化的产业集群。以市场体系建设为核心，统筹推进粮食批发市场、交易中心、交易所等市场平台建设，促进形成全国范围有竞争力的粮食商品流、交易信息流、资金集聚流，切实发挥好河南在粮食交易、定价、资金结算和物流服务等方面的市场功能，打造高质量的粮食供应链。

（三）**放大科研优势，建设粮食科技创新中心。**充分发挥河南工业大学等高校和科研机构拥有全国最完整的粮油学科体系的独特优势，利用小麦和玉米深加工研发、粮食储运国家工程实验室、国家生物育种创新中心等"国字号"平台提升创新服务能力，打造"中国粮谷"，建立科技研发、生产制造、推广应用相结合的产学研用体系。结合主食产品多样化特征、种粮农户和涉粮企业等不同主体需求，加强面向全国市场及"一带一路"沿线国家的粮机装备、质量检测仪器的研发和制造，推进粮食储存、加工、质量检测等不同领域仪器装备的成套化、智能化、自动化，为扛稳粮食安全重任提供有力支撑。

河南省多福多食品有限公司面制食品国家地方联合工程中心

四、措施与建议

河南全省上下对落实习近平总书记重要指示有着极为坚定的信心和决心，凝聚了高度共识。目前河南的困难和问题，既有自身因素，也有粮食产业发展的普遍性问题；既需要调整发展思路，也需要完善政策措施。对此，河南省委、省政府专门召开省委十届九次会议研究部署，出台了全面推进乡村振兴战略的意见。通过深化农业供给侧结构性改革，正确处理农业与工业、增产与增收、生产与生态的关系，加快推动粮食由增产导向向提质导向转变，实现粮食安全与现代高效农业发展相统一。但同时也需要中央在政策、资金、项目等方面加大支持力度。为更好地贯彻落实习近平总书记重要指示精神和党中央、国务院的决策部署，切实扛稳粮食安全重任，加快推进河南粮食产业高质量发展，提出如下措施建议：

（一）建设全国优质小麦生产加工基地，夯实粮食安全保障基础。建议国家在优质小麦"专种、专收、专储、专用"等环节予以支持。一是支持河南推行优质小麦单品种集中连片种植，继续推进高标准农田建设，加强对粮食生产功能区的政策支持，促进优质小麦适度规模化种植。二是加大对河南优质专用小麦示范县建设的支持，进一步扩大示范县范围，支持资金重点用于统一供种和统防统治。三是对从事优质专用小麦生产的规模经营主体，实施全成本保险，提高保险保障水平。在购置生产技术设备、改造提升加工装备、建设烘干仓储等产后设施上进行支持，培育产业化龙头企业，提高生产经营能力。

（二）建设全国优质花生生产加工基地，促进油脂油料多元化发展。花生和大豆同为豆科植物，其主要产品都是食用植物油、蛋白食品和饲用饼粕。在效用上，花生与大豆基本相同，但花生在产量、出油量、品质、种植效益、加工增值等方面更具优势，建议国家加大对河南省花生产业支持力度。一是把花生作为国家油料发展的重要内容，在政策、规划、投入上给予重点支持。二是对种植户的高油酸花生用种进行补贴，加快高油酸花生品种的推广应用。三是在黄淮海地区对花生收获机械、烘干储存设施、低温压榨设备等方面进行资金补助和贴息，重点支持花生生产大县提升花生收储、烘干能力。

（三）建设三链协同先行示范区，推动粮食产业融合发展。围绕"三链协同"，深入推进高效种养业和绿色食品业转型升级，建议国家创新完善财政金融政策，支持河南建设粮食产业三链协同先行示范区。一是中央财政对"优质粮食工程"继续给予奖励支持，打造优质粮食工程河南升级版，积极推广"河南粮食王牌"，加大对河南小麦、花生、主食等系列粮油品牌培育力度，提高产品附加值和市场影响力。二是加快构建产学研用体系，支持河南建设粮食产业科技创新联盟和专业技术创新中心等平台，推动科技要素与产业要素的合理匹配和深度融合，推动"中国粮谷"建设。三是用好粮食安全保障调控和应急设施中央预算内投资专项，支持河南重要物流节点和物流（产业）园区建设，增强其与"一带一路"沿线国家及国内相关地区的互联互通。四是建议完善粮食风险基金管理办法，调整粮食风险基金使用范围，扩大粮食风险基金在支持粮食产业高质量发展方面的用途。五是进一步完善《河南省粮食收购贷款信用保证基金管理办法》，引导金融机构和粮食收购、加工企业积极参与粮食收购贷款信用保证基金，充分发挥基金支持粮食收购的作用。

（四）完善对粮食主产区的利益补偿机制，进一步调动粮油生产加工大省（县）政府重农抓粮积极性。建议加快出台主产区利益补偿实施方案，提高河南等粮食主产区均衡性转移支付在全国的比重，将河南等粮食主产区人均一般公共预算支出的水平提高到不低于全国地方平均水平的80%，真正改变主产区种粮越多、贡献越大，而财力越紧张的局面。

关于滨州推动粮食产业高质量发展的调研报告

国家粮食和物资储备局
山东省滨州市人民政府　　联合调研组

为深入贯彻落实习近平总书记关于"粮头食尾""农头工尾"和参加山东、河南代表团审议及视察山东时的重要指示精神，认真落实李克强总理关于建设粮食产业强国的重要批示要求，近期，国家粮食和物资储备局会同滨州市人民政府组成联合调研组，深入开展了专题调研，广泛听取各方意见建议，并多次与山东省、滨州市有关部门沟通会商，系统

张务锋局长调研西王集团

总结滨州市发展粮食产业经济的经验做法，提炼形成可推广可复制的"滨州经验"，为推动全国粮食产业高质量发展提供借鉴参考。

一、主要成效

滨州北拱京津、南卫齐鲁，被誉为山东省"北大门"。该市资源丰富、交通便利，发展粮食产业经济具有得天独厚的先发优势。市委、市政府高度重视发展粮食产业经济，推动产业发展思路清晰、举措有力、成绩突出。2017年9月，国家局在滨州召开全国加快推进粮食产业经济发展第一次现场经验交流会，授予滨州市"全国粮食产业经济发展示范市"称号。两年多来，滨州市认真落实国家粮食安全战略和乡村振兴战略，全面落实国务院办公厅78号文件精神和国家局部署要求，以"粮头食尾"和"农头工尾"为引领，以深化农业供给侧结构性改革为主线，以实施新旧动能转换和打造国家级粮食产业融合循环经济示范区为契机，突出抓好粮食产业链、价值链、供应链"三链协同"，统筹建设粮食产业经济发展示范市县、特色产业园区、龙头骨干企业、优质粮食工程"四大载体"，加快实施优粮优产、优粮优购、优粮优储、优粮优加、优粮优销"五优联动"。2018年全市粮食产业工业总产值突破千亿元大关，成为全国唯一的千亿元地级市，实现利税总额近60亿元，主营业务收入过百亿元的企业4家，在推动高质量发展、建设粮食产业强市方面迈出新步伐、实现新突破、取得新成效。

（一）产业链延伸拉长实现"全"。"发挥自身优势，抓住粮食这个核心竞争力，延伸粮食产业链、提升价值链、打造供应链，不断提高农业质量效益和竞争力，实现粮食安全和现代高效农业相统一。"习近平总书记在河南代表团审议时的重要讲话，让市委常委、常务副市长赵庆平感触深刻。他说，总书记的重要讲话为我们指明了正确方向、提供了行动指南、坚定了信心决心。近年来，滨州市积极发展全产业链经营、产后服务带动、精深加工引领等模式，促进加工层次由粗到精、加工业态由少到多、加工链条由短到长。2018年，全市粮食加工转化量1583万吨，是粮食总产量的 4 倍多，较 2016 年增长 14.6%。西王集团经过 30 多年的发展，建立了从种植到收储、初加工、精深加工的完整产业链条，形成了"由田间到餐桌"的全产业覆盖，由一家小型村办企业蝶变跻身中国 500 强企业榜单，真正实现把产业链留在了县域，改变了"农村卖原粮、城市搞加工"的格局。总工程师王岩反映，西王集团年加工玉米 300 万吨，原料总利用率达 99% 以上，产品总收率达 97.5% 以上。

（二）价值链融合提升实现"增"。近年来，滨州市从研发设计和品牌营销两端发力，实现价值链从低端向中高端跃升，提升企业加工转化增值能力，推动粮食产业转型升级、提质增效。据统计，全市粮食加工转化增值率达到 3.4∶1，高出全国平均水平 1.2 个百分点，位居全国前列，并接近发达国家水平。究竟如何实现增值呢？市粮食和储备局局长高玉华认为，要研发、品牌、营销、合作"四管齐下"。坚持科技创新驱动，鼓励、推动粮油加工企业与多家科研院所建立合作关系，加大研发投入，已取得多项全国领先成果，有的还达到了国际先进水平。实施品牌战略，推动粮食产业质量升级、品牌升级，粮食行业品牌、企业品牌、产品品牌享誉全国、走向世界。例如，香驰集团生产的果葡糖浆出口量占全国 30%；十里香芝麻制品的香油出口美国、俄罗斯等国家。畅通营销渠道，"中裕"品牌被 38 个国家部委餐厅招标采购，玉杰面粉直供清华大学、北京大学等全国 90 多所高校。同时，鼓励支持企业"走出去"兼并重组、投资建厂，积极利用国际国内两个市场、两种资源。2016 年，李克强总理亲自见证了西王集团并购加拿大科尔公司。

（三）供应链优化升级实现"新"。通过加快建设粮食物流枢纽和通道，打通产购储加销各关节，降成本、畅流通、提效率，实现粮食产业创新发展。顺应"便捷""直供"消费潮流，创新营销方式方法，挖掘"互联网+""自媒体"等新市场，加强"虚拟与实体""线上与线下"有机融合，新业态蓬勃发展，市场空间快速拓展，粮油供给效率持续提高。健全现代物流体系，高速公路、铁路及滨州港开通运营，公路、水路、铁路运输相互支撑，打造"跨省粮食物流通道""粮食物流节点城市"。据市交通运输局统计，全市粮食原料及产品年进出量 2000 万吨以上，占全市货物进出总量的 11%。同时，不断提升企业精细高效管理水平，香驰控股总工程师王永军介绍，企业"划小核算单位"实施精细化管理，将生产车间的水、电、汽消耗和产品出率、合格率、安全生产操作规范、现场卫生等定量、定性指标逐层分解，量化考核到人，管理效果和经济效益明显提升。

（四）产业集群集约集聚实现"强"。 根据《山东新旧动能转换综合试验区建设总体方案》精神，加快粮食产业新旧动能转换，培育壮大龙头企业，促进产业集群、产能集聚，粮食产业发展势头强劲。全市粮食产业工业总产值达 1010 亿元，较 2016 年增长 13%，连续三年排名全国第一，约占全省 1/4、全国 1/30；完成主营业务收入 1326 亿元，较 2016 年增长 24%，约占全省 1/3、全国 1/25。全市规模以上粮油加工企业 153 家，上市公司 4 家、全国 500 强 2 家、中国食品工业 50 强 2 家；西王集团、香驰控股、渤海实业、三星集团、中裕食品等 10 家龙头企业，2018 年实现主营业务收入 1126 亿元，占全市总量的 85%；主营业务收入过 100 亿元的 4 家企业中，西王集团、香驰控股、渤海实业和美集团占全市总收入比重分别为 34%、21%、10%、8%。宇东面粉、黄河粮油、金汇玉米等一批"老字号"企业得到改造升级，渤海实业、三星集团、和美集团等一批"原字号"企业实现深度开发，十里香芝麻制品、花园食品、托福实业等一批"新字号"企业不断发展壮大，呈现出新兴企业"腾笼换鸟"、传统企业"凤凰涅槃"的喜人格局。

（五）种植结构调整实现"优"。 作为传统农业大市，滨州市始终牢记习近平总书记在山东代表团审议时"把粮食生产抓紧抓好、把农业结构调活调优、把农民增收夯实夯牢"的殷切嘱托，将维护国家粮食安全作为首要责任，坚持高质量发展，发挥粮食加工转化反馈引导作用，推动粮食生产由增产导向转向提质导向，种植市场紧缺、适销对路的绿色优质品种，满足群众消费提档升级需求。2018 年，全市粮食种植面积 912 万亩、产量 385 万吨，较 2016 年稳中有增。其中，优质粮食品种种植率高达 99%。同时，大力实施"优质粮食工程"，开展优质粮食育种繁育、基地种植、订单收购，帮助农民实现就地就近增收。以中裕食品为代表的粮油加工企业实行"三免一加"（免费供种、免费播种、免费收割和加价收购）、"五统一"（统一供种、统一施肥、统一指导、统一收割、统一收购），助推小麦种植向规模化、标准化、集约化迈进。该公司副总经理王涛反映，2018 年公司建成了 6.5 万亩育种基地和 150 万亩优质小麦种植基地，以高于市场价 10%~30% 的价格收购优质小麦，平均每亩带动农民增收 300 多元。市粮食和储备局介绍，2018 年全市订单种植 240 万亩，较 2016 年翻了一番。

滨州中裕食品有限公司优质小麦育种基地

二、经验启示

近年来，滨州市在统筹谋划、集群发展、创新驱动、三产融合等方面多措并举、成绩斐然，探索形成粮食产业高质量发展"**四个突出**"滨州经验，值得各地学习借鉴。

（一）**突出高点定位，统筹发展**。注重大处着笔、规划先行，做到登高望远、行稳致远。始终把粮食产业经济发展置于国民经济发展全局进行统筹谋划，依托资源禀赋优势，通过科学论证，提出打造千亿级粮食加工产业集群的近期目标和打造"全国粮食产业融合循环经济示范区、粮食行业供给侧改革先导区、粮食加工转化集聚区、粮食产业创新发展引领区、粮食产业发展培训样板区"中远期目标。出台《滨州市粮食产业发展"十三五"规划》《关于打造千亿级粮食加工产业集群的二十条意见》《打造国家级粮食产业融合循环经济示范区三年行动计划（2018—2020年）》等，明确粮食产业发展具体路径。按照"因地制宜、总量规划、分层推进、重点扶持"的原则，促进小麦、玉米、大豆、芝麻四大产业梯次开发。邹平市依托西王集团、三星集团等企业，建设玉米精深加工产业经济园区；博兴县依托香驰控股、渤海实业等企业，建设大豆加工循环产业经济园区；滨城区、惠民县、阳信县依托中裕食品、龙凤面粉、玉杰面粉等企业，建设小麦融合循环产业经济园区；无棣县依托十里香、丰香园等企业，建设芝麻三产融合产业经济园区。

（二）**突出龙头带动，集聚发展**。"火车跑得快，全靠车头带。"坚持扶优扶强扶特，实现错位集聚发展，增强辐射力和带动力。注重多方发力、部门联动，引导土地、资本、人才、科技等要素向重点龙头企业集聚，以西王集团、三星集团、香驰控股、中裕食品为代表的一批产业发展规模大、科技创新能力强、精深加工程度高的粮食龙头企业集团加速做优做强。实施粮油品牌战略，实现精深加工产业化、主导产品名牌化、名牌产品规模化。目前，全市粮油行业拥有中国驰名商标7个、中国名牌3个、山东著名商标10个、山东名牌10个，获得省以上"放心粮油"品牌产品15个，西王、长寿花、天下五谷、美食客、十里香等粮油品牌成为全国粮油行业领跑者。组建粮食加工产业协会，建立企业家队伍联席会议制度，积极推树优秀企业家，练就了像西王集团王勇、三星集团王明峰、香驰控股刘连民、渤海实业舒忠峰等一大批讲政治、懂市场、善经营、会管理的企业家队伍，为企业持续健康发展提供了智力支撑。

（三）**突出科技支撑，创新发展**。坚持把科技创新作为立业之基、强企之源，强化"三个注重"，为粮食产业发展向高质量跃升提供强大驱动力。注重政学研一体化，引导各类创新要素加快集聚，构建以企业为主体、市场为导向、政学研相结合的技术创新体系。三星集团、渤海实业、中裕食品每年以销售收入 3% 以上的资金投入技术研发，提高自主创新能力，增强企业发展内生动力。注重创新平台支撑，2016 年滨州市政府与国家粮食局科学研究院、山东省粮食局签订战略科技合作框架协议；2017 年成立了国家粮食产业科技创新（滨州）联盟；2018 年，西王玉米、香驰大豆、中裕小麦三大国家级粮食加工产业技术创新中心成立，"企业提需求、中心搞研发、成果共拥有"，三个创新中心的引擎作用显著。注重科技人才引进，实施"人才兴粮"和"渤海英才·海纳工程"等，吸引国家"千人计划"、"万人计划"、泰山产业领军人才落户滨州；出台高层次人才编制使用管理暂行办法，完善居住户口、子女就学、工资待遇等保障，营造尊重人才的良好环境。

玉米、小麦、大豆三大国家级创新中心落户滨州

（四）突出循环融合，绿色发展。坚持绿色发展理念，重点在"循环

融合"上做文章，切实增强粮食企业生命力，提升粮食产业竞争力。各大粮油加工企业立足自身优势，从"产购储加销"各环节入手，大力发展全产业链一体化经营模式，促进粮食育种、种植、加工、销售、服务等有效对接，构建"从田间到餐桌"、接一连三、无缝衔接的全产业链，推动产业链串联相加、价值链相乘、供应链相通。比如，中裕食品打造"从基地到餐桌"的全产业链模式，形成一产（高端育种、订单种植、生猪养殖）、二产（初加工、精深加工、废弃物利用）、三产（餐饮服务、电子商务、冷链物流）协同融合发展格局。围绕建设"全国重要粮食循环经济示范区"，改造传统工艺，升级技术装备，实现要素集聚、产业叠加、领域联动，全市小麦、玉米、大豆原料综合利用率均达 98% 以上；香驰控股通过完善水电汽基础设施、配套副产品综合利用产业、提高废物再生利用水平等措施，建成原料、副产品、水、废弃物、能量"五大循环利用圈"，仅污水处理一项年增加效益就达 2000 余万元，已成为循环经济示范样板。同时，进一步放大"滨州军粮"品牌功能，大力推进军民融合。

成绩值得肯定，经验值得推广。滨州市委、市政府在发展粮食产业经济方面采取了一系列有力举措，进一步凝聚了思想共识，形成了示范效应，坚定了发展信心，有力推动了粮食产业高质量发展，带来了诸多有益启示。

启示之一：坚持把"两头两尾"作为推动粮食产业高质量发展的根本遵循。将"粮头食尾"和"农头工尾"贯穿"产购储加销"各环节、全过程，统筹抓好"三链协同""四大载体""五优联动"，加快建设粮食产业强国步伐。

启示之二：坚持把发挥企业主体作用作为推动粮食产业高质量发展的重中之重。坚持两个毫不动摇，突出企业主体地位，建设一支推动粮食产业发展的主力军。充分发挥市场配置粮食资源的决定性作用，走"企业紧盯市场、农民对接企业、政府主动服务"的市场化之路。

启示之三：坚持把"优质粮食工程"作为推动粮食产业高质量发展

的重要抓手。坚持项目拉动，按照三年实施方案要求，做到目标、项目、资金、责任四个落实，严把项目质量，强化指导服务，确保建设实效。

启示之四：坚持把优化营商环境作为推动粮食产业高质量发展的有力保障。构建"亲""清"新型政商关系，营造稳定、公平、透明的营商环境。聚焦重点领域、重点任务和关键环节、关键节点，发扬"钉钉子精神"，一锤接着一锤敲，"一张蓝图绘到底"，久久为功、务求实效。

三、措施建议

近年来，国家粮食和物资储备局认真贯彻落实党中央、国务院决策部署，先后在山东、黑龙江召开两次全国加快推进粮食产业经济发展现场经验交流会，进行全面安排部署。各地采取有力举措，取得了明显成效。但当前经济下行压力较大，外部环境发生深刻变化，影响粮食市场走势的不确定性因素增多；粮食产业结构不合理、产品附加值不高、产业集中度偏低、科技创新能力较弱等深层次矛盾问题亟待解决，推动粮食产业高质量发展的任务依然艰巨繁重。为进一步指导各地持续推动粮食产业高质量发展，加快构建现代化粮食产业体系，提出如下措施建议：

第一，研究制定指导性文件。提高政治站位，扛稳粮食安全重任，切实强化担当作为，大力推进粮食产业高质量发展，加快粮食产业强国建设步伐，为构建更高质量、更有效率、更可持续的粮食安全保障体系提供有力支撑。建议结合新形势新要求，紧密衔接国务院办公厅78号文件，研究制定《关于坚持"粮头食尾"和"农头工尾"加快建设粮食产业强国的指导意见》。

第二，打好绿色优质特色品牌"四张牌"。支持粮食企业以绿色粮源、绿色仓储、绿色工厂、绿色园区为重点，探索多途径实现粮油副产物循环、全值和梯次利用，提高综合利用率和产品附加值。增品种、提品质、创品牌，调优产品结构，增加多元化、定制化、个性化产品供给。倡导"一村一品""一县一业"，支持主产区依托县域发展粮食产业集群，实现"人无我有，人有我优"。引导企业强化创新驱动发展，培育一批具有自主知识产权和较强市场竞争力的粮食名牌产品，提升市场美誉度和竞争力。

第三，深入实施"优质粮食工程"。认真落实《关于深入实施"优质粮食工程"的指导意见》，加快推动实施"五优联动"。统筹安排、一体推动三个子项目建设，强化集聚效应、规模效应；加强示范引领，在全国带动形成一批示范市县、龙头加工企业、放心粮油店等。按照三年实施方案要求，如期实现粮食产后服务体系在产粮大县全覆盖，粮食质量体系监测覆盖面达到 60%，产粮大县优质品率提高 30% 的目标，并及早谋划今后三年"优质粮食工程"发展思路和重点。

第四，强化政策、科技、人才等要素支撑。深入实施"科技兴粮"，支持一批粮食精深加工装备研发机构和生产创制企业做强做优，攻克一批粮食精深加工关键共性难题。大力实施"人才兴粮"，加快培养行业短缺的实用型人才，有效缓解粮食产业发展人才紧张局面。充分发挥财政资金撬动作用，引导金融资本、社会资本加大对粮食产业的投入。

第五，充分发挥典型示范引领作用。宣传推广粮食产业高质量发展"滨州经验"，巩固放大示范引领作用。在调研报告基础上，提炼形成专报，呈报国务院领导和国家发改委领导；在 2019 年 6 月中旬召开的全国加快推进粮食产业经济发展第三次现场经验交流会上，请滨州市政府作典型发言；同时，在相关媒体进行宣传报道。

地方成效

建设粮食产业强国

建设粮食产业强国
成效与亮点

坚持"三链同构"　做强主食产业
着力推动绿色食品产业高质量发展

河南省漯河市人民政府

漯河地处全国粮食主产区和国家粮食生产核心区，年粮食产量180万吨、加工转化600万吨、物流转运1000万吨；规模以上粮油加工企业105家，加工转化率96%，主食产业化率60%，是中国食品名城、全国农业综合标准化示范市、全国食品安全信用体系和保证体系建设试点市。目前，全市食品产业年主营业务收入1800亿元，产品涵盖15个大类、50多个系列、数千个品种，农产品加工业与农业总产值比达到4.5∶1，成为河南省万亿食品产业集群的重要支撑。

一、注重招大育强，着力壮大食品产业集群

一是大力招引新项目。2018年签约台湾福贞、宏途休闲食品等食品产业项目23个；2019年以来已签约湖南盐津铺子、福建永辉等项目25个。目前，全市引进外资额的60%来自食品行业，已入驻以15家世界500强企业为代表的一大批境内外知名企业。**二是实施"小升规""十百千"亿级企业及产业集群培育工程。**2018年新增规模以上工业企业76家、新增超5亿元企业10家、超10亿元企业5家，食品产业对工业增长的贡献率达69.1%。谋划启动了重点企业五年倍增工程，其中，双汇集团实施一系列模式创新、产品转型项目，力争五年内再造一个"新漯河双汇"。

加快临颍县休闲食品产业园等专业园区建设，推动主食加工企业向园区集中集聚。**三是推进食品企业"三大改造"**。市财政每年拿出 1 亿元进行专项奖补，2019 年实施食品类企业智能化、绿色化和技术改造项目 100 个。双汇集团和南街村成为国家级"两化融合"贯标试点。**四是优化企业服务**。持续深化"放管服"改革，建立服务企业周例会制度，以周为工作节点研究解决企业生产经营、项目推进中的困难和问题。

二、注重产业谋划，着力延伸食品产业链

一是打通食品产业和装备制造业，培育食品机械产业。立足河南食品和装备制造两大万亿产业、食品机械企业市场需求潜力巨大等实际，与中国机械工程学会等单位合作，谋划建设了两平方千米的食品和包装机械专业园区。目前多规合一的园区规划、产业树状图已经编制完成，基础设施和标准化厂房正在建设。力争通过 3~5 年，园区产值达到 200 亿元以上，成为国内有重要影响力的食品智能装备专业园区。**二是打通食品产业与造纸产业，发展食品包装产业**。结合漯河银鸽造纸产业优势，谋划了 80 万吨包装纸及就地消纳的纸后加工产业园项目，目前园区控规调整已完成。**三是打通食品产业和医药产业，发展功能性食品、保健性食品、医用食品，培育生物医药产业**。在重点培育源隆生物科技等现有企业的同时，新签约上海京元、福建蔡记等一批功能性、保健性食品项

漯河市经济技术开发区粮油食品产业园鸟瞰图

目。**四是打通食品产业与物流产业，发展以冷链物流为重点的食品物流产业。**与双汇集团共同谋划建设第四方冷链物流平台，促进食品物流产业信息化、标准化，提升生鲜农产品公共服务和流通供应链集成服务能力。

三、注重创新引领，着力提升食品产业价值链

（一）**强化创新引领。一是加快研发平台建设。**实施大中型企业研发机构全覆盖工程，建成国家级、省级研发平台 60 家；全市食品产业公共研发平台、休闲食品协同创新中心和河南省休闲食品工程技术中心建成运营。**二是推动产学研协作。**深化与中国科学院、江南大学等优势食品研发机构战略合作，支持企业联合高校、科研院所共建研发平台，全市食品行业拥有省级以上工程技术中心 10 个、博士后工作站 4 个、院士工作站 2 个。**三是加大人才引进培养力度。**在住房保障、科研经费、生活补贴等方面给予优厚政策，吸引高层次食品技术人才落户。

（二）**强化质量提升。一是设立市长标准奖。**对主导或参与国家标准、行业标准制定的企业和组织，由市财政给予奖补。在农业领域主导制定了 20 多项省级标准、309 项地方标准；在食品产业领域制定了 88 项生产加工标准，参与了近百个国家和行业标准制定。漯河市以标准化建设引领高质量发展的做法受到国务院表彰。**二是深化与中国标准化研究院战略合作。**编制《漯河市标准化战略发展规划（2019—2025）》和《食品安全标准化专项行动方案》等 1+N 体系，着力建设食品标准化科研孵化基地、食品产业标准化技术联盟，最终建立起高于国家标准的食品特色标准。**三是建设覆盖全市的食品安全追溯体系。**在肉菜商品流通领域建立信息查询追溯平台，实现生产记录信息化、生产行为透明化、终端查询便捷化，形成质量安全追溯链条。**四是培育检验检测产业。**整合全市国家级、省级质量监督检验中心和 328 个涉农产品检验检测机构（站点），与武汉大学共建检验检测认证产业园。

（三）**加强品牌培育。**实施"漯河制造"品牌战略，现有中国驰名商

漯河晋江福源食品工业有限公司面包生产线

标 6 个、名牌产品 4 个，河南省著名商标 64 个、名牌产品 27 个。强化"三品一标"认证，全市通过认证的无公害农产品达到 126 个、绿色食品 19 个、有机农产品 2 个。雪健实业被命名为"全国主食加工示范企业"，临颍县被评为 2017 年度"中国好粮油"行动计划示范县。

四、注重融合发展，着力打造食品产业供应链

（一）提升源头供应质量。围绕"四优四化"和订单化种养，推进农业供给侧结构性改革。全市实行专收专储的优质专用小麦占麦播面积的 43.7%，优质大豆 60.7 万亩，优质花生 25 万亩，优质辣椒 35 万亩。生猪规模养殖达到 90% 以上，全市 5 个县区中有 4 个被确定为全国生猪调出大县。

（二）促进三次产业融合。一是构建"从田间到餐桌"的优质农产品供应体系。支持龙头企业与产业链上下游成立农业产业化联合体，实现

"产购储加销"一体化。建成省级农业产业化联合体 14 个，年营收突破 800 亿元，带动 20 万农户增收。**二是着力建设小麦产业联盟**。形成新品种选育推广—专业合作社种植—中粮集团、雪健实业等面粉企业加工—平平食品、旺旺食品等面制品企业生产的全链条订单化生产。由河南省农业科学院小麦专家许为钢团队牵头的小麦产业联盟短短一年时间就发展订单基地 20 万亩。**三是推动食品产业与文化旅游产业结合**。引进北京伟光汇通投资 50 亿元，建设食品文化小镇，打造永不落幕的食博会。

（三）提高供给效率。**一是搭建会展平台**。2019 年第十七届中国（漯河）食博会有国内外 856 家食品企业、1.2 万家采购商参加，贸易采购额达 420 多亿元。**二是实施"互联网 + 主食"行动**。大力扶持"网上粮店""网上主食厨房"等新型零售业态。漯河电商产业园入驻电商企业 276 家，带动实体企业 2000 多家。**三是打造豫中南现代物流核心区**。着力发展冷链物流、快递物流、电商物流，双汇物流、大象物流、金顺物流进入全国冷链物流百强。全市冷库总库容 64 万立方米，冷链运输企业 347 家，年农产品和食品物流货运量 200 多万吨。

漯河市将以第二届中国粮食交易大会为契机，按照国家局和省委、省政府部署，坚持"三链同构"，做大做强主食产业，着力推动绿色食品产业高质量发展。

融合发展质量至上　打造中国优质稻米品牌

江苏省淮安市粮食和物资储备局

淮安有六千多年水稻种植史，素有"天下粮仓"之美誉。"淮安大米"兼具北方大米韧性嚼劲和南方大米软糯饭香，黏糯适中，油光发亮，口感香甜，多次在中国优质稻米博览会上被评选为"金奖大米"，先后成为"江苏名牌产品""江苏省著名商标""中国驰名商标""中国地理标志证

淮安荣获"中国稻米产业融合发展示范市"称号

明商标""中国十佳粮油地理品牌"。2017 年，淮安成为全国首个"中国稻米产业融合发展示范市"。

一、融合发展，创新品牌之路

"淮安大米"是区域公共品牌，走出了融合发展、绿色发展、创新发展的品牌创建之路。

一方面，全产业链深度融合发展。2016 年"淮安大米产业联盟"（以下简称联盟）宣告成立，现有 29 家公司，包括科技型育秧企业、大型加工企业、粮食收储企业、粮食贸易公司和品牌策划公司，是一个"从田间到餐桌"的全产业链型战略联盟。联盟采取"六点统一，三链融合"运作模式，即统一种子、统一种植、统一储加、统一标准、统一包装、统一宣传，拉长产业链、筑牢品牌链、提升价值链。

淮安大米统一工厂化育秧

联盟核心企业淮粮控股还为其他企业提供金融支持，并与联盟中永宁粮油、柴米河等公司合作建设水稻产业园，集工厂化育秧、绿色种植、测土配方、农机服务、烘干服务等多种功能于一体，实现优势互补、抱团发展和多方共赢。

另一方面，与优势区位、特色产业融合发展。经联盟种植基地试种比对，同一籼稻品种在淮安种植出产的籼米明显优于南方。通过引种实践，筛选出"苏雨禾香1号""苏雨禾香2号"等优质品种，品质明显优于泰国香米，深受珠三角经销商好评。此外"盱眙龙虾""洪泽湖大闸蟹"等淮安特色农产品在全国声名远扬，联盟企业纷纷采取"稻虾共生、稻蟹共育"等绿色环保种养方式生产"虾田米"和"蟹田米"，仅盱眙县虾田稻面积就达35万亩。2018年，《淮安市百万亩稻虾综合种养推进行动方案》出台，明确到2020年全市稻虾综合种养面积发展到100万亩，推进构建稻虾产业融合发展新体系与产业新模式。

二、质量至上，赢得市场青睐

首先，严格规范质量标准。《淮安大米系列标准》于2018年10月1日起正式实施，是全国首个稻米生产全产业链团体系列标准，有三个主要特点：一是标准全程化，每一粒"淮安大米"从种子到消费者手中全产业链重点环节都有单独标准，操作性强；二是区域特色化，充分借助淮安生态环境优势，对灌溉用水、种植土壤及空气质量等指标都作出规定，体现了"淮安大米"好水、好土的区域特征；三是指标科学化，淮安大米涉及安全方面的各类指标均严于相关国家标准，口感指标突出大米食味值，并在行业内率先规定"精碾""适碾"指标要求，避免过度加工造成营养流失。

其次，严格控制品牌授权。严格执行《"淮安大米"地理标志证明商标使用管理办法》规定，在符合条件的本地企业里好中选优，严格控制品牌授权和使用。淮安市140多家大米加工企业中，只有15家获得"淮安大米"商标使用授权。

最后，严格加强市场监管。市粮食、农业、工商、质监、物价等部门建立联席会议机制，定期对"淮安大米"种植基地、生产加工、市场销售等环节进行监督检查，坚决打击假冒伪劣产品，切实维护市场秩序。

过硬的产品质量使"淮安大米"市场价从原来平均每斤 2.2 元提高到 3 元以上。

三、精心宣传，巩固市场地位

通过开展形式多样、丰富多彩的宣传推介活动，"淮安大米"市场知名度显著提升。2017 中国农产品区域公用品牌价值评估中，"淮安大米"品牌价值已达 38.59 亿元。

一是高起点策划，找准品牌定位。2016 年，淮安市向全国公开征集"淮安大米"品牌策划方案，完成"淮安大米"品牌形象统一设计，确立"淮安大米——现代稻米产业领头雁"品牌定位，精心设计"好水、好土、好味稻""天下粮仓，淮米飘香"等广告语。

淮安大米稻田彩绘

二是高标准包装，做美品牌形象。采取"淮安大米＋企业品牌"母子商标方式统一设计、订单生产，先后形成"运济六合""稻香四季""包容天下"等 20 多个系列 80 多种包装。在历次国内大型粮油展上，统一商标、包装精美的"淮安大米"总让同行和消费者眼前一亮。

三是高品位宣传，扩大品牌影响。与新华报业、扬子晚报等媒体深度合作；《淮安大米赋》《淮米之歌》的撰写和拍摄，传播了"淮安大米"文化；"淮安大米展示厅""淮安大米旗舰店"以及多家"淮安大米实体店"陆续开业运营，不断增添"淮安大米"形象展示窗口。

四是高密度推广，掀起品牌热度。积极参加中国粮食交易大会等大型展会。制定"淮安大米中国行活动计划"，目前已在北京、上海、广州、深圳、厦门、杭州、海口、中山、南京等地举办了 10 多次专场推介会，不断掀起"淮安大米"消费热潮。

四、政策护航，托起金色希望

淮安市委、市政府把做响做优"淮安大米"品牌、做大做强"淮安大米"产业作为实施乡村振兴战略、加快助农增收的重要抓手。每年市财政拿出专项资金对"淮安大米"产业有针对性地扶持。比如，2018 年对"淮安大米"包装销售超万吨企业每家给予 10 万元补助。整合地方粮食储备、宁淮粮食产销合作等政策资源，优先扶持"淮安大米"品牌共建企业。比如，国有粮库原粮储备经营优先与联盟企业合作，稳定联盟企业粮源、降低联盟企业成本。在一系列"真金白银"优惠政策引导下，社会企业共同参与"淮安大米"品牌创建的积极性被充分调动起来，纷纷建立基地、优化包装、开拓市场，"淮安大米"产业已进入快速发展阶段。

2018 年 11 月，淮安市政府办公室出台《关于推动粮食产业经济高质量发展建设粮食产业强市的实施意见》，明确"淮安大米"的发展方向和重点任务，强力推动"淮安大米"由"好米"向"名米"转变，全力促进"淮安大米"产业高质量跨越发展，每年促进农民增收 1 亿元以上。

坚持"粮头食尾"和"农头工尾" 以推动高质量发展为目标 加快建设粮食产业强市

山东省滨州市人民政府

自 2017 年全国加快推进粮食产业经济发展第一次现场经验交流会在滨州召开以来，滨州市认真落实国家粮食安全战略和乡村振兴战略，以"粮头食尾"和"农头工尾"为引领，立足"全国粮食产业经济发展示范市"定位，突出抓好"三链协同"，统筹推进"五优联动"，在推动高质量发展、建设粮食产业强市方面，迈出新步伐、实现新突破。

一、进展与成效

（一）**产业链延伸拉长实现"全"。**近年来，全市积极发展全产业链经营、产后服务带动、精深加工引领等模式，促进加工层次由粗到精、加工业态由少到多、加工链条由短到长，农业质量效益和竞争力不断提升。2018 年全市粮食加工转化量 1583 万吨，较 2016 年增长 14.6%。以西王集团为例，经过 30 余年发展，产业链条不断延伸，由一家小型村办企业蝶变跻身中国 500 强企业榜单。

（二）**价值链融合提升实现"增"。**全市从研发、营销、合作、品牌四方面全面发力，实现价值链从低端向中高端跃升，推动粮食产业转型升级、提质增效。全市粮食加工转化增值率达 3.4 : 1，高出全国平均 1.2 个百分点，位居全国前列，并接近发达国家水平。比如，2016 年，李克强总理亲自见证了西王集团并购加拿大科尔公司；玉杰面粉直供清华大学、北京大学等全国 90 多所高校；香驰集团生产的果葡糖浆出口量占全国 30%；十里香芝麻制品的香油出口美国、俄罗斯等国家。

（三）供应链优化升级实现"新"。全市通过加快建设粮食物流枢纽和通道，降成本、畅流通、提效率，实现粮食产业创新发展。创新营销方式方法，新业态蓬勃发展。例如，中裕产品登录天猫、苏宁等 23 家知名商务平台，并自建电商平台"中吃网"，2018 年线上销售额达 3 亿元，实现连年翻番。健全现代物流体系，高速公路、铁路及滨州港开通运营，公路、水路、铁路运输相互支撑，打造"跨省粮食物流通道""粮食物流节点城市"。全市粮食原料及产品进出 2000 万吨以上，占全市货物进出总量的 11%。

（四）产业集群集约集聚实现"强"。加快粮食产业新旧动能转换，培育壮大龙头企业，促进产业集群、产能集聚。2018 年，全市粮食产业工业总产值 1010 亿元，较 2016 年同比增长 13%，近三年全国地级市排名第一，约占全省 1/4、全国 1/30；完成主营业务收入 1326 亿元，较 2016 年同比增长 24%，约占全省 1/3、全国 1/25，实现利税总额近 60 亿

三星集团车间

元，主营业务收入过百亿元企业 4 家。西王、长寿花、天下五谷、美食客、十里香等粮油品牌成为全国粮油行业领跑者。

（五）种植结构调整实现"优"。全市始终将维护国家粮食安全作为首要责任，发挥粮食加工转化反馈引导作用，调整种植绿色优质品种，满足群众消费提档升级需求。2018 年全市粮食种植面积 912 万亩，产量 385 万吨，较 2016 年稳中有增，优质粮食品种种植率高达 99%。大力实施"优质粮食工程"，"中国好粮油"示范企业达到 10 家，约占全省的 43%。以中裕食品为代表的粮油加工企业实行"三免一加""五统一"，平均每亩带动农民增收 300 余元。

滨州市"中国好粮油"专柜建立启动仪式

二、经验与做法

（一）突出高点定位，统筹发展。滨州市政府出台《滨州市粮食产业发展"十三五"规划（2016—2020 年）》《关于加快新旧动能转换打造国家级粮食产业融合循环经济示范区实施方案》《关于打造千亿级粮食加工产业集群的二十条意见》《打造国家级粮食产业融合循环经济示范区三年行动计划（2018—2020年）》等文件，明确粮食产业发展具体路径。按照"因地制宜、总量规划、分层推进、重点扶持"的原则，促进小麦、玉米、大豆、芝麻四大产业梯次开发。推进政策落地，市政府成立全市粮食产业发展工作专班，将53项重点任务层层分解到年度、季度，分解到各有关部门和县市区，确保各项任务落实到人。

（二）**突出龙头带动，集聚发展**。坚持"扶优扶强扶特"，加强对中裕食品、西王集团、香驰控股等重点企业培育引导，增强辐射力和带动力。在全省率先建立粮食系统项目储备库，筛选确定了100个重点建设项目，总投资295亿元，推动项目落实落地。加大金融支持力度，积极争取中央预算内资金，设立3亿元的粮食产业发展基金和20亿元的黄河三角洲农粮发展基金，积极引导金融资本、社会资本加大投入力度；成立粮食产业招商专班，制订招商方案，先后赴英国、奥地利等国家，以及北京、上海等一线城市宣传推介，拉动28个项目落户滨州，资金3.4亿元。围绕加强供应链管理、提高流通效率，积极组建市粮食产业仓储物流集团。截至2019年，全市粮油加工企业达206家，上市公司4家、全国500强2家、中国食品工业50强2家，全市现有国家级品牌达12个、省级品牌20个。

（三）**突出科技支撑，创新发展**。注重政学研一体化，引导各类创新要素加快集聚，构建以企业为主体、市场为导向、政学研相结合的技术创新体系。目前，全市粮食行业拥有国家级实验室7个、省级实验室12个，获国家专利319项。2018年，三星集团、渤海实业、中裕食品等龙头企业科研经费占销售收入比重达到3%以上，企业发展内生动力持续增强。注重创新平台支撑，2016年市政府与国家粮食局科学研究院、省粮食局签订战略科技合作框架协议；2017年，成立国家粮食产业科技创新（滨州）联盟；2018年，西王玉米、香驰大豆、中裕小麦三大国家级粮食加工产业技术创新中心落户滨州，搭建起了粮油企业与科研机构之间的零障碍互动平台。

（四）**突出循环融合，绿色发展**。围绕"两头两尾"要求，从"产购储加销"各环节入手，大力发展全产业链一体化经营。目前，中裕食

全国粮食产业新旧动能转换助力乡村振兴高峰论坛在滨州召开

品构建起了一产（高端育种、订单种植、生猪养殖）、二产（初加工、精深加工、废弃物利用）、三产（餐饮服务、电子商务、冷链物流）无缝衔接、"从田间到餐桌"的全产业链。围绕建设"国家级粮食产业融合循环经济示范区"，改造传统工艺、升级技术装备，大力推进循环经济。香驰控股建成原料、副产品、水、废弃物、能量"五大循环利用圈"，仅污水处理一项年增加效益就达 2000 余万元。从开展订单种植入手，努力释放发展红利，实现产业链、生态链、价值链融合。目前，全市小麦、玉米、大豆原料综合利用率均达 98% 以上；2018 年全市订单种植 240 万亩，较 2016 年翻了一番，直接、间接带动农民增收近 6 亿元，为打造乡村振兴样板提供了有效范式。

　　成绩属于过去，未来还在征程。下一步，滨州市将深入贯彻落实国家粮食安全战略和乡村振兴战略，以"粮头食尾"和"农头工尾"为引领，以深化农业供给侧结构性改革为主线，以打造国家级粮食产业融合循环经济示范区为契机，进一步优化营商环境、培育新的经济增长点，全力推动粮食产业经济向更高质量、更高效益发展。

实施五常大米产业提升工程
全力推进好粮油示范市提档升级

中共五常市委　五常市人民政府

　　自国家粮食和物资储备局授予五常市"中国好粮油"行动示范市称号以来，五常市认真贯彻落实张务锋局长关于坚持高质量发展、加快实施"五优联动"、着力构建现代化粮食产业体系的部署要求，坚持抓源头保品质、抓营销强品牌、抓产业增效益，全面实施五常大米产业提升工程，农民增收、企业增效、财政增税、消费增信、品牌增值的"五增"目标已初步实现。2018年五常大米品牌价值达677.93亿元，一年净增7.23亿元，连续三年蝉联地理标志产品大米类全国第一。

一、建立标准，打造顶级品质

　　一是优化种源建设。与中国科学院、中国农业大学、东北农业大学等科研院所和高校开展深度合作，将全市15家种子"育繁推一体化"企业研发基地进行整合，按照"种植一批、储备一批、研发一批"的原则，对"五优稻4号"（稻花香2号）进行提纯复壮和新品种研发，建立水稻原种基地1000亩，利用原种建立良种繁育基地2.2万亩。**二是建立五常大米产业标准体系**。在执行《地理标志产品五常大米》国家推荐性标准（GB/T 19266—2018）基础上，参照国际好大米标准，对五常大米从良种繁育、浸种催芽、育苗插秧、收割仓储到加工销售的27个流程、99道工序，逐一细化，制定了五常大米种子、环境、种植、投入品、仓储、加工、产品、管理8方面地方标准。该标准在"2018中国·黑龙江首届国际大米节"上对外发布，引领全国大米行业标准。同时，研究制定《五常大米原产地保护提升规划》。**三是加强科技创新与推广**。引入智力资源，研发推广适宜五常水稻种植的先进技术，加快良种与良法相配套、农机与农艺相配套、生产与加工相配套，推广智能化浸种催芽、标准化大棚育秧、机械钵体育苗、病虫草害统防统治、暗排暗灌等技术700多万亩次。

五常市水稻种植基地——监控监测设备

二、严格管控，打造最优环境

一是加强大气环境保护。制定了《大气污染防治行动计划》《环境监管网格划分方案》，对企业实行严格准入制度，开展了清理小锅炉、供热企业脱硫脱硝设施项目建设、水稻种植区绿化、农村畜禽粪污处理等工作，水稻生育期内空气优良天数达100%。**二是加强水资源保护**。全面落实"河长制"，制定《水污染防治行动计划》，对域内流域面积50平方千米以上的44条河流划分河段，设市、乡、村三级河长，分级负责每一河段的水资源保护、水污染保护、水环境治理、水生态修复等工作，加强河流监管和流域污染综合治理，深入开展河湖"清四乱"专项行动百日攻坚战，确保灌溉用水达到Ⅲ类标准以上。**三是加强耕地保护**。实施黑土地保护提升工程，实施水田休耕轮作 1.25 万亩，全面推行水稻"三用三不用"（用有机肥不用化肥、用生物制剂不用农药、用纸膜覆盖及人工除草等不用除草剂）、土著农耕、鸭稻共作等生态有机种植模式；开展农业面源污染综合治理，对农膜、药瓶、药袋等废弃物实行集中收集、集中无害化处理，对浸种产生的废水统一运送到污水处理厂处理。目前，全市水田土壤有机质含量均达到 4% 以上，绿色水稻种植实现全面积覆盖，有机水稻种植发展到 100 万亩，执行欧盟有机标准水稻种植达到 2 万亩。

三、强化营销，打造国际品牌

一是创新监管方式。围绕"什么是真五常大米"，以五常农业物联网服务中心为依托，与深圳鼎铉商用密码测评技术有限公司开展合作，

成品库内智能码垛机器人

完善提升"三确一检一码"水稻溯源防伪系统，发挥"聚龙链"区块链平台技术优势，实现五常大米的种植、加工、运输、销售全过程数据上链，防止溯源数据篡改；开展基于图像人工智能技术的五常大米真伪识别研究，提供真假五常大米辨别方法。组建五常大米网，作为市政府唯一指定官方网站，对全市大米生产加工企业、农民专业合作组织的生产经营、溯源产品等信息进行公示。同时，全力开展五常大米域内域外、线上线下打假行动，严厉打击商标侵权、冒用地标、虚假宣传等违法违规行为，营造良好市场环境。**二是创新销售方式**。目前，五常大米实行线上线下相融合的销售方式，各类经销商已在全国各地开设销售网点 1700 余个，年销售量约 52.8 万吨，占总量的 80%；农户、企业、合作社等在淘宝、天猫、京东等电商平台开设店铺进行销售，年销售量约 13.2 万吨，占总量的 20%。围绕"在哪能买到真五常大米"，在线上采用 O2O（线上到线下）商业模式，与阿里巴巴合作，利用天猫的 B2C（商对客）平台，开设了五常大米天猫官方旗舰店，共同搭建了"互联网+农产品"营销平台，实行原产地直供、政府推荐、企业"假一赔十"；在线下，选择哈尔滨中央大街、太平国际机场建立五常大米官方旗舰店，在京津沪、江浙闽等地区建立五常大米直营体验店，推行可视化消费、定制式销售。启动五常大米公共服务中心建设，组建五常大米联盟，实行公共服务中心与大米联盟捆绑式一体化发展。构建"大米联盟+公共服务中心+战略合作伙伴"现代经营管理模式，实现小农户、小合作社、小企业与大市场的有效对接。**三是创新宣传方式**。根据水稻生产周期，制定从春种到秋收再到餐桌每个周期的宣传方案，通过增加广告投入、参加各类展销会、邀请国家主流媒体和大型门户网站报道等形式对五常大米进行全方位、立体化宣传，讲好五常大米故事。2018 年，在中央电视台、新浪、腾讯等媒介宣传五常大米 300 多次，"购五常大米，认溯源标识""五常大米，一码锁定"人尽皆知，不断提升五常大米影响力。

四、完善链条，打造高效产业

一是发展特色大米。适应市场需要，对鸭稻、有机等高端大米实行剂量包装、恒温储存、会员月供的模式，将最健康、最营养、最好吃的五常大米送到消费者餐桌。根据不同群体需求，发展粥米、胚芽米、富硒米等功能大米，推动多样化、差异化发展。**二是做强精深加工**。按照"粮头食尾""农头工尾"要求，鼓励企业引进国内外高端设备和先进工艺。全市 293 家大中型稻米加工企业全部实现自动化流水线作业，无尘化加工，智能化、自动化设备达到 80% 以上。加强稻米深加工及稻壳、稻草、米糠、碎米等副产品利用，重点支持了乔府大院、金禾米业、嘉柏吉等稻米深加工项目和稻穗香五常大米酒项目；以黑龙江辰能投资集团有限责任公司、五常龙冶生物能源热电有限公司为龙头，推动秸秆燃料发电；以黑龙江秸乐农业科技发展有限公司、哈尔滨华田秸秆综合利用有限公司为龙头，发展秸秆纤维纸膜、育秧基质板、有机肥等项目，推动秸秆还田；以香港华润集团为龙头，与中国船舶重工集团有限公司第七〇三研究所合作，开发建设生物质天然气项目，促进五常大米产业生态循环发展。**三是发展现代农业产业园**。按照"一心、两区、多园"的规划布局，整合财政及社会资金 15 亿元，高标准建设 45 万亩优质水稻种植区及高效稻米精深加工聚集区，发展科技研发、生态种植、休闲旅游、农村电商、智慧农业、金融服务等多种业态，推动一二三产业融合发展。乔府大院农业股份有限公司大力开展"生态农业、观光农业、订单农业"，2018 年实现营业收入 5.6 亿元，2019 年预计可达 10 亿元以上。

下一步，五常市将认真落实全国加快推进粮食产业经济发展第三次现场经验交流会的会议精神，充分发挥"中国好粮油"行动示范市的示范引领作用，进一步整合资源、提升效益，推进稻米产业转型升级，为建设粮食产业强国作出积极的贡献！

扶持粮食产业发展　打赢脱贫攻坚之战

安徽省阜南县人民政府

阜南县位于安徽省西北部，是全国产粮大县、重点商品粮基地县，安徽"中国好粮油"示范县、"王家坝精神"发源地，也是国家粮食和物资储备局对口帮扶的国家级贫困县。近年来，阜南县深入贯彻落实习近平总书记关于脱贫攻坚的重要讲话精神，紧紧围绕全年脱贫攻坚目标任务，牢牢抓住发展粮食产业重大机遇，聚焦"两不愁三保障"，对标对表补短板，精准施策，扎实推进脱贫攻坚各项工作。

一、精准定位，找准产业发展路径

习总书记强调，脱贫攻坚容不得半点虚假、糊弄，一定要从实际出发，尊重客观规律，将产业扶贫作为精准脱贫的必由之路和根本之策。在国家粮食和物资储备局的大力帮扶和支持下，阜南县紧紧围绕乡村振兴发展战略，坚持一切从实际出发，理出一条符合实际的发展道路。

（一）深入开展调研。2017年2月以来，张务锋局长多次亲临阜南进行调研和指导，并派专家团队先后近20次到阜南进行实地调研，深入了解阜南县农业发展现状和存在的问题。各调研组调研走访了19个乡镇，深入田间地头，与乡镇负责同志、村干部、基层粮站员工、农民等进行30多次座谈交流，摸清了县情、粮情、民情，掌握了大量一手资料。

张务锋局长在阜南开展扶贫调研

（二）**找准发展路径**。在深入调研的基础上，张务锋局长和国家局的领导、专家们与阜南县领导干部进行多次交流研讨，确定阜南粮食产业经济发展路径，即按照"以品质促发展，以产业增效益"的思路，大力发展粮食产业经济。先把粮食生产品质提升一个台阶，鼓励新型农业经营主体积极参与粮食生产和流通，增强自身实力，再努力引进加工企业，积极开展订单合作，带动粮食产业经济发展。

二、大力推进，因地制宜综合施策

（一）**精准选择优良品种**。阜南地处沿淮，在小麦收获前期经常遭遇多雨天气，导致小麦品质下降。在国家局帮助下，我们与安徽、江苏等省的农业科研机构和中化农业等农业服务公司开展合作，共同研究和筛选适合阜南种植的小麦品种，并给予农户种植技术指导。2016—2017 年，阜南县试种了多个优质小麦品种，开展品质测报，其中扬麦系列弱筋小麦的表现可达到专用弱筋小麦标准；同时，该系列品种小麦收获期较其他品种小麦提前 7~10 天，避开了阜南的雨季，具有抗病性强、抗穗上发芽、稳产的特点。2018 年，阜南县开展扬麦系列弱筋小麦品种"扬麦 15"的集中连片规模化种植，种植面积 1.5 万亩，预计每亩将为农民增收约 200 元。

阜南县弱筋小麦种植示范基地

　　同时，为筛选品质和产量更高的小麦品种，2019 年阜南县又建成了100 亩品种筛选试验田，种植了"扬麦"和"扬辐麦"系列 5 个春性弱筋小麦品种，为下一年选择更优品种打下基础。

　　（二）**发展优质粮食生产**。弱筋小麦一直是我国短缺的优质小麦品种，大多需要进口，且成本较高。阜南县充分发挥弱筋小麦优势产区的地理优势，大力发展优质弱筋小麦生产。利用好"中国好粮油"行动计划的项目资金，撬动地方企业和政府投资，鼓励企业和新型农业经营主体在阜南开展弱筋小麦规模化种植，建立优质弱筋小麦生产基地。预计从 2018 年起，经过三年的努力，将优质弱筋小麦种植面积扩大到 30 万亩以上，可带动约 30 万农户增收 6000 万元以上。

　　（三）**创新种植管理模式**。阜南县在 2018 年小麦种植季推广土地全托管模式，开展试点，改进了过去小而散的高成本种植模式。农民将土地集中起来，交由专业合作社种植，合作社通过统一规模化经营和机械化作业，大幅降低了种植成本，提高粮食品质。该模式试点起到了较强的示范作用，2020 年有望大面积推开，以此带动阜南县粮食规模化生产和集约化经营，进一步提高农民收入，助力脱贫攻坚。

三、谋划未来，持续推进产业化道路

（一）**坚持以销定产，开展订单合作**。积极与中粮集团、亿滋食品、益海嘉里等国际和国内大型粮食加工企业和食品加工企业对接，开展优质弱筋小麦订单合作，促进优质弱筋小麦产业发展。目前，阜南县已与中粮集团合作，建立现代农业产业化联合体，并与益海嘉里集团开展战略合作。阜南县还将继续在国家局的支持下，积极开拓酒业和食品加工业市场，加强与茅台、五粮液等大型酒业企业和食品加工企业的沟通交流，开展弱筋小麦产业化深度合作，促进优质弱筋小麦产业链向精深加工方向延伸。

阜南县人民政府与中粮贸易签订推动优质品种种植合作协议

（二）**加大政策支撑，鼓励多元发展**。阜南县将在未来三年内继续加大对弱筋小麦产业发展的扶持力度。一方面，认真落实"优质粮食工程"和阜阳市"双轮驱动"战略。充分利用已建成的 7 个粮食产后服务中心和阜南县质检中心，进一步提高粮食产后服务水平和粮食质检水平，持续提升粮食品质。另一方面，对规模以上连片种植优质弱筋小麦的主体给予补贴；对当年新建并运行的连续式谷物烘干中心给予一次性奖补；对当年厂房设备投资在 2000 万元以上的农产品加工企业给予奖补；对发展主食加工、建设"主食厨房"配送中心和"主食厨房"直销店 5 个以上的企业，给予一次性奖补。

（三）**加大宣传力度，提升品牌效益**。充分利用沿淮地区的地域优势，扶持弱筋小麦产业向品牌化方向发展，适时申请"阜南弱筋小麦"国家地理标志商标。以与大型企业合作为契机，提升阜南弱筋小麦品牌知名度。

（四）**积极招商引资，实现精准扶贫**。积极与企业开展深度交流合作，给予企业优惠的招商引资政策，引进粮油和食品加工企业进驻阜南，带动粮食产业经济发展，增加就业，实现粮食产业精准扶贫。

发挥绿色生态优势　做强粮食产业经济

中共南县县委　南县人民政府

南县地处洞庭湖区腹地，总面积 1065 平方千米，总人口 70.2 万人，是全国唯一人工围筑而成的湖区平原县，素有"洞庭鱼米之乡"的美誉，拥有中国稻虾米之乡、中国挂面之都、全国生态农业示范县、全国粮食生产先进县、中国好粮油行动示范县、全国水产健康养殖示范县等众多国字称号。

近年来，南县县委、县政府认真贯彻习近平总书记关于"粮头食尾"和"农头工尾"重要指示精神，以"优品种、提品质、创品牌、增效益"为主要目标，创新推广稻虾生态种养模式，大力培优粮食加工龙头企业，积极拓展粮食产业品牌效益，全县粮食产业化呈现出稳健发展的良好态势。

一、以质量为前提，创新粮食种植新模式

（一）发挥自然优势，发展稻虾产业。南县境内江河密布、水网勾连、雨量充足、水源充沛，是优质粮食生产的理想之地。近年来，南县大力推广"低洼湿地稻虾生态种养循环农业模式及技术"。在该生产模式中，水稻为小龙虾提供微生物、野草、昆虫等天然饵料，稻田里龙虾脱的壳和排泄物成为禾苗生长的天然有机肥料，呈现出生物链优势互补的原生

态场景。2016 年，县委、县政府出台了《关于加快推进稻虾产业发展的实施意见》，按照"政府引导、企业带动、示范推动、大户联动、农户参与"的发展思路，通过奖补扶持、推进土地流转、整合涉农资金、组织技能培训等多种举措，引导农民开展稻虾生态种养。经过近三年的快速发展，南县已建成 55 万亩稻虾生态种养基地，年产小龙虾 8 万吨、稻虾米 24 万吨，综合产值达 100 多亿元；稻虾生态种养亩平均纯收入在 4000 元以上，全县 1.5 万名贫困户通过发展稻虾产业实现稳定脱贫。

溢香园粮油标准稻虾种养示范基地

（二）加快基地建设，筑牢产业基础。通过规范农村土地管理制度，推进落实《南县农村土地经营权流转奖励办法》等举措，引导农民以土地承包经营权入股稻虾种养合作社，全县养虾稻田流转面积达到 75% 以上。在此基础上，结合稻虾生态种养绿色高产创建、新增粮食产能工程、农业综合开发等项目的实施，统一按照"路相连、渠相通、旱能灌、涝能排"的标准，开展稻虾种养示范基地建设。目前，全县共打造 7 个高标准集中连片万亩稻虾示范基地、22 个千亩稻虾产业示范园，培育发展稻虾种养专业合作社近 400 家，稻虾产业从业人员达 12.8 万人。

（三）加强技术推广，注重绿色发展。深入实施科技兴粮工程，先后与湖南农业大学、湖南省水产科学研究所、湖南省水稻研究所等高校和科研院所合作，培育适合南县稻虾共生技术的优良品种。制定了《南县稻虾共生技术规范》，并以此为基础发布了《稻虾生态种养技术规程》、湖南省地方标准和湖南省"好粮油"稻虾米产品团体标准。构建了县、乡、村三级稻虾种养技术服务体系，确保每个稻虾种养户技术指导全覆盖。通过实施稻虾生态循环种养，南县每年减少化肥、农药投入60%以上，有效改善了水质环境，增强了耕地质量，提升了稻米品质，全县粮食产品优质率达到70%，农民种粮收益提高20%以上。

二、以企业为核心，打造粮食产业新动能

（一）**聚焦主体培育，激发经营活力**。大力开展招商引资，先后引进泽水居农业有限公司、贝贝现代农业有限公司等20多家企业投入稻虾产业。支持金之香米业有限公司、溢香园粮油有限公司等省市龙头企业大米加工设备转型升级，采用先进的低温循环式粮食烘干线、气动胶辊砻谷机、喷风砂辊碾米机等大米加工设备，碾出的大米洁白晶莹，质地密实。抓牢国家级龙头企业的产品配套升级转型，重点支持中国挂面企业

金之香米业有限公司稻米加工生产线

龙头老大克明面业拓宽发展空间，增加虾稻米开发投入，打造优质虾稻米品牌，延伸稻虾产业链。克明面业全新引进的年产 10 万吨优质稻米加工生产线即将投产。

（二）发展特色园区，促进产业融合。经过多年来的探索实践和创新发展，南县稻虾产业已逐步形成"种养加、农工贸"一体化，一二三产业融合发展的大格局。全县大力推进特色农业产业园建设，初步建成了精英稻虾产业园、亮景苑生态农业产业园、泽水居田园综合体等 20 多个以稻虾产业为主的现代农业特色产业园，扶持建设了呈宝龟业的"龟趣园"、和滨水产的南县龟鳖生态园等一批集农业生产、农业科研、休闲旅游于一体的现代农业科技示范园，促进虾稻米、稻龟米等绿色有机稻米向标准化、规模化、品牌化发展。

（三）做好产后服务，抓牢检验监测。全县整合现有仓房，改造建筑面积 1.4 万平方米，购置设备设施，建成 6 个粮食产后服务中心，并在县经济开发区新建了 600 平方米的粮油质检中心，进一步完善了质量安全检验监测体系。打造稻虾产业公共服务产业园，逐步建立大米质量大数据中心，构建稻虾米全程质量可溯源体系，让粮油产品做到品质可靠、可追踪溯源。大力开展粮油品质测报，及时对主要粮油品种品质和安全状况进行全面测评、排序，并通过政府平台、新闻媒体及时发布权威信息。南县稻虾米多次样品检测结果显示，各项指标优势明显，2018 年 7 月通过了香港和欧盟的检测。

三、以品牌为支撑，拓展粮食经济新市场

（一）全力创建公用品牌。大力推进稻虾种养区域产品"三品"认证，加强对区域优质大米品牌的培育、认定、宣传、保护和推广。2018 年，南县被命名为"中国虾稻米之乡"，"南洲稻虾米"获得中国地理标志认证。初步建立使用"南洲稻虾米"公用品牌的准入制度，统一"南洲稻虾米"的质量标准，包括品种、生产技术、加工过程、稻米品质、包装规范的标准化。

　　（二）积极打造企业品牌。鼓励龙头企业创建品牌，对获评中国驰名商标、中国名牌产品、国家地理标志产品的企业实行现金奖补。全力推进"三品一标"农产品认证，近两年全县先后有14个"稻虾米"产品获得绿色食品标志使用权，重点培育了"金之香稻虾米"系列、克明食品集团"绿态健""稻盛荷"等一批省内外名气大、质量硬、市场占有率高的精品品牌，其产品市场价格是普通大米的3~6倍。

　　（三）大力拓展市场营销。抓好线上销售，重点培育雨后电商、淘实惠、供销e家等电商平台经销优质粮食，建成优质粮食产品O2O展示厅2个，发展乡村电商网点87个；抓实线下销售，粮食加工企业在长沙等地设置南县优质粮食专销店或柜台500个。2018年，组织"南洲稻虾米"赴香港、北京、长沙等地展示展销，"南洲稻虾米"进入中南海餐桌；成为湖南省首个进军香港市场的湘米品牌，在港售价每千克达到24元。2019年6月，金之香米业生产的"南洲稻虾米"成功取得海关备案，正式具备销往海外资质。

　　下一步，南县将进一步推进粮食供给侧结构性改革，优化产品结构，鼓励科技创新，强化品牌建设，促进农民增收、企业增效，以"中国好粮油"行动推动粮食产业经济的转型发展。

加强宏观政府引导　激发微观主体活力
多措并举推进首都粮食产业经济高质量发展

北京市粮食和物资储备局

2018 年以来，北京市粮食工作牢固树立新发展理念，紧紧抓住京津冀协同发展和落实新一版城市总体规划的有利时机，研究出台粮食产业经济发展的实施意见。一方面搞好统筹规划、主动适应需求，不断加强政府宏观引导力度；另一方面切实转变职能、坚持分类施策，努力激发市场微观主体活力，多措并举推进首都粮食产业经济高质量发展。

一、搞好统筹规划，进一步优化产业空间布局

一是做好减法，加快疏解低效产能。按照"能够满足消费需求的产能才是有效产能"的原则，在首都功能核心区、中心城区和城市副中心等重点区域，加快粮油仓储、加工领域无效或低效产能的退出和疏解，调整 4 个粮库共计 40 余万吨仓容用于冷链物流库、成品粮物流库、文化创意产业园等项目建设，为产业经济进一步升级腾出了空间。**二是做好加法，加快夯实产业基础**。着眼保障首都粮食安全，加大投资力度，稳步推进六环沿线粮食流通基础设施建设和粮食质检基础保障能力建设，加快夯实粮食产业高质量发展基础。投资 4.2 亿元，确保密云、顺义等区七个"粮安工程"项目顺利完工，新建、改扩建仓容 10.8 万吨。加大粮食质量监测能力建设，投资 6500 余万元，支持北京市粮油食品检验所购

置检测设备、人才培养等，进一步提高保障粮食质量安全能力。**三是做好乘法，加快推进集聚发展**。着眼于提高流通资源协同利用效率，投资3.9亿元，正式启动大兴国家粮食储备库和北京粮油应急保障中心两个项目建设，积极引导物流、仓储、成品粮和主食加工、电子商务等企业对接合作，有序推动集"储备＋加工＋配送＋研发"等功能于一体的综合性粮食服务保障中心建设，环京1小时成品粮配送圈正在加速形成。

北京中联正兴电商公司规划图

二、主动适应需求，进一步转变产业发展方式

一是深入实施"优质粮食工程"。积极培育本地优质粮油品牌，针对现阶段成品粮油生产发展水平无法满足食品加工需求的现实情况，支持益海嘉里集团等企业加快高端米、面制品生产线的建设；同时面向全国，加大优质粮食品牌对接力度，吉林省大米文化节、黑龙江省"龙江大米进北京"、山西省"山西小米"品牌推介等活动相继开展，提高了市场对"中国好粮油"产品的关注度和接受度。**二是加快推进主食产业化发展**。研究出台指导性意见，积极探索适合首都的主食产业化发展模式，深入推进馒头、面条、方便米饭等米面主食制品的工业化、规模化、标准化生产，加快构建"绿色健康、安全营养、布局合理、协调发展、效益良

好"的主食加工和供应体系，增加优质放心主食产品供给，涌现出"阿泰""东颐"等一批具有良好市场口碑的主食品牌。**三是积极打造便民供应体系**。推动粮食供应体系融入全市商业服务业粮食便民供应体系建设，畅通粮食供应网络"最后一公里"。朝阳区引导建设便民服务综合体，延庆区与便利店类网点签订承诺书，石景山区将粮食网点建设纳入生活性服务业建设总体规划。东城、西城、石景山、昌平、顺义、房山等区落实粮食便民惠民地图。物美、京客隆、超市发等连锁商贸企业和京东等网上零售企业充分发挥供给端的重要作用。

东颐食品的特色主食产品展示

三、切实转变职能，进一步改善市场营商环境

一是持续优化政府职能。抓住机构职能调整的机遇，立足于提高首都粮食依法监督指导能力，出台"两决定一意见"贯彻落实措施，明确粮食的新职能、新任务、新要求，进一步突出重点、细化分工、夯实责任。**二是持续推进"放管服"改革**。全面推开"证照分离"改革工作，精简审批材料，推进网上业务办理和网上核验，将办事承诺时限从20个工作日压缩至15个工作日，提高为企业服务的效率和质量；全面落实"多证合一"改革，将"粮油仓储备案"纳入本市"多证合一"登记制度改

革工作，实现了"一网申报、一窗受理"，全力构建"互联网 +"环境下的粮食行政管理新模式，不断提升网上政务服务能力。**三是持续改善依法管粮环境**。落实"双随机一公开"工作，推动粮食行业信用管理和诚信体系建设，推广粮食流通监管热线，促使粮食流通监督检查向后台监管、分类监管方式转变。顺利实现粮食行政执法处罚"零突破"，市、区两级粮食行政管理部门共开展粮食"双随机"执法检查1200多次，昌平区、顺义区荣获"全国粮食流通执法督查创新示范单位"。

四、坚持分类施策，进一步激发微观主体活力

一是支持龙头企业做大做强。支持北京粮食集团完善从"田间到餐桌"的全产业链条，指导其形成较为完整的粮油产品体系，不断提升营利能力。2018年全年实现经营收入416.7亿元，实现利润12.3亿元，盈利水平居全国粮食系统前列。不断深化与中粮集团、中储粮集团等央企，益海嘉里集团、盛华宏林粮油批发市场有限公司、顺义粮油总公司等多元化企业的区域战略合作，企业发展质量进一步提升，为保证首都粮食供应发挥了积极作用。**二是支持特色企业做实做细**。通过认定北京生活性服务业品牌连锁企业、纳入地方粮食应急配送中心和政府早餐工程建设试点项目等方式，积极支持"北京老字号"企业东颐食品在细分领域扩大产能，投入3000万元建设现代化早餐加工中心，日供应量达600万份；研制新型售货终端，构建"100家早餐店 +300个智能无人早餐售卖机 +1000个智能收货盒子"的新型服务模式。本乡良实面业有限公司、仙源食品酿造有限公司、物美商业集团股份有限公司、超市发连锁股份有限公司等均在各自领域迸发了巨大活力。**三是支持新兴企业做活做优**。在北京中联正兴电子商务有限公司园区规划建设、运营定位、粮户入驻、储备流通等环节给予主动指导、跟踪帮扶，使其在较短时间内实现了粮食仓储物流新业态落地生根。目前，其已拥有1.5万吨粮油仓储库容和5000平方米多功能粮油线下展示中心，成为沿六环布局的综合性粮食服务保障中心和环京1小时粮食配送圈的重要节点，是京西南最大的粮油电商储配基地和保障北京市农副产品供应的重要基地。

实施"五优联动" 做强稻米产业

吉林省粮食和物资储备局

按照国家局部署，吉林省大力实施"五优联动"，以扩大"吉林大米"品牌效应和提高市场占有率为目标，从需求端发力，不断优化全产业链发展模式，做优、做大、做强稻米产业，积极探索吉林粮食产业经济高质量发展的新路子。

吉林省副省长李悦、国家粮食和物资储备局副局长卢景波
参观 2018 年粮食交易大会吉林展区

一、推动优粮优销，不断拓展终端渠道

吉林省稻谷年产量 120 亿斤，大米销量 80 亿斤，其中 40 亿斤销往省外。2018 年，吉林省为突出吉林大米中高端市场定位，通过品牌行走、主体公关、媒体传播、文化挖掘等系统宣传推介，进一步打通吉林大米销售端"毛细血管"，实现营销主动脉与需求终端大循环。**一方面**，推出"吉田认购"专属稻田模式，将互联网＋农业、基地＋市场、消费＋体验相结合，客户只需通过手机 App（手机软件）终端，就可以对认购稻田进行远程监控，收获专属良田、专人精耕、专定粮仓、现磨配送的鲜米。2019 年，组织全省东、中、西部 61 户大米企业在浙江、福建、北京进行"吉田认购"推介，签约 3.45 万亩专属稻田，总金额超过 2 亿元，平均认购价格达到 5780 元／亩，产出效益是普通稻田的 2~3 倍。**另一方面**，实行直营店面、商超专柜、电商平台多种渠道共进。依托主销区城市主干商超渠道，组织推动联盟企业与北京首都农业集团、上海华联吉买盛购物中心等主流经销商合作，成功进驻 5000 余家商超，成为当地"米袋子"重要供应商。盯住主销区物业销售网络，与浙江绿城集团、上海东方网联手建立社区"粮仓"，开通产区—社区直通车，畅通吉林大米销售"最后一公里"。与阿里巴巴战略合作，26 家大米联盟企业线上分享天猫旗舰店资源，线下分享盒马鲜生、联华等实体营销渠道。全年中高端大米销售量达到 20 亿斤，占大米产量 25%，平均价格在 6 元／斤以上。

二、推动优粮优加，不断提高供给质量

通过标准引领、产品升级、溯源保障，不断促进吉林大米提质增效。**一是注重消费端牵引**。为满足细分市场多元化需求，颁布实施了高于国家标准的吉林大米地方标准，制定了"吉林稻花香""吉林长粒香""吉林圆粒香""吉林小町" 4 个品种的团体标准，形成了东部火山岩大米、中部黑土有机大米、西部弱碱大米三大产品系列，确保吉林大米品质实至名归。**二是注重多层次、多样化、个性化产品供给**。组织科企对接，

加强科研研发力度，培育新动能，大力开发营养米汁、小分子肽富硒产品，提高稻米产业附加值。**三是注重质量安全底线**。将122家重点加工企业纳入吉林大米质量可追溯平台，为吉林大米"来源可查明、流向可追踪、信息可查询、责任可追究"提供科技支撑，确保吉林大米质量可控。2018年，吉林省水稻加工业产值达300亿元，较吉林大米品牌建设初期提高25%。

吉林省委书记巴音朝鲁说：吉林大米是吉林农业第一品牌

三、推动优粮优储，不断改善仓储水平

加快实施优质粮食工程，突出重点市县、重要环节，统筹谋划、分类施策，不断提升储存条件。**一是**根据省内稻谷品质优势、区域影响、产能集中的实际，重点扶持9个示范县的16家示范企业采用低温冷藏技术，改进仓储设施，推行分类储存，确保稻谷营养、口感、品质一流。**二是**在10个粮食主产县建设专业化经营性粮食产后服务中心90个，年服务能力450万吨以上，开展代清理、代烘干、代储存、代加工、代销

售服务，促进节粮减损、提质增效、农民增收。**三是**对全省 41 个粮食质检机构进行建设和升级，形成职责明确、标准统一、上下联动、横向互通的省、市、县三级粮食质检体系，安全监测样品数量增长 100% 以上。

四、推动优粮优购，不断增强产业效益

充分发挥市场调节主导、政府调控保障功能，坚持两手协同发力，搭平台、守底线、重监管，确保农民好粮卖出好价钱。**一是引导建立"企业 + 合作社 + 农户""企业 + 基地 + 农户"利益共同体**。推广订单收购，形成基本稳定、灵活浮动的优质优价市场化机制，优质品种水稻达到1.6~2.4 元 / 斤，持续释放优粮优购的市场信号。**二是认真落实稻谷最低收购价政策**。制定稻谷最低收购价执行预案，在全省 38 市县设立 104 个库点，做好政策"兜底"。2018/2019 收购期，全省普通稻谷收购价在 1.45 元 / 斤左右，高出国家最低保护价 0.15 元 / 斤，最低收购价政策未启动。**三是建立秋粮收购监管工作责任制和责任追究制**。组织开展跨部门、跨地区联合执法，严肃查处违法违规行为，让农民卖"明白粮""放心粮""舒心粮"。

五、推动优粮优产，不断提升稻米品质

始终坚持"好米是种出来的"，在良种培育、集约种植、科学管理上深耕细作，从源头把住品质关。**一是**建设中国北方粳稻种子繁育基地，建立优质粳稻国际联合研究中心，加强良种培育研发，为优质品种种植推广提供科技支撑。**二是**全面推广市场反响较好的、具有吉林特色的圆粒香、小町等优质品种。全省优质水稻种植面积占总面积的 80% 以上，其中特优品种占 20% 以上。**三是**引导支持企业围绕生态群落保护、农耕稻作文化特质，通过流转土地和订单生产建立自有基地，发展产业园区、特色小镇，促进一二三产业有机融合。目前全省自有基地面积 280 万亩，占全省水稻种植面积的 23%。

以"山西小米"品牌建设为引领
加快推进特色粮食产业高质量发展

山西省粮食和物资储备局

自 2017 年以来，山西省深入贯彻总书记视察山西重要讲话精神，按照"发展现代特色农业"重要指示，在国家局和省委、省政府的正确领导和大力支持下，以"山西小米"品牌建设为突破，不断探索山西特色粮食产业发展新思路。

一、以优质粮食工程为抓手，加强产业经济载体建设

编制"优质粮食工程"三年实施方案，争取中央补助资金 3.3 亿元、省级补助 1.2 亿元，助推特色粮食产业发展。**打造"中国好粮油"示范市县**。按照立足基础、突出特色的要求，坚持市场导向，政府统筹协调，重点建设 1 个"中国好粮油"示范市和 13 个示范县，发挥示范效应，带动集群发展。**引导产业园区发展**。支持山西粮油集团和太原市加快退城进郊，建设多功能大型现代化产业园区，促进资金、技术、人才、信息、设施资源集聚，加快园区化发展。**培育扶持龙头骨干企业**。坚持企业主体地位，"抓中间带两头"，出台《山西省粮油产业化省级龙头企业认定和运行监测管理办法》，遴选一批龙头企业予以重点扶持。

二、以"山西小米"品牌为突破，优化品牌化发展格局

省政府成立"山西小米"品牌建设领导小组，投入 2074 万元推动品牌建设。**成立产业联盟，实现抱团发展**。从严从优筛选 9 家企业成立"山西小米"产业联盟（以下简称联盟），出台《质量监测管理办法》《商标授权使用办法》，规范联盟运行。**实施良种繁育，把握源头质量**。建设良种展示中心，加大优良品种提纯复壮和应用推广力度，对种子选育、基地建设等作出明确要求，目前联盟企业绿色有机基地已达 24 万亩。**严格质量追溯，实施全程监管**。应用现代技术，建立从种植、加工到储存、销售的全程可视化追溯体系，筑牢质量"防火墙"。**扩大品牌宣介，培育开发市场**。不断加大通过央视、央广等宣传的广告投入力度，成功举办北京、天津、成都专题推介会和"山西小米""吉林大米"联袂推介活动，品牌影响不断扩大。**挖掘品牌文化，提升核心价值**。拍摄文化宣传片，编写《"山西小米"志》，挖掘品牌文化，提升核心竞争力。在"山西小米"省域品牌的带动下，忻州"中国杂粮之都"、朔州"中国杂粮强市"、长

"山西小米"品牌推介会

治"中国小米之都"、神池"中华亚麻油籽之乡"等一批特色杂粮市县陆续授牌，"武乡小米""怀仁绿豆""岢岚红芸豆"等一批县域品牌不断推出，"沁州黄""东方亮""太行明珠"等一批企业品牌日益深入人心，省、市、县、企业立体化品牌体系逐步形成，杂粮产业的经济效益和社会效益初步显现。

三、以搭建交易平台为依托，引领产业现代化发展

结合省政府"云安山西"和杂粮振兴工程，立足特色资源优势，建立统一的省级杂粮交易平台。**线下建设杂粮批发交易市场**。争取省财政资金 2000 万元，支持大同、忻州建设杂粮交易市场，申请国家局在忻州市挂牌"国家粮食交易中心杂粮分中心"，促进产业集聚化发展。**线上建设"中国杂粮交易网"**。依托太原国家粮食交易中心，筹划建设"中国杂粮交易网"，畅通交易渠道，引领全国网上交易，发布全国性杂粮"产购储加销"权威信息，反映行情价格指数"晴雨表"，逐步建立价格形成机制，为宏观调控、市场预警提供决策依据。通过构建线上线下融合发展的良好格局，全力打造杂粮产业"排头兵"。

四、以标准科技人才为支撑，推动产业创新发展

标准化战略引领产业转型升级。依托标准化试点省优势，组织 27 名专家组建粮油标准化技术委员会，制定《山西省粮食和物资储备行业标准化建设方案》，推动《山西好粮油生产质量控制规范》《山西小米种植技术规范》等列入地方标准项目，地方、团体、企业标准相结合的标准体系基本建立。**科技兴粮战略培育产业新动能**。积极融入"山西农谷"省级战略，出台《"科技兴粮"实施意见》，支持山西农业大学"国家功能杂粮技术创新中心"建设，投入专项资金支持杂粮课题研究，推进科技成果转化，"太行明珠"即冲即食小米粥、"沁州黄"早餐营养米粉等一批杂粮功能产品得到消费者高度认可。**人才兴粮战略扩大智力要素投入**。深入贯彻"人才是第一资源"理念，出台《"人才兴粮"实施意见》，

2019 年全国粮食科技活动周启动仪式

加大人才培养与引进力度，以政策解读、专家授课等形式加强产业化人才培养，以"百名博士服务"、专家入企等形式推动企业与高校院所加强科企对接，重视人才、发现人才、培育人才的体制机制日益完善。

五、以助力两大战略为契机，提升产业发展平台

深入贯彻落实乡村振兴和脱贫攻坚战略，推动粮食产业发展纳入全省战略布局。**融入乡村振兴战略格局**。争取乡村振兴战略专项资金 2000 万元，支持 20 个县杂粮加工企业仓储设施建设，解决龙头企业季节性生产的仓储难题和农民出售渠道，稳定杂粮种植和生产。**助推扶贫攻坚战略实施**。结合山西省杂粮富集区与贫困区高度重合的特点，以杂粮产业辐射带动乡村特色产业兴旺和农民增收。仅"山西小米"产业联盟企业辐射农户就达 8 万余户，稳定就业 4000 余人，农户最高增收 3000 元。山西省省长楼阳生在 2019 年"两会"接受采访时指出，过去"小米加步枪"为抗战胜利作出重要贡献，今天"小米助小康"正成为产业扶贫特色之路，对"山西小米"品牌建设的产业带动作用给予了充分肯定。

山西特色粮食产业发展在各级领导支持下取得了一些成绩，但与兄

弟省份相比还有不小差距。

一是把握特色、重点突破是产业发展的前提。山西粮食在"特"而不在多。山西省紧紧把握总书记视察山西重要机遇，结合得天独厚的种植优势，科学选择小米作为突破口，以"山西小米"品牌建设率先引领杂粮产业全面发展，取得了预期效果。

二是政府推动、顶层设计是产业发展的保障。省委、省政府将发展现代特色粮食产业作为贯彻落实总书记视察山西重要讲话的重要内容，纳入两大战略统筹谋划，先后出台《关于加快推进农业供给侧结构性改革大力发展粮食产业经济的实施意见》《"山西小米"品牌建设三年发展规划》《关于加快杂粮全产业链开发的实施意见》等一系列文件，从政府层面加强顶层设计，为实现山西由杂粮大省向杂粮强省跨越发展提供了坚实保障。

三是科技引领、创新发展是产业发展的动力。深刻领会创新是第一动力的理念，主动加强与天津科技大学、山西大学、山西农业大学等高校对接，生产上创新良种培育和机械化种植推广，加工上创新低温储存和先进设施应用，产品上创新功能研发和质量追溯体系建设，管理上创新产业联盟建设和民营资本参与方式，产销衔接上创新杂粮网上交易平台，创新驱动的发展格局初步形成。

四是主动担责、积极作为是产业发展的关键。粮食产业高质量发展不仅是兴粮之策、惠民之举，更是落实总体国家安全观和国家粮食安全战略的重要内容。山西省勇于担责、主动破题，深入分析转化能力弱、品牌建设不足等影响产业发展的瓶颈因素，积极向国家局和省委、省政府汇报发展思路，协调各方形成发展合力，多措并举推进品牌建设，得到了社会各界的认可。

立足新时代　落实新举措
奋力谱写江苏粮食产业高质量发展新篇章

江苏省粮食和物资储备局

　　江苏省以习近平新时代中国特色社会主义思想为指导，全面贯彻落实国家和省委、省政府推进粮食产业经济高质量发展部署，强化责任担当，突出"四增四强"，用好粮食安全责任制考核"指挥棒"，坚持向创新要动力，向改革要活力，奋力谱写新时代江苏粮食产业高质量发展新篇章。

一、项目增速强发展，夯实产业升级基础

　　（一）**强化顶层设计**。与发改、财税等省级部门、各级政府建立统筹协调机制，强化项目建设、政策扶持等重点环节保障举措，凝聚推进产业发展强大合力。策应"一带一路"倡议、长江经济带战略等，以《江苏省"十三五"粮食发展规划纲要》及收储供应安全保障、仓储物流设施建设等规划为根本，用好"十三五"规划中期评估结果，边完善边落实。

　　（二）**突出项目引领**。一是聚焦仓储资源整合，逐步置换、撤并万吨以下库点，集中建设3万吨以上骨干收纳库和5万吨以上储备库。二是聚焦粮食产后服务，合理引导国有骨干粮企及多元化主体共同参与节粮减损、节能降耗、创新服务导向的粮食烘干能力建设，年内实现产粮大县体系全覆盖。三是聚焦物流园区建设，制定"江苏省省级粮食物流产业

张家港物流码头

园区"评定标准，争取省财政物流园区建设奖补资金 1 亿元，至"十三五"末，集中建设 32 个省级园区。

（三）**集聚发展要素**。一是链条化延伸，向前延伸，提升粮源质量；向后延伸，提升产品价值。江苏省粮食集团利用沿海滩涂围海造田形成的优质土地，以及里下河地区、环洪泽湖江淮"绿心"区等良好的自然生态条件，逐步建立东中西绿色生态粮油生产基地。二是规模化集聚，初步形成沿江、沿海、沿运河、沿陇海线粮油产业群。靖江粮食产业园，地处全国最大红小麦产销区，成为长江中下游小麦最重要的集散地，2018 年被评为省级示范物流园区。三是高效化发展，通过法治、信用保障等要素确保高效运转，提升监管效能、树立品牌价值，打造"看得见的信任"。徐州等地的试点企业已进入溯源平台，消费者通过移动终端即可查阅粮油信息。

二、创新增效强改革，加快促进动能转换

（一）**注重政策引领**。省政府办公厅下发《关于大力发展粮食产业经济加快建设粮食产业强省的实施意见》，11 个设区市出台了落实意见，明确政策措施。全省粮食共同担保基金总规模 9.4 亿元，其中财政注资 4.5 亿元，可撬动 130 亿元市场化收购贷款支持。明确财政性资金在县域粮

食共同担保基金中占比不少于 30%，并将其列入粮食安全责任制考核范畴。通过综合运用稻谷补贴引导政策、拓宽商业银行合作渠道、推动土地划拨转出让等方式，有效增强企业融资和抗风险能力。

（二）**创新发展方式**。用好"优质粮食工程"金字招牌，首创稻谷收购环节补贴，鼓励企业开展优质优价收购，并将其列入省政府对落实重大政策措施成效明显地方的督查激励政策。全省优质食味稻品种种植面积同比增长 10%。部分县区南粳 9108 种植面积达到 90%。苏州紧密型优质粮源基地社企合作、泗洪农民"种地不花钱"模式、全国最大水上交易市场转型升级打造"兴化大米"等，成为乡村振兴、好粮油品牌创建的鲜活样板。

（三）**突出品牌培育**。发布施行"苏米"团体标准和集体商标管理规则，首批遴选 20 家"苏米"核心企业，建立"苏米"品牌全过程管控体系。首个"苏米"联盟子标准《"淮安大米"系列标准》出台，在行业内率先规定"精碾""适碾"指标要求，突出苏米香软糯特征。十大区域品牌创建成果丰硕，奖励省级以上粮油品牌 460 万元。"苏米"品牌创建入选省政府 2019 年乡村振兴十大重点工程，突出打好"品质苏米、智造苏米、品牌苏米、文化苏米"四张牌，加强"苏米"产业联盟统一渠道建设，开展"苏米行"系列展销推介活动，擦亮"江苏好粮油"金名片！

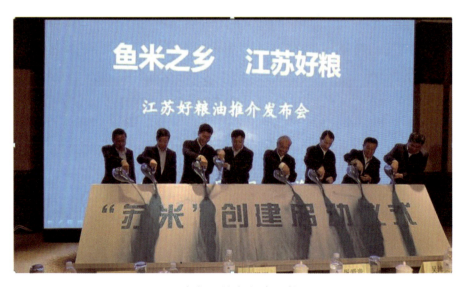

"苏米"创建启动仪式

三、产业增能强内涵，做强做优实体经济

（一）**推进产业升级**。依托岸线码头资源、产区粮油基地优势，以"建设大基地、优化大物流、产业融合促流通，调控有力保安全"为总体布局，大胆取舍、科学整合、明细功能，重点发挥园区聚集、辐射和带动效应。注重发挥区域优势和特色，持续推进盐城等地的大米加工、南通等地的面粉加工、泰州等地的食用植物油加工、扬州等地的粮机制造产业群建设。依托产业园推进智慧粮食平台、质量追溯体系建设，实现收储、加工企业间的互通。

（二）**引导产业集聚**。培育长江中下游粮油产业集聚区、集疏运节点。吸引上下游企业铸链集群，催生协作、裂变，建设"产加储运贸"一体化大基地。和润集团与北大荒集团等合作的南北互联粮食物流配送均在江苏码头中转，对推动沿江经济开发、引导粮食产业集聚起着重要作用。

（三）**注重开拓创新**。充分用好"一带一路"建设带来的政策机遇，助推江苏省粮油产业发展。连云港发挥离境口岸政策优势，打造上合组织国际物流园，服务苏北、中西部、中亚地区粮食物流产业发展。江苏正昌粮机股份有限公司"一带一路"白俄罗斯农工综合体项目饲料生产线成功签约，项目规模、先进性处于国际领先地位。

四、绿色增值强生态，提高行业科技能级

（一）**严格安全责任落实**。指导全省创建安全生产标准，编制《江苏省粮油仓储规范化管理办法》，完善仓储管控制度。建立"两个安全"教育常态化制度，将外包工、临时用工纳入培训，确保全覆盖、无盲区。加强化学药剂安全教育，引导各地建立专业化熏蒸队伍。

（二）**推广绿色储粮技术**。因地制宜建设不同仓型，适应分类分等储存需要。扶持推进不落地运输，实现专业化、清洁化、少人化。加强科技储粮技术在行业的深度应用，粮库机械通风、粮情测控、环流熏蒸、低温准低温储粮仓容占比达95%、73%、59%、47%，实现气调储粮仓容

238 万吨。

（三）加强平台载体建设。创成省级以上粮食产业技术创新战略联盟 5 家，涵盖优质稻米、小麦、油脂、饲料、粮机产业领域。借助粮食科技活动周等平台载体，加快完善科技成果转化对接服务。国家优质粮食工程（南京）技术创新中心项目、"苏米"研究院筹建工作有序推进。围绕优质粮食工程，搭建全要素、全链条粮油产业生态合作平台，真正把粮油产业做成与城镇化、文化旅游、促进农民增收、保障改善民生有机结合的富民产业。

加快实施"五优联动"
全力推进粮食产业经济高质量发展

浙江省粮食和物资储备局

2018年，浙江省粮食物资系统深入贯彻落实习近平总书记关于发展"农头工尾""粮头食尾"的重要批示精神和李克强总理关于加快建设粮食产业强国的重要批示要求，坚持高质量发展，加快实施"五优联动"，着力构建现代化粮食产业体系，全省粮食产业经济取得新发展。浙江省立足粮食产业发展方式转变，以规模化、品牌化、优质化为路径，以先进科技、人才、经营管理为引领，大力培育现代粮食经营主体，打造千亿粮食产业经济，推动粮食产业迈上中高端水平，打响"浙江好粮油"品牌，全力推进粮食产业经济高质量发展。

一、推进粮食产业经济发展的主要做法

（一）加强顶层设计。出台《关于加快推进农业供给侧结构性改革大力发展粮食产业经济的实施意见》（浙政办发〔2018〕37号），提出了"打造千亿粮食产业经济，推动粮食产业迈上中高端水平"的发展目标，确定了发展粮食产业经济的四个方面重点任务和五大保障措施，明确了落实各项任务措施的责任单位。同时，把粮食产业经济发展列入粮食安全市县长责任制考核和乡村振兴考核，层层压实责任，11个设区市都已经出台了实施办法。召开全省粮食产业经济推进会，及时传达全国加快推

进粮食产业经济发展第二次现场会精神，提出了加快实施"五优联动"的总体部署，在全省范围内组织开展"五优联动"试点，制定《"五优联动"试点工作实施方案》，会同省财政、农业等部门印发《关于推进我省"五优联动"试点工作的指导意见》。深入实施优质粮食工程，编制完成《"优质粮食工程"三年实施方案》。

（二）**加大政策和资金支持**。通过与省物价局协调，出台相关文件，全面落实了大米加工企业执行农业生产用电价格的政策，企业用电成本下降近1/3。积极组织粮食加工企业申报国家社会化建仓和物流项目补助，杭州富义仓米业有限公司、浙江新市油脂股份有限公司等企业获得中央支持资金1亿多元。温州市对发展主食产业、粮食精深加工、"互联网＋粮食"营销和物流新模式新业态项目、粮食产后服务中心给予补助和奖励；湖州市对重点粮食产业化龙头企业开展产销合作给予专项信贷支持；台州市政府对积极开展"中国好粮油"等品牌建设行动并对获得国家级、省级相关荣誉的企业给予奖励。

（三）**创新工作举措**。**一是**大力培育粮食产业龙头企业，全面实施"1112"粮食产业化龙头企业培育工程，鼓励龙头企业与产业链上下游各类市场主体结成产业联盟，发展粮食产业化联合体，以龙头企业为引领，带动粮食产业发展。**二是**加快实施"五优联动"，以市场需求为导向，通过储备订单和企业订单，积极引导农民规模化种植优质粮食品种，形成"供种＋基地＋收储＋加工＋销售"优质粮食全产业链。**三是**积极实施"三名"培育工程，大力培育粮食行业的"名企、名牌、名家"，支持企业做大做强，创建好粮油品牌，对2018年在推进全省粮食产业发展成绩突出的10家企业给予通报表扬。**四是**有效利用粮食储备资源，组织开展省级储备粮委托代储动态轮换试点工作，探索支持重点粮食加工企业通过公开招标参与储备粮业务。**五是**以粮油产业园和区域特色产业为基础，打造产业承接平台，发挥集聚优势，培育特色产业集群。**六是**强化科技创新和人才支撑，积极推进科技兴粮工程和人才兴粮工程，支持各级粮食产业化龙头企业建设粮食科技创新中心、人才培育中心、产学研基地、成果

舟山国际粮油产业园区

转化基地和技能实际操作基地。

（四）**强化服务保障**。建立省市县三级重点粮食企业联系服务制度，全省粮食物资系统共计联系重点粮食企业 194 家，其中省局领导联系企业 19 家。通过一对一联系，为企业送政策、送信息、送服务，掌握动态、总结经验、解决问题，为粮食企业生产经营创造了良好的发展环境。加强与国家粮食和物资储备局科学研究院、省建设银行、省农业发展银行、省担保集团等科研、金融机构的交流合作，召开科企、银企对接座谈会，为浙江粮食产业发展提供技术和资金支持。为企业搭建多种发展平台，组织骨干粮油企业参加省内外各种产销合作、展示展销等活动，如中国粮食交易大会、吉林大米文化节、黑龙江金秋粮食交易会等，加强对接交流，扩大企业和产品的影响力。

（五）**狠抓工作落实**。省局先后下发了《关于定期报送"五优联动"试点工作进展情况的通知》《关于印发〈实施"五优联动"相关重点工作责任落实清单〉的通知》，从 2018 年 12 月开始的一年内，要求各市定期汇总报送本市"五优联动"试点工作推进动态情况，确保按期完成"五优联动"各项重点工作。

二、推进粮食产业经济发展的主要成效

（一）**粮食产业发展加快**。2018 年实现工业总产值 636 亿元，比上

年增长 15%，产品销售收入 677 亿元，利润总额 27 亿元。食品酿造、精深加工、饲料产品产量分别达到 354 万吨、92 万吨、424 万吨。嘉兴市、杭州市粮油加工业总产值突破 100 亿元。

（二）**龙头企业不断发展壮大**。2018 年，全省工业总产值亿元以上企业 132 家，比上年增加 15 家。其中 5 亿元到 10 亿元的 19 家，比上年增加 8 家，形成了浙江五芳斋实业股份有限公司、中国绍兴黄酒集团有限公司、杭州富义仓米业有限公司、中海粮油集团有限公司、浙江新市油脂股份有限公司、杭州恒天面粉集团有限公司、湖州老恒和酿造有限公司、浙江得乐康食品股份有限公司等一批龙头骨干企业。全省 21 家粮食企业被国家认定为重点支持粮油产业化龙头企业，省级以上农业龙头企业达到 51 家（其中国家级 12 家）。2018 年 11 月，在温州乐清湾港区，世界 500 强企业益海嘉里集团粮油加工项目正式开工，项目总投资约 22.3 亿元，建设周期 3~4 年，项目全部建成投产后预计年产值近百亿元。

（三）**产业布局得到优化**。通过加强粮食产业园区、物流园区、电商园区建设，着力推进粮食产业集聚发展，基本形成了浙北地区以成品粮油加工、主食产业化、食品工业，沿海地区以临港粮食加工、粮食转化与精深加工、粮食仓储专用设备和粮食质量检验仪器制造，浙中浙西地区以酿造业、粮机制造、传统食品工业、特色油料产业为特色的产业布局。舟山国际粮油产业园区已经成为我国东部沿海重要的进口粮食集散中心和油脂加工贸易基地，2018 年进口粮食接卸量达到 112 万吨，实现工业总产值 48 亿元。

（四）**品牌建设取得进展**。杭州富义仓米业有限公司、杭州恒天面粉集团有限公司、中海粮油集团有限公司、浙江新市油脂股份有限公司等企业分别获得全国大米加工企业、小麦粉加工企业、食用油加工企业"50强"称号。浙江新市油脂股份有限公司、浙江得乐康食品股份有限公司分别荣获全国菜籽油与稻米油加工"10强"称号。浙江省粮食集团醇鲜五常香米和杭州富义仓米业有限公司"富义仓壹号"大米入选全国第一批"中国好粮油"产品名录，第二批又推荐上报 5 家企业、6 个产品。绍兴黄酒、五芳斋粽子、衢州山茶油等一批产品获得国家地理标志证明商标。

（五）科技创新能力增强。浙江省出台了《关于推进科技兴粮和人才兴粮的实施意见》，粮食企业加大了对粮食科技创新的投入力度。浙江科盛饲料股份有限公司、杭州富义仓米业有限公司、浙江三禾生物工程有限公司分别成立企业科技研发中心，与有关高校、科研院所合作完成多项国家级、省级项目。2018 年全省粮食工业企业研究开发投入达到 4.7 亿元，获得专利 151 件（其中发明专利 47 件），分别比上年增加了 37% 和 9%。

（六）"五优联动"试点取得初步成效。全省粮食物资系统以及财政、农业等部门逐步形成了加快实施"五优联动"的共识，各地试点工作也呈现出不同的特色和亮点。省储备粮公司会同嘉兴市的两个县区开展了省级晚稻订单"优粮优价"收储试点；丽水市出台了在全市推进"五优联动"的实施意见；宁波市在象山、海曙、鄞州率先启动"五优联动"试点，获得盈利，实现了顺价销售；湖州市以培育优质大米，实现农民增收、企业增效、财政减亏为目标，制定出台了"五优联动"试行办法，积极探索通过储备订单和企业订单，推动优质粮食产业链建设。

湖州市"五优联动"试点企业生产线

落实总书记指示　推动"三大变革"
开创山东粮食产业经济发展新局面

山东省粮食和物资储备局

2018 年 6 月总书记视察山东时指出，推动高质量发展，关键是按照新发展理念要求，以供给侧结构性改革为主线，推动经济发展质量变革、效率变革、动力变革。全国粮食产业经济发展两次现场经验交流会以来，山东省深入落实总书记视察山东重要指示批示精神，按照国家局部署，聚焦粮食产业高质量发展，推动"三大变革"，取得积极成效。

一、落实总书记重要指示，质量变革取得新成效

一是落实"走在前列、全面开创"的重要指示，粮食产业经济保持全国行业领先。2018 年，粮食加工转化率为 153%，粮食产业产值首次突破 4000 亿元，达到 4016 亿元，利税 316 亿元。5 个市产值超过 300 亿元，其中全国首个粮食产业经济示范市滨州突破千亿元规模，占该市工业产值比重 16.5%，加工转化增值率 3.4∶1，超过全国平均 1.2 个百分点。**二是落实"农业大省的责任，首先是维护国家粮食安全"的重要指示，服务国家粮食安全成效显著。**2018 年，山东粮食生产连续 7 年保持 4500 万吨以上，粮食经营量 14274 万吨，调入调出 2000 万吨以上。以粮食市场和展会经济为载体，推动省际协作和品种调剂。26 家入统批发市场辐射 10 多个省份，全年成交量 656 万吨。黑龙江、福建等交易会签订购销合同 402 万吨。重

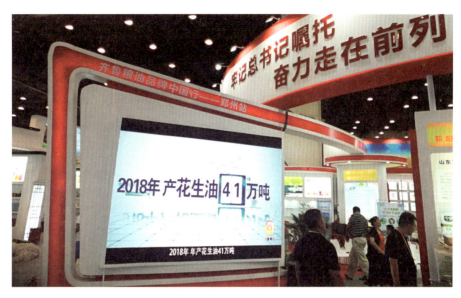

齐鲁粮油品牌中国行——郑州站

磅推出"齐鲁粮油"公共品牌建设，助力山东好面好油走向全国。**三是落实"扎实实施乡村振兴战略，打造乡村振兴齐鲁样板"的重要指示，粮食产业成为产业兴旺的生力军。**在乡村振兴战略中，"优质粮食工程"成效明显，2018年减少粮食损失193万吨，完成优质粮食采购380万吨，发展优质粮食种植234万亩。新发展农户科学储粮示范户74931家，累计达到91.9万户，年可节粮减损价值超过1亿元。2019年年初，枣庄、泰安、临沂、滨州等地区多个项目纳入省首批223个乡村振兴项目支持库。

二、实施"四轮驱动"，动力变革合成新动能

（一）**政策支持引导产业。**省委、省政府高度重视粮食产业发展，刘家义书记、龚正省长多次视察"中国好粮油"示范企业，王书坚副省长在参加首届中国粮食交易大会时要求，要立足山东、面向全国、放眼世界，发展粮食产业。"优质粮食工程"列入省委常委会重点工作、纳入乡村振兴战略规划，省政府粮食产业经济发展意见落地实施，相关部门在建设物流园区、培育"粮工巧匠"等方面出台支持政策。近两年，国家及省支持粮食产业资金13亿元，济宁江北粮食物流园、中裕三产融合示

范园列入省动能转换 100 个重点项目，鲁花集团、西王集团等项目列入省首批 450 个动能转换项目库。

（二）重点项目助力产业。一是重点实施"优质粮食工程"。2017 年粮食产后服务 174 个项目基本完成，质量检测体系新建 1 个市级站（莱芜）和 24 个县级站，中国好粮油示范企业新增优质粮油销售收入 52 亿元。2018 年落实优质粮食工程补助 5.56 亿元。二是重点打造"齐鲁粮油"公共品牌。联合省财政厅制定粮油品牌建设意见，当年落实支持资金 4360 万元。媒体宣传、北京和上海推介会效果显著，其中上海推介会签约额 3.12 亿元。三是重点办好首届粮油产业博览会。2018 年 11 月，经省政府批准举办首届粮油产业博览会，张务锋局长、王书坚副省长以及 13 个省份代表出席，签约项目近 300 个，资金额 180 多亿元。

首届山东粮油产业博览会开幕式

（三）科技创新提升产业。联合省发改委等四部门制定科技兴粮和人才兴粮实施意见，明确对点支持单位 21 家。国家级小麦、玉米、大豆和花生技术创新中心落地山东，山东省粮食职业教育集团签约全国粮食行业职业教育集团联盟。2018 年科研投入 12.8 亿元，申请专利 138 件，获批 49 件。西王集团有限公司、香驰控股有限公司等企业荣获国家首批循环经济示范企业称号。加快科技转化，深加工产品产量 1842.6 万吨，商品淀粉、淀粉糖产量约占全国的 1/3、1/2。

（四）创优环境促进产业。深化"放管服"改革，各级粮食行政管理部门通过压缩收购许可时限、仓储设施备案多证合一等在"放"上下功夫，通过试点信用体系建设等在"管"上提水平，通过破解行业难题等在"服"上求突破。省政府调度粮食产业经济情况，发挥省长责任制考核"指挥棒"作用。菏泽、滨州等地创新举措，服务企业解决融资难题，整合组建的鲁粮集团以及地方转隶粮食企业进入发展新阶段。

三、深入贯彻"深化改革转型发展年"要求，开创效率变革新局面

认真落实国家局"深化改革转型发展"要求，围绕效率变革重点推进"三个一"：**一是把握一项职责理思路**。认真把握机构职能职责，2019年年初形成"稳流通、优储备、强产业、树品牌、保安全、严考核"的总体思路，其中以粮食产业为载体，重点巩固储备安全和生产安全这个"稳"的基础，增强工作队伍和科技驱动这个"进"的能力，提升产业质量和品牌价值这个"供"的水平，畅通物流和信息流这个"流"的渠道。**二是聚焦一个目标抓示范**。以"粮食产业经济保持全国领先位次"目标为引领，实施动能转换和优质粮食工程典型带动。2018年西王集团有限公司实现销售收入 450 亿元、利税 26.8 亿元，同比增长 3.5%、3.2%。11月，张务锋局长到山东调研，对泗水粮食产后服务中心给予充分肯定。**三是扭住一个关键促转型**。抓住"五优联动"这个关键，在"优粮优购"的同时，科技厅落实 2840 万元良种工程资金支持"优粮优产"，发达面粉集团股份有限公司入选全国第五批主食加工示范企业推动"优粮优加"，推进"优粮优储"实现绿色仓储总量近 3000 万吨。"优粮优销"方面，省局开展"齐鲁粮油中华行"等系列活动，与阿里云共建智慧粮食交易平台，各地线下线上联合发力，2018年线上销售 32.2 亿元，"互联网 +"成为"齐鲁粮油"走向全国的重要通道。

扛稳粮食安全重任　着力实施"五优联动"推动粮食资源大省向产业经济强省迈进

河南省粮食和物资储备局

近年来，河南省以习近平总书记关于"河南粮食生产这个优势、这张王牌任何时候都不能丢"和"要扛稳粮食安全这个重任"等指示精神为指导，抓住粮食这个核心竞争力，大力实施"五优联动"，狠抓"优质粮食工程"建设，不断延伸粮食产业链、提升价值链、打造供应链，实现粮食产业经济高质量发展，推动河南由粮食资源大省向产业经济强省大步迈进。

一、夯实粮食产业发展基础，牢牢扛稳粮食安全重任

通过召开全省现场经验交流会进行安排部署，明确发展思路，加强基础设施建设，加快产业发展步伐，不断提升规模化、集约化水平。**一是发挥粮食安全政府首长责任制考核"指挥棒"作用**。狠抓责任制考核办公室的职能优势，聚焦粮食产业经济发展重大事项和关键问题，强化考核结果运用，为粮食产业项目争取政策支持。**二是鼓励粮食加工转化聚集发展**。支持以产业园区为重点，构建绿色粮食产业经济循环体系，提高粮食综合利用率，推动粮食产业聚集发展。全国首个"优质小麦现代产业园"落户新乡延津。永城市规划建设 7 平方千米的粮食产业园区，2018 年园区工业总产值突破 200 亿元。**三是提升粮食产业科技含量**。出台《河南省"科技兴粮"实施意见》，推动粮油科技成果产业化。加快全

省粮油机械装备升级，支持粮油机械制造自主创新。河南茂盛集团组建了全国唯一的粮食加工装备工程技术研究中心，制订和参与制订国家标准 12 项，拥有国家专利 79 项，成果整体技术水平处于国际领先地位。

河南飞天农业开发股份有限公司淀粉糖生产基地

二、发挥粮食流通反馈激励作用，加快引导优粮优产

紧紧围绕省政府"四优四化"发展战略，在推进"优粮优产"上做文章。**一是支持优质粮源基地建设**。鼓励粮食龙头企业向原粮供应端延伸，通过"订单粮食""土地托管""土地流转"等方式，发展优质粮源基地。2018 年，全省粮油加工企业优质原粮基地面积达到 710 多万亩，关联农户数达到 190 万户。**二是引导优化种植结构调整**。发挥市场价格引导作用，支持粮食购销、加工企业适当提高优质粮食收购价格，带动农民种植优质品种，增加农民收入，助力精准扶贫。2018 年，全省"优质小麦"种植面积突破 1200 万亩，位居全国第一。**三是鼓励粮食企业向良种繁育推广延伸**。支持粮食加工企业开展优质良种繁育推广，以及订单半订单化、定制化生产，降低对原粮进口的依赖。豫粮集团与西北农林科技大学、

河南省农业科学院等高校及科研单位合作，开展优质小麦"育繁推"业务，2018 年，优质小麦种植基地面积达 100 万亩。

三、逐步完善优质粮食收购政策，稳步推进优粮优购

发挥市场在资源配置中的决定性作用，完善优质小麦收购政策，实现"优粮优价"。**一是坚持市场化收购。**面对 2018 年小麦最低收购价政策未有效启动、部分地区小麦受灾等复杂形势，全省上下科学研判，精准施策，重点支持企业开展市场化收购。全省收购粮食 620 亿斤，市场化收购比例达 94.6%。**二是支持优质优价收购。**建立 10 亿元"河南省粮食收购贷款信用保证基金"，主要支持优质小麦收购。积极开展产销对接，优质小麦订单率达到 88.1%。2018 年，优质小麦平均收购价高出普通小麦 0.1 元 / 斤。**三是鼓励多元主体收购。**支持粮食储备、加工、贸易企业开展市场化收购，形成多元主体共同参与的收购格局。

四、着力提升优质粮食储存条件，全面落实优粮优储

扎实做好"广积粮、积好粮、好积粮"三篇文章，不断改善粮食储存条件。**一是大力推广绿色储粮技术。**省级财政筹集绿色储粮技术应用专项资金，支持粮食企业实施"低温储粮""氮气储粮"，助力企业实现粮食保质保鲜、"优粮优储"。**二是实施粮食仓储智能化升级。**投资 5.8 亿元建成"省级平台 +367 个智能粮库"安全管理体系，全省粮食仓储管理和安全储粮水平得到显著提升。**三是推进粮食产后服务体系建设。**落实财政资金 8.2 亿元，累计投入 13.85 亿元，在收储、加工企业中建设粮食产后服务中心 961 个，全面实现优质粮食专业收购、专仓储存。

五、狠抓粮食加工枢纽引擎作用，强力推动优粮优加

发挥主食产业优势，补齐加工环节短板，加快实施"优质粮食工程"，不断提升粮食价值链。2018 年，全省粮油加工业总产值达到 2033 亿元，较上年增长 8.6%。**一是发挥粮油加工业扶持基金作用。**建立规模 5 亿元

三全食品股份有限公司生产车间

的粮油深加工企业扶持基金，已累计拨付扶持资金 1.9 亿元，培育壮大全省粮油加工企业，夯实河南"国人厨房"地位。**二是大力实施"优质粮食工程"**。投资 40 多亿元，实施"优质粮食工程"，引导提高绿色优质粮油产品的供给水平，助力农民增收、企业增效和产业振兴。"中国好粮油"行动计划已投入 13.3 亿元，支持 15 个示范县、11 个省级示范企业、1 个低温成品粮公共库示范项目建设。制定了"河南好粮油"系列产品标准、企业遴选条件等，遴选三批"河南好粮油加工企业"68 家、产品 88 个。**三是继续实施财政补助政策**。筹集财政资金 1.4 亿元，对 96 家主食产业化和好粮油加工企业实施贷款贴息和购置设备补助，支持企业优化产能结构。河南汇丰食品集团将一粒强筋小麦"吃干榨净"，通过精细化加工将小麦附加值提升数十倍。**四是加大品牌建设力度**。开展全省粮油品牌集中宣传，提升品牌美誉度和市场竞争力。省财政筹集资金近 6000 万元，对企业自主开展的品牌宣传、银行贷款利息等给予补助。漯河市平平食品有限责任公司致力于打造休闲食品高端品牌，将风味调味品从"小产品"做成"大产业"，2018 年实现产值 40 亿元。

六、构建顺畅高效粮食流通机制，创新实施优粮优销

搭建粮食流通渠道，打通优质粮油与百姓餐桌的"最后一公里"，逐步实现"优粮优销"。**一是完善粮食物流体系建设**。以优化布局、调整结构、提升功能为重点，推进全省粮食物流体系建设。争取财政补助资金 1.7 亿元，投资 9.7 亿元，建设集仓储、加工、贸易等于一体的粮食物流园区 9 个。**二是强化产销衔接**。与全国 18 个省（区、市）建立长期稳定的粮食产销合作关系。成功举办"河南省 2018 好粮油产销对接博览会（商丘·民权）"，签约购销粮食及制成品近 110 万吨，签约金额 26 亿元。**三是支持粮食新业态发展**。实施"互联网 + 粮食"行动，鼓励企业创新经营业态，发展粮食电子商务和新型零售业态，降低企业营销成本，增强企业销售效率。漯河市建成中国（漯河）电子商务产业园，收发粮油制品日均突破 100 万单。**四是鼓励粮食企业"走出去"**。积极引导和支持有条件的粮食企业借助"一带一路"建设机遇，加强对外交流与合作，在国外建设加工基地和销售网络，让河南粮油产品走向"世界餐桌"。郑州思念食品有限公司在美国投资建厂，产品远销加拿大、法国等四大洲 17 个国家和 70 多个地区。

积极打造供应链
创新完善优质粮油营销体系

湖北省粮食局

近年来，湖北粮食部门认真贯彻落实习近平总书记关于"粮头食尾"和"农头工尾"的重要指示精神，按照国家粮食和物资储备局的工作部署和省委、省政府的工作要求，加大政策支持力度，加强利益连接，推进线上线下融合发展，强化品牌营销，不断完善提升湖北优质粮油营销体系，开创了"优粮优销"新局面。

一、加大政策支持力度，完善"放心粮油"新网络

湖北"放心粮油"工程建设始于 2012 年，为加大对这项民生工程的建设力度，省财政每年投入 3000 多万元，累计安排扶持资金 2.5 亿多元，按照"政府引导、企业主体、市场运作"的原则，用新的理念、机制和模式推动全省"放心粮油"市场体系建设，初步建成了全省"放心粮油"一张网。近年来，针对"一张网"建设中龙头作用不强、利益连接不紧、连锁经营效益不佳的问题，湖北省将完善提升放心粮油市场体系纳入"优质粮食工程"支持范围和粮食安全责任制考核内容，下发了《关于进一步完善全省放心粮油市场体系建设的意见》，进一步完善了市场网络体系。目前，通过强化全省"放心粮油"市场体系顶层设计、优化湖北荆楚粮油股份有限公司（以下简称荆楚公司）股权结构，构建了以荆楚公

湖北省放心粮油市场体系工作现场会议

司为龙头、以 92 家放心粮油配送中心为龙身、以 1538 家放心粮油连锁店为龙尾的全省"放心粮油"营销"一张网"。

二、加强利益连接，构建优质粮油市场体系新机制

为加强配送中心与连锁店的利益连接机制，优化全省"放心粮油"布局，荆楚公司正在全省实施控股 6~7 家区域配送营销公司计划。省粮食局从政策层面大力支持荆楚公司以控股、参股等形式进入区域配送营销公司，实现资源优势最大化，经营管理一体化。同时，鼓励荆楚公司对各配送中心、各配送中心对所辖连锁店进行各种让利和返利，有力增强了体系的黏性。为加强全省"放心粮油"市场体系管理，积极推动动态管理和退出机制的建立。通过优化补贴发放制度，根据年度考核结果，将补贴向经营良好的配送中心和连锁店倾斜，推动示范配送中心和连锁店的创建。对考核结果靠后的配送中心、连锁店，由所在地粮食行政主管部门根据运行整改情况给予警示、停业整顿、摘牌并在全省通报等处理。严格把好入口关，通过严格审查、加强考评，确保新引入放心粮油

连锁店的质量。截至目前，全省有50家连锁店年销售额超过500万元，其中有3家超过2000万元，1家突破3000万元。考核不合格的5家配送中心被限期整改或予以调整，146家连锁店被限期整改或被摘牌。

三、推进线上线下融合发展，拓展优质粮油市场体系新渠道

省粮食局与京东商城签署了战略合作协议，着力推动"荆楚好粮油"电商产业的发展。荆楚公司专门组建了湖北荆楚粮油电子商务有限公司，大力拓展线上渠道业务。"荆楚大地"电商产品于2017年6月正式入驻京东自营，正逢"6·18"大促，实现单日销售150余万元、全国五大仓产品抢购一空的佳绩，当年销售额达到1300万元。2019年一季度，"荆楚大地"电商平台销售额已突破2000万元。产品已覆盖京东自营、天猫超市、淘宝旗舰店、盒马鲜生、拼多多、苏宁易购等众多电商平台，年销售额正在全力向5000万元进军。同时，线下依据自建新零售的平台特点，定点开发相应的产品线，优化厨房产品供给，满足消费者多样化需求，逐步实现线上线下渠道场景化、用户数字化、营销智能化的新零售模式，畅通优质粮油消费服务的"最后一公里"。

湖北省粮食局局长张依涛在荆楚粮油电商公司调研

四、强化品牌营销，开辟优质粮油营销新领域

制定了湖北粮油品牌发展战略，明确将"荆楚大地"作为湖北粮油公共品牌着力打造，并将其产品作为湖北"放心粮油"主打产品。从2016年起，省财政每年投入3000万元，在央视、省内媒体、机场、地铁、高铁、社区、"放心粮油"营销网点等关注度高的媒体和渠道集中宣传"荆楚大地"品牌，制作了《荆楚味道》系列电视纪录片，采用纪录片的拍摄手法，通过自然环境、历史文化、人物故事、匠心种植等方面，全面演绎与阐述湖北粮油的优势。同时，为丰富"荆楚大地"系列产品，省粮食局采取政府引导、市场运作的办法，推进"荆楚大地"品牌与优秀企业产品共建共享机制，打造"荆楚大地+"系列产品，实现共赢。"荆楚大地"公共品牌建设已初见成效。为加强产销合作，开拓优质粮油营销新领域，省粮食局持续实施荆楚粮油"走出去"行动计划，每年开展3次以上跨省产销合作活动，先后与福建、广东、广西、四川、重庆、云南、贵州、上海等省（区、市）共同举办粮食产销协作洽谈会，推介展销优质粮油产品，建立了长期稳定的合作关系，每年向省外市场销售粮油产品130亿斤以上。2018年还首次组织16家粮油企业对接国家"一带一路"建设，前往南非、莫桑比克开展湖北粮油产品推介暨合作洽谈活动。在"走出去"的同时，还主动"请进来"，在每年举办的湖北荆楚粮油精品展示交易会期间，主动邀请全国各省的粮油加工企业、经销商等来交流、对接，省内已连续20年举办了湖北粮油精品展示交易会，湖北优质粮油销量逐年增长，品牌影响力、市场占有率不断攀升。

积极作为　顺势而为
全力推进湖南粮油产业高质量发展

湖南省粮食和物资储备局

湖南省粮食和物资储备局围绕农业供给侧结构性改革，牢牢咬定产业兴旺这个目标，抢抓国家实施"优质粮食工程"的宝贵机遇，积极作为，顺势而为，以高质量发展为方向，大力实施"优质粮油工程"，连续三年争取中央财政补助资金 11.8 亿元，有利地推动了"好粮油"行动计划、粮食产后服务和质量安全检验监测体系建设。

一、抓示范带动

实施"好粮油"行动计划，按照有产业基础、有工作热情、有发展潜力、有组织保障的要求，从 2017 年开始，通过竞争性遴选，每年确定 10 个县市区为"好粮油"行动计划国家级示范县，2~6 家大型粮油企业为省级示范企业，3~6 个县市区为探索建设现代粮油产业发展体系省级重点县或特色县。在县级政府统筹协调下，获得支持的县市区依托有品牌影响力、有经营规模、有带动能力、有特色产业的龙头企业，充分利用企业自身收储加工及品牌优势，以市场为导向，通过发展优质特色粮油订单生产，与种粮大户、合作社等新型主体结成利益共同体，带动粮油生产方式从分散碎片化向适度规模转变，构建运行通畅、链条完整、管理优良的"产购储加销"一体化产业融合发展经营模式，促使粮油优质品率和市场占有率逐年提高，粮油产业总量和质量逐步提升，种粮农民增收得到有效保证。从实施情况看，项目所在地粮油优质品率、产业发展质量、农民增收保障水平均明显提升，示范带动效果良好。

二、抓标准引领

积极推进粮油标准化工作，2018 年制订并发布了优质油茶籽油、富油酸菜籽油、富硒大米、稻虾米 4 个"湖南好粮油"团体标准，2019 年启动优质稻米油、优质核桃油、优质芝麻油、洞庭香米、旱杂粮、发芽糙米 6 个"湖南好粮油"团体标准，借助标准的引领作用推动粮油产业提质进档、转型发展。

三、抓品牌创建

为改变松散、无序的竞争局面，充分发挥产业各细分领域攥指成拳、集腋成裘的合力，积极探索并有序推进食用植物油、旱杂粮、优质大米等产业联盟的组建，围绕打造"湘字号"粮油品牌，推动创建湖南优质粮油品牌。2018 年 4 月，首个以"浏阳河山茶油"品牌为依托的茶油产业联盟正式成立，常德香米、南州虾稻米、南溪大米、永州旱杂粮、湖南菜油等其他区域粮油品牌打造工作也加快推进，并初见成效。

四、抓创新驱动

（一）培植行业发展新动能。引导和鼓励粮油企业开展新技术、新工艺、新产品开发，引领粮油企业走依靠科技创新加快发展的内涵式增长之路。通过政策引领、资金扶持等综合施策，全省粮食行业创新发展取得积极成果，推动一批粮油产业项目走在全国同行业前列。湖南粮食集团有限责任公司把稻壳和秸秆等农副产品转化为高质量、零甲醛排放的环保健康的"禾香"人造板材，有力地拓展了粮油产业的增值空间；道道全粮釉股份有限公司加大技术创新力度，研发投入逐年增加，经营规模、经济效益持续增长，2018 年实现利润近 4 亿元，成为国内油脂加工

道道全岳阳工厂自动化生产线

企业高质量发展的典范；湖南汇升生物科技有限公司用大米生产海藻糖技术取得突破性创新，产品远销日本和欧美；湖南奇异生物科技有限公司用茶油加工生产纳米油和医用溶媒，大大提升了茶油附加值；克明面业股份有限公司专注面业加工30多年，多项技术获国家科技进步奖，成为国内高端挂面第一品牌，2018年实现利润近2亿元。

（二）打造行业优势产业链。以骨干龙头企业为依托，以核心技术和关键产品为引领，以建立现代企业制度为动力，集中优势资源，突破粮

金霞粮食物流园港口物流加工片区

油加工关键技术瓶颈，打破所有制界限，按照全产业链一体化经营模式，重点打造和扶持产值年均增速在 20% 以上的稻谷精深加工与副产物循环利用、面制食品、大宗油脂油料精深加工、油茶精深加工、绿色优质大米、湖南特色主食、香油加工 7 个现代粮油加工优势产业链，确保到 2022 年全省粮油产业新增产值 1000 亿元。

（三）激发行业发展新活力。引导粮油企业与科研院校建立良好、稳定的合作关系，促进科技与产业的深度融合，推动科技成果转化为高质量发展的现实生产力。全省现拥有稻谷及副产物深加工国家工程实验室、国家局工程技术研究中心和省级以上重点实验室等重要研发平台，187 家粮油企业建立了企业研发中心，11 家企业建立了博士后工作站，40 多家粮油企业被认定为省级高新技术企业。一批粮油企业致力打造具有国际水准的创新发展平台，行业发展后劲不断增强。

五、抓推介营销

（一）加大"湖南粮油"的形象宣传。组织拍摄"湖南粮油"形象宣传片，向全社会公开征集湖南粮油商标和宣传词，采取多种形式广泛传播"稻作文化发祥地，伟人故里一品粮"这一"湖南粮油"宣传词，在中央和地方等媒体投放以"锦绣潇湘一品粮"为主题的"湖南粮油"广告，在机场、高铁、地铁等人流量较大的场所投放"湖南粮油"平面宣传广告，扩大"湖南粮油"影响力，增强国人对湖南优质粮油产品的信任度，推动湘米、湘油的外销。

（二）加强"湖南粮油"的产销对接。加强省际联系，推动粮油产品外销；利用各种展销平台，大力推介湖南优质粮油产品；在省内外组织多场次粮油产品展示展销和产销衔接活动，力推湖南粮油产品，力促湘品出湘，引导和支持企业紧盯市场、积极营销。通过这些举措，湖南省粮油产品销售初步实现从销原粮向销产品、从销普通产品向销优质产品、从省内储备粮食向引导销区到湖南省异地储备粮食、从线下销售向线下线上有机结合销售四方面的根本性转变。

六、抓产后服务

为解决市场化收购条件下农民收粮、储粮、卖粮、清理、烘干等一系列难题，提高粮食流通的专业化水平，促进农业发展方式转变，全省粮食行业计划通过 3 年时间，利用市场化手段，在全省 63 个产粮大县建设 400 个方便农民、布局合理、节粮减损、设备先进、规范服务的粮食产后服务中心，把品质保障建立在粮食收获后的第一环节。

七、抓质量监管

按照"1+14+45"的架构，在全省推动建设省、市、县三级粮油质量安全检验监测体系，实现"机构成网络、监测全覆盖、监管无盲区、安全有保障"目标，严格粮油质量安全监管，打造具有湖湘特色的绿色、营养、安全、可口的优质粮油产品体系。

通过实施"优质粮油工程"力促高质量发展，调动了县市区抓粮油结构调整、促产业转型升级的积极性，推动全省粮油产业从增产导向转向提质增效导向，各地依靠龙头企业的带动，从种植、收储、加工、销售全产业链打造绿色粮油品牌，探索订单生产、发展生态高效农业的新路子，全面展示湖南粮油新形象，着力提升粮油品质，促进农民增收和企业增效，有力地推动粮食收储从"政策市"向"市场市"转变，为构建更高层次、更高质量、更有效率、更可持续的粮食安全保障体系提供坚实的产业基础。2018 年全省粮油产业实现加工业总产值 1450 亿元，较上一年度增长 6.5%。2018 年全省粮油订单生产面积突破 2000 万亩，进入市场流通的粮油数量大大增加，全省粮油供求市场平稳，种植优质粮油的农民收益得到有效保障。截至目前，全省粮食行业粮油类国家级农业产业化龙头企业达到 18 家、省级龙头企业 141 家，较上一年度分别增加 3 家和 25 家，全省 14 家企业跻身全国米面油食品 50 强企业，粮油类上市公司已达 10 家。

产业联盟聚力　打造广西香米品牌

广西壮族自治区粮食和物资储备局

近年来，广西壮族自治区立足广西的区情及粮食资源优势，主动作为、多措并举，加大力度推动"广西香米"区域公用品牌建设，扎实推进"优质粮食工程"，取得了明显成效。

一、强化政策扶持引领，加快粮食产业结构转型升级

自治区党委、政府高度重视粮食安全及粮食产业发展工作。2018年4月出台大力发展粮食产业经济的实施意见，进一步明确了自治区各有关部门在推进农业供给侧结构性改革、发展粮食产业经济、保障自治区粮食安全的职责及任务。

第二次全国现场经验交流会后，自治区粮食和物资储备局进一步加大"广西香米"产业发展力度，继续深入推进粮食产业供给侧结构性改革。**一是制定"广西香米"发展实施方案**。力争通过3年的品牌创建，带动自治区优质香稻种植面积和产量，从目前的150万亩、50万吨，至2020年扩大到300万亩、120万吨，引导和带动农民调整优化粮食种植结构，增加农民收入，把"广西香米"打造成为享誉全国的知名品牌，带动一批粮食产业化龙头企业发展壮大，加快推进自治区粮食产业发展。**二是实施优质优价直补政策**。2018年自治区储备粮订单粮食计划收购总量为80万

吨，其中调整增加优质稻收购数量42万吨。收购价格为普通籼稻2.48~2.96元/千克，优质稻收购价格普遍比普通籼稻高1~1.4元/千克。粮食直接补贴标准为普通稻谷补贴0.20元/千克，优质稻谷补贴由原定的0.24元/千克调整为0.38元/千克。通过增加优质稻收购计划和补贴标准差异化的政策引导，结合"广西香米"品牌推广，调动了农民种粮的积极性，扩大广西优质稻种植面积，"百香""丝香"等"广西香米"优质稻品种种植面积增加到500万亩左右，有效促进"广西香米"购销两旺。**三是大力实行广西优质稻品种推广**。2019年利用财政下拨的1650万元设立优质稻品种推广专项资金，采购优质稻种共53.25万公斤，通过向全区部分稻谷生产者免费发放稻种实物的方式，以点带面，推广优质品种种植。结合农业部门的广西十大好稻米评比情况，选取受种粮农户欢迎的广粮香2号、粮发香丝、油占8号、野香优莉丝、丰富占1号等品种，主要向专业粮食种植基地、重点专业种粮户配送稻种，通过专业户的种植，以点带面来辐射影响周边农民参与优质稻种植，调整优化粮食种植结构，增加绿色优质稻谷供给，确保自治区优质稻储备，并为"广西香米"产

广西香米种植基地

业发展奠定坚实的粮源基础。

二、发挥行业优势，促进"广西香米"品牌提质增效

自治区启动实施"广西香米"区域公用品牌创建行动以来，通过政策引导、标准引领、龙头带动等措施，不断总结经验，加快品牌发展。

（一）建立产业联盟长效机制，强化质量标准执行。 组建区内 22 家优质粮食企业成立广西香米产业联盟，规定每年至少召开 2 次联盟大会，主要商议"广西香米"公共区域品牌建设相关事宜；严格贯彻执行 2018 年 1 月开始实行的《"广西好粮油 广西香米"团体标准》，并于 2018 年年底完成《广西好粮油 大米生产加工规范》编制；同时着手建立"广西香米"追溯系统，通过质量标准的管控，力求实现"从田间到餐桌"的全程质量监管。

（二）利用企业影响力，不断扩大"广西香米"优质稻品种种植。一是 广西巴马丰硒农业开发有限公司在巴马县建立 300 亩稻谷种植示范基地，充分利用巴马当地土壤富含硒等矿物质的特点，通过辐射周边近万亩田地，带动富硒稻米的种植和推广。**二是** 广西新发展米业有限公司计划在宾阳古辣镇开发 1000 亩紧密型优质稻种植基地，在推广"广西香米"优质粮食种植的同时，也进行优质稻新品种研发。**三是** 广西粮食发展有限公司与广西农业科学院水稻研究所等科研单位开展科企合作，采购优质稻种子。选育粮发香丝、广粮香 2 号、昌两优丝苗、广粮香 8 号、广粮香占参加区种子管理局的品种审定。**四是** 全州县以年产量 15 万吨米粉的圣鑫食品有限公司为龙头，从城西工业园区划拨出价值 2 亿元 300 亩土地用于全州县粮食物流（产业）园建设项目；以年产 5 万吨米粉的桂林全州米兰香食品有限公司为龙头，在才湾镇建立米粉加工产业园，把才湾镇打造成米粉特色小镇。

三、多渠道宣传推广，推动"广西香米"品牌影响力再上新台阶

为进一步扩大"广西香米"的影响力，提升品牌质量，自治区积极

构建各种宣传展示平台，加大宣传力度。**一是**加强与自治区有关部门的沟通协调，加快推进"广西香米"图形商标注册申请的复审工作。**二是**联合交通运输企业，利用京广高铁列车、公交公司运营线路车体做广告宣传。**三是**积极参加各地"广西香米"展示推介工作。2019 年 9 月在南宁举行中国—东盟博览会，进一步巩固提高了"广西香米"的影响力，为"广西香米"拓展国内外市场打开了贸易之窗。**四是**广西香米产业联盟在上津粮油市场建设"广西香米"旗舰店，主要销售广西香米产业联盟企业的系列优质产品；同时对接南宁几大超市，在超市内设立"广西香米"专卖店，宣传推广公司品牌香米，不断拓展市场服务，树立"广西香米""好山、好水、好香米"的整体形象，提高"广西香米"知名度和美誉度。

广西香米在广州推介会上受到专家、客商的欢迎和肯定

实施优质粮食工程　建设特色园区
大力发展粮食产业经济

重庆市粮食局

　　自2017年国家大力推进粮食产业经济发展以来，重庆市抓住机遇，立足自身优势，以实施"优质粮食工程"为契机，以项目、平台、品牌为重点，强基础、补短板、搭平台、谋实效，促进一二三产业融合发展，粮食产业经济发展迈上新台阶。

一、出台政策，抓好顶层设计和政策保障

　　全市上下积极行动，认真贯彻落实国办发〔2017〕78号文件精神，市政府及时出台发展粮食产业经济的实施意见，各区县因地制宜主动制定实施方案，为粮食产业经济发展提供政策保障。**一是**加大政策支撑扶持力度。制定支持粮食产业经济发展的财政税收、土地资源、金融信贷、科技创新、用电用气等积极政策，有效破解政策障碍。**二是**充分鼓励利用现有各类资金渠道，大力实施"优质粮食工程"建设，支持粮食仓储物流设施、国家现代粮食产业发展示范园区（基地）建设和粮食产业转型升级。

二、实施重点项目，发挥粮食产业经济示范带动作用

　　秉承"以安全保优质，以优质促发展"的理念，认真组织实施"优质粮食工程"，将示范项目打造成发展壮大粮食产业经济的引擎、提升粮

食安全保障能力的重器。2017 年实施项目 45 个全部完成。2018 年 65 个项目，总投资逾 6 亿元，已全部启动。**一是强化组织领导**。市政府分管副市长多次率队赴垫江、江津等项目区县实地指导督查项目实施进度。忠县、永川等区县召开政府常务会议，专题研究项目落地情况。**二是加强顶层设计**。通过市粮食局、市财政局等市级部门会商并报市政府同意，确立"产收储加销"全产业链兼顾发展路线，以"看得见、摸得着、见效快、能验收"的思路，实现"树亮点、补短板、夯基础、强产业"的目标原则，搞好顶层设计，把好项目源头关，有效确保项目质量。**三是狠抓项目落实**。在国家计划下达后，市粮食局、市财政局立即对原申报方案的项目进行优化，多次召开专家评审会，对申报项目进行严格筛选和研究，有效促进示范项目全部落地。**四是加强督查跟踪**。市粮食局、市财政局等相关部门的负责同志，深入项目实施区县和企业进行督查指导，对重点、难点问题主动与所在区县政府交换意见，协调解决，督促落实问题整改，确保项目建设达到预期效果。**五是加强统筹协调**。多方沟通协调，充分调动各区县政府、项目实施单位的积极性，确保项目资金区县财政配套、企业自筹部分落实到位。

重庆高鹏生态农业有限公司优质杂交水稻品种介绍

随着生活水平的日益提高，人们对天然健康食品的需求也日渐增多，对食品的品质和保健功能的要求愈来愈高，特别对一日三餐主食之一的稻米，若既能解决温饱、享受其美味，又能达到预防和辅助治疗疾病、提高免疫力、延缓衰老之目的的话，这将为人类带来福音。本公司经过长期研发、积累、合作、引进和筛选，已培育出几大系列各具特色、稳定的特色功能稻和优质稻。

重庆高鹏生态农业有限公司目前生产的系列特色水稻主要有：保健功能稻——黑稻、紫晶稻、红香稻、血糯稻、软香粥稻和优质杂交水稻瑞士9号。

黑　稻

具有极高的的保健性质，黑米享誉世界，早有"世界米中之王"美称。种植历史已有3000多年，自西汉武帝开始直至清朝末年，一直被作为贡品限量种植进贡上贡，只有皇帝和皇室贵族们才能享用。公司生产的"黑富硒稻"，花青素含量超过普通黑米一倍，籽粒饱满度好，籽粒全黑，"火烧米米"较少，商品性佳。

软香粥稻

特色黑香水稻，稻米具有浓香味，是煮粥和配方用的上佳品种，一旦开发需要专用水稻品种，二是普通大米加入5—10%的该稻米，食用口感大大提高而身价倍增。

紫晶稻

紫晶稻黑稻保健功能稻，稻米具有滋阴补肾、健脾暖胃、补气益气、增智补脑、增强人体新陈代谢、明目清血、治少年白发、孕、产妇补虚养身之功效，对贫血、高血压、神经衰弱等疾病均有良好的辅助疗效。稻米全紫色，商品性佳。

红香稻

稻米具有补虚益精、滋阴补肾多种药用功效。红米有清除活性氧自由基、延缓衰老，降血脂、降缺氧、抗癌劳和镇静作用，并具有抑制动脉硬化和退血等功能。粒色淡红，腹脂色。

血糯稻

本公司与国内青种专家合作，利用黑米品种与优质糯稻杂交后经多年选育而成的一个具有补血功能的特色珍稀糯稻品种。其所含的硒、锰、锌、铜、铁等无机盐比普通品种高1—3倍 且人体容易吸收 更含有普通大米没有的维C、叶黄素、花青素 砌矿下蛋及维C试带特殊成分 用该品种熬制的黑米粥或制作的营养产品 清香油润。软糯适口 营养丰富 具有养肝 养脑 泽胃等功效 尤其适用于营养不良 缺铁性贫血、血小板减少症 身体虚弱者食用儿童 年老体弱及女性食用效果尤佳 健康的人经常食用也具有很好的滋补作用，该品种稻米外表墨黑

瑞士9号

优质杂交稻

该组合属中籼迟熟优质水稻，400米以上全生育期147—162天，平均150.5天，株高平均108厘米，桃型紧凑，分蘖力中等，亩有效穗数14.9万穗，穗平着粒数228粒，结实率88.0%，千粒重28克。米质主要指标：糙米率78.6%，整精米55.2%，长宽比3.3，垩白粒率9%，垩白度1.2%，胶稠度71mm，直链淀粉含量16.7%。米原符合GB/T 17891—1999《优质稻谷》标准中优质2级稻谷的规定要求。

重庆高鹏生态农业有限公司系列特色产品

三、建设特色园区，发挥内陆物流通道助推粮食产业经济发展新优势

主动融入"一带一路"建设和"长江经济带"发展战略，依托150万吨粮库建设，优化粮食物流节点布局，建成2个一级粮食物流节点、5个二级节点，构建内陆型的粮食陆路物流通道，开放型的粮食长江黄金水道，充分发挥寸滩港国家进口粮食指定口岸作用。**一是科学谋划粮油产业园区**。巩固江津德感粮油加工园区、涪陵蔺市临江粮油加工园区、重庆西部（白市驿）粮食物流园区、粮油仓储港口物流园区的粮油加工企业同粮油仓储物流企业联盟，建设战略合作伙伴关系，最终形成以粮食加工企业为核心节点的粮油供应链，实现粮油及其加工品的供应链条管理。**二是做强江津德感粮油加工园区**。中粮集团有限公司、益海嘉里集团、重庆市储备粮管理有限公司、山东鲁花集团有限公司、重庆红蜻蜓油脂有限责任公司、广州双桥股份有限公司、中国储备粮管理集团有限公司、福达坊粮油集团（湖北）有限公司等粮油企业纷纷入驻江津德感工业园区，以循环经济为引领，积极调整产业结构，逐渐形成产业集群规模化优势。**三是完善涪陵蔺市临江粮油加工园区**。重庆新涪食品有限公司、中国储备粮管理集团有限公司、道道全粮油股份有限公司、金健米业股份有限公司等先后落户涪陵蔺市临江粮油加工园区，摒弃高消耗、低效率、重污染的粗放经营方式，实现精细化管理、科学化生产、可持续发展的良性循环。**四是加速重庆西部粮食物流园区的提档升级**。以延伸产业链条、提高产品附加值为主导，重点支持重庆人和粮食产业集团有限责任公司、重庆龙泉食品有限公司、重庆可可香粮油有限公司、重庆隆平人和健康产业股份有限公司等企业提升面粉、鲜湿面条、挂面、大米、杂粮等生产线产能质量。

四、实施创新驱动，打造重庆粮食产业经济增长点

推动一二三产业融合发展，开展"互联网＋粮食"行动，发展粮食产业经济新型业态，加快线上线下有效整合，促进粮食产业提档升级。一是强基

础添动力。重点支持万州、长寿、梁平等新建粮库和民营企业精准配套，建设节能高效、自动控制、低碳环保、谷物搭配的大米加工生产线。重庆红蜻蜓油脂有限责任公司与江南大学共建西南菜籽油营养与健康联合研究中心，深入推进产学研一体化建设。**二是创新业态发展**。鼓励企业积极发展"互联网＋"，重庆健康产业将"互联网＋"和实体商超渠道结合，建设线上"有机商城"销售平台，拓展新世纪、重客隆等商超渠道，效果显著。江津区通过建设线上销售平台和线下实体专卖店，提升粮油销售能力。

五、加强品牌培育，引领粮食产业经济提档升级

积极培育"重庆制造"粮油品牌，着力增品种、提品质、创品牌，培树产业新亮点。**一是建优质粮油基地**。重点扶持江津和龙潭富硒水稻、綦江有机稻、南川和涪陵及万盛等的生态稻等优质绿色品种发展，为大米产业发展提供更好更优的原料。重粮健康产业股份有限公司大力发展核心示范基地，先后在重庆本地、东北以及柬埔寨等地建立优质粮油示范基地4个，总面积1万亩。重庆红蜻蜓油脂有限责任公司在重庆潼南区建设近万亩生态油菜籽种植基地，发展订单油菜籽30万亩。**二是实施**

红蜻蜓公司的国家级油菜籽生态原产地保护示范区

品牌建设。通过举办"重庆好粮油"评选活动等方式，支持桃片、腐乳、米花糖、豆豉等传统特色粮油产品做大做强。江津区的"福音""硒客莱""石蟆硒"等本土粮油品牌市场影响力不断提升。重庆红蜻蜓油脂有限责任公司举办以"破壁爆香，味在家乡"为主题的菜籽油新品发布会，建立食用油质量追溯系统，创建"一瓶一码"识别方式，提高追溯精准度和企业信誉度，提升品牌认知度和影响力，打造优质粮油区域公共品牌。

实施"天府菜油"行动
培育四川粮食产业经济发展新动能

四川省粮食和物资储备局

四川省是全国油菜籽生产和消费大省，常年种植面积 1800 万亩，油菜籽产量 290 万吨左右、菜油消费 100 万吨以上，产销量均居全国第一。四川省深入贯彻习近平总书记关于"擦亮四川农业大省金字招牌"的重要指示精神，全面落实省委、省政府"加快发展川粮（油）优势特色产业"的决策部署，结合"中国好粮油"行动，以打造"天府菜油"公共品牌为抓手，大力实施"天府菜油"行动，积极培育四川粮食产业经济发展新动能。

一、坚持"五优联动"，精心谋划"天府菜油"行动

充分发挥流通对生产和消费的引导作用，推动品牌建设，增加绿色优质菜油产品供给，构建具有四川特色的优势产业。**一是突出全链条导向**。从油菜产业"产购储加销"五个环节入手，通过创设"天府菜油"公共品牌，发展优质绿色生产基地，实施"订单收购"低温储存，培育菜油龙头企业，拓展优质菜油销售渠道，进而推进油菜产业全链式发展，促进"天府菜油"向千亿产业迈进。**二是突出目标导向**。明确设定了力求实现的"5 个 10 目标"，即打造 10 个"天府菜油"核心产品、培育 10 个销售收入 10 亿元的骨干油脂企业、建设 10 个 10 万亩优质基地、新增

四川省优质油菜种植基地

订单收购 10 万吨、到 2020 年菜油优质品率提高 10 个百分点。

二、强化部门互动，精诚凝聚"天府菜油"合力

四川省委、省政府高度重视，省政府尹力省长、王宁常务副省长多次就"天府菜油"行动作出重要指示批示，要求统筹规划、协力推动。**一是健全领导机制。**建立了以省粮食和物资储备局、财政厅为召集人，农业农村厅等 8 个部门为成员单位的联席会议制度，初步构建了工作协调、财税扶持和统计指标体系。**二是强化协同联动。**先后在首届中国粮食交易大会、第十七届西部国际博览会上设立"天府菜油"展馆，受到了国家局张务锋局长和省委、省政府领导充分肯定，以及社会各界广泛好评。两次展览共接待游客约 50 万人次，成交菜籽油 42 万吨，协议成交额达 39 亿元。省财政厅联动跟进，已落实"天府菜油"行动专项资金 2 亿元、示范县资金 3.7 亿元。省农业农村厅协作补链，2019 年安排落实优质油菜籽种植 1650 万亩，建设高标准基地 30 个。

三、严控团体标准，精准凸显"天府菜油"品质

坚持质量标准就是产品核心竞争力的理念，以团体标准制定和质量

动态监管为重点，引导"天府菜油"生产者规范种植、加工者标准生产、消费者提档升级。**一是科学制定标准体系**。邀请国家局标准质量中心、中国粮油学会全国油脂标准专家，借智借力，逐步构建原料、油品、副产物 3 个产品标准和种植、储存、加工、质控 4 个技术规范的"3+4""天府菜油"标准体系，形成从"田间到餐桌"的"全产业链"质量标准。**二是加强质量动态监管**。充分发挥省粮油中心监测站作用，推广应用先进质量安全管理技术和方法，逐步建立可溯源定位监测和标准大数据库，保障产品优质性、稳定性和独特性。同时，督导省粮食行业协会加强行业自律，规范品牌授权、诚信经营，引导品牌企业实施全过程、全流程、全方位质量管控。

四、突出科技兴粮，精心组建"天府菜油"联盟

坚持把创新作为"第一动力"，健全完善优质菜油"绿色生产"体系，高标准打造产业创新联盟。**一是聚焦提升创新能力**。15 家骨干油脂收储加工企业、3 家终端销售企业和 2 家科研院所组建联盟，搭建形成了 5 个产学研合作平台，构建起市场需求与产品研发、生产加工与消费流通等环节的"纽带桥梁"，塑造"科技兴粮"产学研合作新机制，提升了产

"天府菜油"行动启动暨产业创新联盟成立大会

业创新力和市场竞争力。**二是聚焦发挥引领作用**。联盟作为"天府菜油"行动的"先行者"和"主力军"，推动产业链、创新链、人才链、价值链和生态链"全链发展"融合，示范引领四川油菜产业区域化布局、规模化种植、标准化生产、现代化销售和数字化管理，逐步成为带动种植农户增收、油菜产业发展的重要载体。

五、注重点面带动，精细夯实"天府菜油"基础

积极融入省委"一干多支、五区协同"战略部署，坚持典型示范、以点带面，夯实基础、全域发展。**一是打造融合发展示范基地**。由省级部门指导、县区政府规划、龙头企业主建，拟在成都平原、川东北以及川西北地区遴选政府支持力度大、工作基础好、条件适宜性强的县区，围绕建设优质原料基地、完善收储加工体系、建立质量溯源体系、推进产业融合发展等重点任务，建设油菜产业"全链"发展融合示范基地。**二是推动产油大县夯基垒台**。确定了崇州、邛崃、安州等 34 个产油大县（市），实施"中国好粮油"和"天府菜油"行动，整合优势资源，重点做好"菜、花、蜜、油、粕"五篇文章，不断提升四川油菜产业核心竞争力，培育粮食产业经济发展新动能、助推乡村产业振兴。**三是全面畅通受众接纳渠道**。积极通过全国性权威媒体以及新媒体进行宣传，充分发挥电视、机场广告的覆盖面广、传播力强的宣传优势，拓展营销覆盖面和受众面，提升影响力和竞争力。通过公开招投标，优选了央视晚间新闻联播、东方时空、新闻 30 分播前黄金时间点，北京首都国际机场、成都双流国际机场的电子屏幕、登机走廊、值机平台等进行大力宣传，让"天府菜油"实实在在地走进百姓生活，提升消费者的生活品质。

统筹规划　蓄势发力
推动特种优势粮食产业优质高效发展

贵州省粮食和物资储备局

贵州省粮食和物资储备局以习近平新时代中国特色社会主义思想为指导，认真贯彻习近平总书记对粮食工作的重要指示精神，深入落实全国加快推进粮食产业经济发展现场经验交流会会议精神，准确把握新时代粮食工作走向，精准定位，统筹规划，蓄势发力，狠抓特种优势粮食产业发展，2018年实现粮油工业总产值1124亿元，正式迈入"千亿省"行列，为助力脱贫攻坚、推动全省经济社会发展贡献了力量。

一、用好政府推动和龙头带动两种手段

一是加强顶层设计。推动出台《贵州省人民政府办公厅关于加快推进农业供给侧结构性改革大力发展粮食产业经济的实施意见》（黔府办函〔2018〕40号），明确了指导思想、目标任务、工作路径和保障措施，为今后一段时间贵州特种优势粮食产业发展提供了蓝本。**二是召开部署会议**。组织召开全省特种优势粮食产业发展暨产业招商大会，对加快全省特种优势粮食产业发展各项工作进行了全面安排部署，授予兴仁县"全省特种优势粮食产业高质量发展示范县"称号，同期举行了产业招商推介会及招商签约仪式，签约金额5.35亿元。**三是争取财政支持**。加大与财政部门的协调力度，争取拓展涉粮扶持资金范畴，整合粮食流通专项

资金、农业生产发展资金以及相关产业基金，由过去单一的粮食部门扶持变为多部门扶持，同时充分发挥财政资金引导功能，积极引导金融资本、社会资本对粮食产业的投入。**四是实施以奖代补。**对获得"贵州好粮油"产品及部分国有粮油购销企业加工技改给予资金补助；建立优秀企业家激励机制，开展"贵州省十大杰出（优秀）青年企业家评选"，培养出周建华、金德国等在全省具有较高知名度和影响力的优秀企业家，为全省企业家成长树立了标杆。**五是推进企业改革发展。**实施龙头企业培优工程、国企改革工程"两大工程"，制定系列加快企业转型升级的政策措施，出台《贵州省粮食局关于加快粮食企业改革发展的实施意见》《贵州省粮食局关于进一步深化国有粮食企业改革的实施意见》等文件，支持贵阳市对国有资产进行战略重组，以资本为纽带，整合原 5 家国有企业，组建新的贵阳市粮食发展（集团）有限公司，对储备、资产、贸易、产业发展及物流等分板块进行公司化运营，为企业改革发展提供了路径参考；同时，支持组建贵州黄果树油脂集团、贵州泛亚实业（集团）有限公司等民营龙头企业集团，全面提升各地产业集中度，实现抱团发展。通过努力，2018 年全省产值上亿的企业已达 38 家，产值 1085 亿元，成为全省粮食经济发展的核心力量。

二、突出脱贫攻坚和优质发展两大主题

一是实施特种优势粮油订单种植工程。2018 年全省实施特种优势粮油订单种植 720 万亩，为种粮农户创造收益 93.6 亿元，惠及 115 万农户，其中贫困户近 30 万户，户均收入 3100 元以上。兴仁市 2018 年薏仁米种植面积达到 35 万亩，年加工能力达到 35 万吨，均为全国第一，从事薏仁米种植、加工、销售的人员已达 20 万人，薏仁米产业已成为该市最大的农业产业和最大的扶贫产业；仁怀县、金沙县酿酒高粱产业带动农民户均增收万元以上，成为国酒茅台上游产业链中最重要的一环；湄潭县竹香米业有限责任公司发展有机稻基地 8000 余亩，签约农户 1450 余户（其中贫困户 230 余户），带动当地种植户增收达 600 多万元，在 2018 年全

省脱贫攻坚"七一"表彰大会上，该公司党支部获"贵州省脱贫攻坚先进基层党组织"表彰。**二是培育核心优势产业**。根据各地种植优势，因地制宜培育优质米、薏仁米、香禾糯和山茶油等核心产业，按一地一品标准，建立湄潭县和凤冈县有机米基地、惠水县特色米基地、兴仁市薏仁米基地、榕江县香禾糯基地、黎平县山茶油基地等产粮基地。推动基地粮企向上游与新型农业经营主体开展产销对接和协作，切实惠农富农，向下游延伸建设物流营销和服务网络，实现三产融合，通过努力，各地粮食产业对脱贫攻坚的贡献力持续增强，湄潭县、兴仁市、惠水县等地粮食产业已成为区域重要的经济增长点。**三是加快产业集聚发展**。推进西南粮食城等10大粮食产业物流园区建设，西南粮食城自2014年12月启动建设以来，目前已完成12万吨中储粮库、20万吨省储粮库仓房及办公楼建设，完成贵阳市储10万吨粮库主体工程建设，启动贵阳国家粮食交易中心建设，此外，遵义、毕节等地的粮食物流园区建设也在稳步推进。

贵州省建设中的西南粮食城

三、利用黔粮出山和"贵州好粮油"两个平台

一是组团参加首届中国粮油交易大会。组织53家粮食企业参加了由

国家粮食和物资储备局在黑龙江哈尔滨举办的首届中国粮油交易大会。展会期间，举办了兴仁县政府专场招商推介会，贵州兴仁聚丰薏苡股份有限公司与安徽凤宝粮油食品（集团）有限公司签订合作协议。三天展期共接待贸易咨询3120人次，达成意向性协议33个，粮食成交总量1.2万吨，成交金额7132万元，打响了"山地公园省，贵州好粮油"品牌，成功吸引了国内外客商对贵州省特种优势粮食产业项目的关注。**二是深入实施"贵州好粮油"行动。**充分发挥市场对生产的促进和引导作用，建立"从田间到餐桌"的全产业链培育和考评机制，突出种植好、品牌好、质量好、营销好、管理好、效益好"六好要素"，成功向全社会推出两批共计59个"贵州好粮油"产品，推动品质、品牌"双升级"，引起极大的社会反响。**三是举办贵州省第五届粮油精品展示交易会。**与黔西南州人民政府、兴义市人民政府在兴义市联合举办第五届粮油精品展示交易会，集中展示全省"中国好粮油"及"贵州好粮油"产品，共计接待观众2万人次，达成意向性协议120个，签订正式合约40个，总成交额2.56亿元，通过多年办展，该展会已成为西南地区重要的农特产品展会之一，

贵州省第五届粮油精品展示交易会开幕式

为西部省区粮油企业贸易交流搭建了良好平台。

四、抓好科技创新与人才培养两个关键

一是力促主食产业化。与面制食品国家地方联合工程研究中心签订战略合作协议，共同推进贵州省主食产业化及杂粮资源的研究利用。**二是加快特色粮油产品研发。**支持贵州省食品工程职业学院与兴仁市人民政府联合建立"兴仁市薏米研发中心"，加大对薏仁米的开发利用，并将以此为基础，整合有关科研力量，组建"贵州省特色粮油产品研发中心"，深度挖掘贵州省特色粮油资源，推进资源优势向经济优势转化。**三是发展新业态。**支持全省300多家涉粮企业发展电子商务，在淘宝、京东等电商平台开设网店，2018年仅湄潭"茅贡"大米、"名镇竹香"大米和兴仁薏仁米网上销售额就超过1亿元。**四是发展粮食职业教育。**支持贵州食品工程职业技术学院引进高层次人才，提升办学规格档次，开办食品生物与技术、绿色食品生产与检验、粮油储藏与检测技术等特色专业，与知名企业合办"订单班"，在龙头企业建立实训基地，推动"产教融合"，2018年毕业生就业率97.34%，其中对口就业率达88.62%，为粮食行业发展夯实了人才基础。

积极打造高原特色粮油品牌
努力促进粮食产业经济发展

云南省粮食和物资储备局

　　云南省粮食和物资储备局认真贯彻落实国家粮食安全战略，紧紧围绕国家粮食和物资储备局决策部署，以全国加快推进粮食产业经济发展第二次现场经验交流会精神为指导，积极打造高原特色绿色粮食品牌，推动实施"五优联动"，推动增品种、提品质、创品牌，促进粮食产业经济发展，云南粮食产业经济呈现转型升级发展的良好态势。

一、规划引领，出台相关政策措施

　　认真贯彻落实国家粮食安全新战略，坚持以战略眼光审视粮食、以产业模式发展粮食、以市场理念经营粮食、以法治手段管控粮食，围绕省委、省政府提出的全力打造云南世界一流的"三张牌"，特别是打造"绿色食品牌"要求，以规划为引领，以市场需求为导向，以改革创新为动力，积极实施"中国好粮油"云南行动计划，推进"优质粮食工程"建设，着力打造高原特色绿色优质粮油品牌，促进粮食全产业链发展。省政府办公厅出台了《云南省粮食流通行业发展"十三五"规划》（云政办发〔2017〕3号）和《关于加快推进农业供给侧结构性改革大力发展粮食产业经济的实施意见》（云政办发〔2018〕6号），为发展粮食产业经济提供了有力的政策支撑。2019年年初，省政府出台了《云南省粮食全产业链发展规划（2018—2025 年）》，明确到 2020 年全省将建成 10 个绿色粮食基地，按照国家"大粮食""大产业""大市场""大流通"的理念，推动仓储、物流、加工等环节有机衔接，培育全产业链经营模式，分两个阶段提出了云南省粮食全产业链的发展目标。即到 2020 年，粮食种植规模化、产业化能力显著提升，粮食流通效率明显增强；粮食加工业结构进一步优化，粮食产业链各环节有效衔接；企业产业链深入融合，全省建成绿色粮食基地 10 个、全产业链聚集区 5 个，10 亿元以上粮食全产业链企业达到 20 户，50 亿元以上粮食全产业链企业 2 户，100 亿元以上粮食全产业链企业 1 户，粮食全产业链企业主营业务收入达到 1000 亿元；到 2025 年，粮食全产业链企业主营业务收入达到 1500 亿元。

二、积极推进，加快粮食产业园区建设

目前，云南省已有多个建成或在建的大型粮食产业园区，通过将产业链中有协同效应的产业集聚在一起的模式，实现综合性设施共建、产业链上下游有机协同，统一管理，提高效率，降低成本，促进粮食全产业链发展。昆明宜良工业饲料产业园区通过引入新希望集团有限公司、大北农集团、通威集团等知名饲料企业，汇聚了 25 家全国知名饲料企业，投资 18 亿元，拥有 500 多万吨的饲料生产能力。昆明黄龙山粮食产业聚集区，目前已拥有 150 万吨粮食的铁路中转能力，主要包括昆明金马粮食物流有限公司、昆明国家粮食储备有限公司、昆明国家粮食储备中转库、昆明黄龙山（饲料）工贸有限公司等。昆明晋宁粮食产业聚集区通过招商引资引入了中国储备粮管理集团有限公司、益海嘉里（昆明）食品工业有限公司，其中，益海嘉里（昆明）食品工业有限公司已投资 1.82 亿元，建成年处理小麦 40 万吨的现代粮食加工业态，该项目预计总投资 10 余亿元，后续还将建成 10 万吨大米加工和 15 万吨油脂加工及杂粮食品加工生产线。目前，在建的滇中（玉溪）粮食物流产业园区，总占地约 1347 亩，概算投资约 33 亿元，利用玉溪泛亚铁路东线和中线、昆曼国际大通道重要节点和"外粮内引"大通道的区位优势，瞄准南亚东

南亚国际粮食市场，建成"一基地、三中心"，即：云南高原特色粮油食品加工基地、滇中粮食仓储物流中心、滇中农产品冷链物流中心、滇中城市配送中心，形成多产业融合、多业态聚集的现代化粮食物流产业园。位于滇南的红河粮食产业园区，总投资 5.34 亿元，规划用地 500 亩，将建成集收储、加工、大宗粮油产品交易市场、物流、"互联网 +"、综合服务等功能于一体的"一区多园"粮食产业园区。

滇雪粮油的自动化生产线

三、培育骨干，着力打造高原特色绿色优质粮油品牌

认真贯彻落实省委、省政府"产业强省""绿色食品牌"战略，坚持市场主导、政府引导、产业融合、协调发展、创新驱动、提质增效、因地制宜、分类指导的原则，加大招商引资力度，助推高原特色粮油产业，发挥骨干粮食企业的优势，努力打造高原特色粮油品牌，大力发展高原特色粮食产业经济。云南省高度重视粮油食品加工龙头企业的培育，积极引导土地、资本、人才、科技等要素向重点龙头企业集聚，实施农业产业化经营项目和龙头企业带动项目，积极开展订单收购，为新型农业

经营主体和粮农提供专业化产后服务，着力打造高原特色粮油品牌，积极培育红河红米、德宏遮放贡米、文山八宝贡米和玉溪粮食产业园等一批高原特色优势品牌和产业集群，初步形成了以昆明滇中粮实贸易（集团）有限公司、昆明滇雪粮油有限公司、红粮集团、个旧市大红屯粮食购销有限公司、云南八宝贡米业有限责任公司等一批粮油加工龙头企业，其中，昆明滇中粮食贸易（集团）有限公司"彩云之南云香米"入选2017年第一批"中国好粮油"产品，昆明东川稷龙工贸有限公司"钦铜山"等荣获第十四届中国昆明国际农业博览会"优质农产品"荣誉称号。

云南省粮油加工龙头企业展示推介"中国好粮油"产品

四、积极组织实施"优质粮食工程"，推动粮食产业经济发展

2017年12月，云南省粮食局、云南省财政厅联合下发了《关于印发〈云南省"优质粮食工程"实施意见〉的通知》（云粮发〔2017〕93号）。2017年，在尚未取得国家资金支持的情况下，省级财政安排专项资金3625万元，先期启动了全省质检体系中的129个县级粮食质量监测点

部分建设，配备了部分真菌毒素、药剂残留、重金属快速检测设备，力争用两年时间实现粮食质量监测点县级全覆盖。同时，组织全省开展"好粮油"云南行动，遴选了两批共 19 个产品参加"中国好粮油"评选。云南省"优质粮食工程"以保障粮油安全、提升粮油品质、打造优质粮油产品及品牌、促进农民增收为目标。聚焦"保障安全、提升品质、改善营养"，通过标准规范、品牌培育、宣传引导、试点示范，在粮食和食用植物油等方面打造消费者认可的云南高原特色优质粮油产品及品牌，提高云南省优质粮油的市场占有率和覆盖面，建立"优质优价"的粮食流通方式和市场交易机制。按照国家有关要求，2018 年制定了《云南省"优质粮食工程"三年实施意见》，一次性锁定"优质粮食工程"三年总体和分年度的实施目标、实施范围、资金规模、实施进度、预期绩效等。

企业亮点

建设粮食产业强国

建设粮食产业强国
成效与亮点

打造农业综合服务平台
助力国家粮食产业发展

中粮贸易有限公司

民以食为天，粮食问题关系着国家大局稳定和长治久安。中粮贸易有限公司（以下简称中粮贸易）作为中粮集团粮食流通业务的专业化公司，紧紧抓住党的十八大、十九大以来的农业供给侧结构性改革和市场发展机遇，依托国内粮食产业收储、销售、物流等体系优势，投身社会化农业服务体系建设，探索农业产业化经营，打造"粮食银行+"业务链体系，努力服务好"三农"。

一、思路举措

（一）依托粮库，打造有效衔接粮食种植环节和下游加工客户的农业产业化服务平台

围绕粮库推动转型，搭建连接种植者、消费者、政府和合作伙伴的

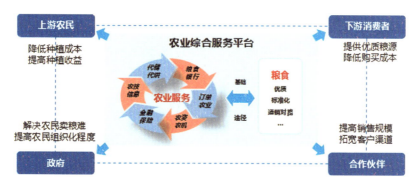

中粮贸易有限公司农业综合服务平台演示图

农业综合服务平台，整合社会资源，形成农业产业化"生态圈"，为种植者提供市场化、企业化、标准化服务，提高种植收益，为消费者提供优质、标准化、适销对路、低成本粮食商品，提升一手粮源掌控能力。

（二）突破传统模式，整合社会资源，构建"粮食银行+"农业服务体系

农业综合服务平台具有农资服务（种子、化肥、农药和农机）、农业金融（种植贷款和农业保险）、农业服务（农业信息和农技服务）、创新收储（订单农业、粮食银行和仓储烘干）四大类十一项业务服务。

一是"粮食银行"。突破传统粮食收售习惯，粮食收割后变农民存粮在家为存粮到库，不增加农民负担，所有权归农民，经营权归中粮，尊重农民存取售粮意愿。农民预先与中粮贸易签署粮食银行协议，粮食收割脱粒后，直接交到中粮贸易挂牌粮食银行库点，获得存粮凭证（存折等形式）。中粮贸易将原粮烘干，整理成按等级划分的标准粮食商品，减少粮食储存损失和收储、搬倒成本，减少霉变，保证质量安全，并提供多次选择市场价格的机会。

二是农资服务。联合社会资源，推行测土配肥服务，引导合理施肥、科学种植，保护生态环境，与云南云天化股份有限公司、中国中化集团有限公司、贵州开磷集团有限责任公司等建立了战略合作关系，统一种子、化肥供应，减少中间经销环节，中粮收粮时将农资利润反哺农户，引导农民合理播种施肥、科学种植、把控成本，满足消费市场对品种、品质的需求，从源头确保食品安全。

三是农机服务。通过购买或租赁凯斯籽粒直收机、脱粒机，整合农机手、运输队、烘干塔等社会资源，建立粮食产后服务体系，减少中间环节，降低粮食损耗，节约物流成本。

四是农业金融。与中粮信托、中粮期货、农担公司等金融机构合作，促进产融结合，帮助农户解决农业生产"融资难、融资贵"难题；与中国人民保险集团股份有限公司等合作，购买种植业附加险等新险种，降低农民种粮风险。

　　五是农业服务。联合农业部门、科研机构、农资生产企业等，为农户提供农业技术、政策、信息等综合服务。

　　（三）以农业综合服务平台为抓手，建立新型农企关系，推动适度规模化经营方式

　　一是建立"公司＋农户"新型农企关系，增加农企合作黏性；**二是**通过订单农业和惠农服务，牵头组织或整合零散农户土地适度集约化经营，引导新型农村经营组织发展；**三是**优化提升传统粮食经纪人功能，变赚取粮食差价利润为赚取农业服务利润，成为农村土地集约化经营的领头人和企业对农服务的组织者。

二、取得成效

　　经过三年探索实践，中粮贸易农业服务经营质量不断优化提升，规模不断增大，订单农业、粮食银行、综合农事服务三大"拳头产品"日渐成熟。到 2018 年，农业产业化合作面积达到 1234 万亩，掌控粮源 240 万吨，建立基地 345 万亩，签署订单 340 万亩，惠及农民 14.86 万户，农民增收 541 万元。

　　（一）订单农业发展迅速

　　有机衔接生产与需求，推动规模化种植、引导优质优价、试点定制化种植，引导农民规模化经营。玉米、小麦经营规模从 2016 年 45 万亩 11 万吨，提升到 2018 年 321 万亩 113 万吨。以黑龙江牡丹江宁安市的农业综合服务平台建设为例，按"一村一社"和"有机构、有人员、有社员、有台账、有签字和指模"要求，激活和新建 34 个合作社，建立"中粮贸易＋中粮资本＋地方政府＋合作社"的对农服务模式，开展玉米订单农业 33.3 万亩，有力推动地方新型经营主体建设。

　　（二）粮食银行效益显现

　　中粮贸易东北粮库全面推进粮食银行业务，并建立数字化粮食银行收储系统，搭建农民粮食销售"出口"、下游用粮的采购"蓄水池"。农民每亩增加收益 40 元，其中降低损耗 10 元、节省费用 20 元、质量提

升 10 元。整体规模和延迟结算量分别从 2016 年 116.5 万吨、1 万吨，提升到 2018 年 183.5 万吨、15.9 万吨。经营模式受到广大农民、政府和涉农媒体高度关注。2017 年 12 月，《今日头条》《中国网》《东北新闻网》、辽宁卫视集中报道中粮贸易辽宁分公司法库"粮食银行"开展情况。2018 年 5 月《人民日报》《中国青年报》、中新社等主流媒体集中报道"粮食银行 +"惠农情况。

中粮农业产业化部员工与农民签署粮食银行协议

（三）综合农事服务能力提升

农资服务： 化肥经营从 2016 年 0.17 万吨，提升到 2018 年的 18.8 万吨，支农惠农能力大大提升。中粮贸易收粮时将农资利润反哺农户，为农民每公顷节省 300~400 元种植成本。**农机服务：** 通过租赁、自购、整合获得农机来进行脱粒、田间直收，提供"采收、短途运输、脱粒、烘干仓储"粮食产后不落地服务。以吉林为例，每公顷降低采收作业成本 350 元。农机服务从 2016 年 25.7 万吨，提升到 2018 年 70 万吨。**增值服务：**

形成"种植贷""粮抵贷""期货＋保险"等多种惠农金融模式。推出"粮圈儿"App，让农户"足不出户晓天下粮价，掌上卖粮享优质农服"，帮助农民及时了解市场行情。

（四）土地种植、托管服务

2018年，中粮贸易在内蒙古采取流转、托管等方式开展土地种植、托管服务，服务面积4万亩，引入全程农事综合服务，取得良好效果。

三、下一步工作设想

中粮贸易初步规划到2021年，东北区域包括精品粮在内的玉米、水稻涉农面积达到1900万亩，订单回收240万吨，农资服务65万吨；华北等区域拓展优质强筋、弱筋小麦订单种植面积200万亩，订单回收60万吨。

中粮贸易正加快落实党的十九大精神和乡村振兴战略，确立了"打造农业综合服务平台、发展新型农业经营主体、加速推进农业产业化、坚决抢占和巩固掌控粮源的先机"的发展方向，将继续扮演好农业产业化资源"整合者、组织者"角色，持续深化和复制农业综合服务平台模式，不断提升"粮食银行＋"规模，大力发展订单农业，重点优化分布于东北三省一区20个农业综合服务平台，新增建设华北、华中区域农业综合服务平台，积极筹划成立中粮贸易农业产业化公司开展专业化经营，不断注入粮库和资产，开展农业新型经营主体建设，努力实现公司整体从贸易商向农业综合服务商的转型发展，为推进农业供给侧结构性改革和保障国家粮食安全贡献力量！

实施"品牌+"战略
培育稻米产业集群发展新动能

松原粮食集团有限公司

松原粮食集团有限公司（以下简称松粮集团）以"查干湖"品牌为旗帜和统领，立足优质农产品资源，注重培育稻米产业集群，整合区域中小企业和合作社，共同走上了产前、产中、产后相互依托、协调发展之路。松粮集团"品牌+"发展模式，被国务院发展研究中心农业专家喻为"传统农区的突围之路"。

一、品牌引领

面对区域内品牌多而杂、杂而小的局面，松粮集团进行了企业及品牌的整合，成立了"查干湖大米产业联盟"，以"查干湖大米"品牌为引领，共举查干湖大米这杆旗、同打查干湖大米这张牌，形成品牌联合体，全力打造"查干湖"这张金字招牌。通过品牌的带动力量和溢价能力，搭建平台经济载体，让更多认同查干湖品牌的加工类企业、商贸类企业聚集于此，创造并分享品牌带来的成果和红利。

经过六年多的不懈努力，松粮集团旗下的"查干湖大米"，已打造出10大系列、100个单品。为给品牌联合体建设提供强有力的动力支撑，充分发挥舆论的先导、催化剂作用，自松粮集团成立以来，采取"走出去"推介，"请进来"洽谈；应邀积极参加国内、国际品牌建设论坛，主动参与各种形式优质农产品博览会、洽谈会；注重多媒体宣传，强化多渠道推广等措施，形成强大的舆论攻势，促使"查干湖大米"的知名度、美誉度、信誉度随着时间的推移，节节攀升，成效显著。"查干湖大米"在东北亚博览会等多个展会上荣获 11 次金奖。2014 年"查干湖大米"被省政府确定为吉林省大米标志品牌。2016 年 1 月，CCTV-2《中国财经报道》栏目全方位报道了松粮集团打造"查干湖"品牌大米和带领农民增收致富的经验。松粮集团旗下"查干湖"品牌价值达 4.55 亿元。

二、资本驱动

松原市域内大多数稻米加工企业为民营企业，大多数企业经历着从无到有、从小到大的发展过程，普遍存在资金短缺和贷款难、贷款贵的问题。针对稻米行业普遍存在的这一窘境，松粮集团以"查干湖"品牌为统领，组建了"查干湖大米产业联盟"（以下简称联盟）。在产业联合体的基础上，松粮集团提出了"1+1+N"金融模式，即"集团＋银行＋联盟企业"的粮食供应链金融服务模式。粮食已经不单纯是粮食，而是金融的载体。粮食通过金融放大体量，金融通过粮食创造效益。这个模式就是要把粮食的金融属性充分挖掘出来，提升粮食的金融价值。三年多来，通过多种渠道，累计为联盟企业解决资金近 10 亿元，有效撬动近 30 亿元当量的原粮周转，切实为联盟企业输入了血液和活力，初步建立了利益联结机制。

三、科技支撑

为了引进和研发出适时、适地的好品种，松粮集团成立了松原粮食集团水稻研究所，并打造试验示范基地。自试验示范基地建立以来，先后引进黑吉辽等 9 省区 20 个水稻科研院所和日本等地 180 个新品种、750 个种子资源，进行实验和繁育，精心打造首个"中国北方粳稻种子硅谷"。目前，已经精选培育出明珠 1 号、松粮 801 等 4 个特优品种进行大面积推广。在品种引进、研发方面，松粮集团走在了同行业前列。

四、绿色发展

为保障产品品质，松粮集团在种植环节、仓储环节、加工环节制定了系列标准规范。在种植环节，坚持"五安"和"六统一模式"，打造出具有"查干湖"血统的系列产品。在仓储方面，松粮集团采用雪冷技术，使原粮保管始终处于低于15℃的准低温状态，达到"绿色储粮""环保储粮"标准，保证了消费者一年四季都能吃到具有"鲜香稻家"特色的"查干湖大米"。在加工环节，每一款大米，都有自己的标准，不达标准绝不出厂。通过标准化管理，科学化经营，查干湖大米的品质不断得到提升。2017年，经农业部"中国绿色食品管理中心"严格检测，一次性认定绿色水稻6万吨、"查干湖大米"绿色A级食品4万吨。

松粮集团标准化仓房

五、基地保障

为了保护好种植区域和珍贵的黑土地，松粮集团首先联手前郭灌区设立了全国第一家水稻种植区域保护区，即"查干湖大米生态群落保护区"（以下简称米保区）。米保区规划面积120万亩，核心区面积50万亩，聘请100多名专兼职技术人员和稻农对保护区进行专门管护。松粮集团的联盟企业分布在米保区，每个加盟企业组建和带领 1~2 个合作社，每个合作社发展社员 300 户以上。松粮集团鼓励合作社适度规模经营，在农机、种肥、收割、收购等方面都有补贴和优先政策。目前，已组建和带动合作社 26 个，成员发展到 8200 户，种植面积达到 25 万亩，产品全部由联盟企业收购，实现了"产加销一体化"的循环体系建设。松粮集团积极建设微农场，以 5000 亩为单位，建设全程监控的生态农场，并以此作为产品二维码的背景输出，为消费者提供可视的依据。现在，江湾农场、二马泡农场、查干湖农场已成为生态示范农场，并向休闲旅游和观光度假方向发展，吸引更多的消费群体。

　　松粮集团实施"品牌 +"战略，上连第一产业，下接服务业，中间做好加工业，是典型的一二三产业相融合的经济体系，通过搭建科研、金融、信息、加工、仓储、销售等一系列平台，使各类资源要素、市场要素得到整合、优化和提升。松粮集团将不断探索、完善和提高，为吉林大米享誉全国、走向世界，做出应有贡献！

实施企业发展新战略
助推农业供给侧结构性改革

黑龙江九三粮油工业集团有限公司

　　黑龙江九三粮油工业集团有限公司（以下简称集团）是北大荒集团的全资子公司，首批国家级农业产业化重点龙头企业，年加工大豆能力1200万吨，年销售收入超过400亿元，进出口贸易额超过60亿美元。"九三"品牌连续10次入围"中国500最具价值品牌"排行榜，品牌价值超过317亿元，荣获"中国十佳粮油品牌特别奖""极具传承价值品牌""最具市场竞争力品牌""中国食用油领袖品牌"。近年来，积极实施企业发展新战略，构建"从田间到餐桌"的全产业链，助推农业供给侧结构性改革。

一、以"双控一服务"为核心，促进粮食生产从增产导向转向提质导向

　　"双控一服务"是指通过前端投入品控制和后端产出品控制，中端加以产前、产中、产后的服务，加强粮食生产功能区、重要农产品生产保护区和特色农产品优势区建设，构建现代粮食生产基地，提高粮食产出质量。

　　（一）**投入品控制**。引进国内一流的生资和种子供应商加入"双控一服务"模式的合作体系中，对生资、种子等投入品进行集中采购，凭借

九三粮油工业集团现代粮食生产基地

集团巨大体量和社会影响力，提高议价能力，可在零售价的基础上优惠10%~20%。同时，经过科学分析，对种植品种和品质进行统一规划，确保标准化生产、绿色化生产、定制式生产全覆盖。

（二）产出品控制。对已签订协议的种粮大户及合作社，按照公开的收购标准，对指定的粮食品种进行收购，收购价格每斤高于市场价格0.05~0.10元，保障种粮大户及合作社权益，解决农户卖粮难问题。建立水稻"三化一管"、大豆"两密一膜"等十大高产栽培模式，在东北地区首推大豆"大垄双行"种植技术，对提升粮食品质起到了示范效应。

（三）服务。充分发挥集团生产环节规模化、机械化、产业化、信息化优势，通过农技、农机、培训、大数据、科学种粮等综合服务，降低农民生产成本，增加农民收入，防范种植风险，锁定农民利益。2015年成立了农业公司，先期采取订单种植、反租倒包、托管种植等方式与合作社、农民形成一种松散型利益联盟，再逐步过渡到以合作社模式、土地参股、划拨并购等方式与农场、农民建立紧密型利益共同体，优势互补，利益捆绑，实现双赢。同时，以全程专业化的服务逐步形成主导产业突出、技术装备先进、产品质量安全有保证、生产与销售有效利益连接的生产服务体系。

二、以"一体两翼"为抓手，引领农民对接市场规避风险

"一体两翼"是指以龙头企业为主体，通过强化"科技创新"和"资本运营"，为粮食产业发展提供强大动力。

（一）以龙头企业为主体。 通过龙头企业与新型农业经营主体开展产销对接和协作，通过定向投入、专项服务、良种培育、订单收购、代储加工等方式，建设粮食基地；建设物流营销和服务网络，实现原料基地化、加工规模化、产品优质化、服务多样化，打造绿色、有机的优质原料供应链。

（二）科技创新为服务左翼。 组成技术服务专家组，根据粮食各生产环节的特点，提供春种、夏管、秋收、冬储等巡回农技服务；凭借下属农业公司的大型机械化优势，提供农机服务；充分利用智能化、移动互联网和云计算技术采集相关的农业大数据为农民提供信息服务；以北大荒通用航空有限公司为依托，提供农业飞机航化作业服务；利用农闲时间，为农民提供科技培训服务，使传统农民向"农业产业工人"转型。

（三）资本运营为服务右翼。 通过"保险+期货"模式，规避粮食市场风险，为农民锁定收益；研究和设计土地入股、直接流转等路径，活化土地资源；通过引进产业资本，形成与供应商、种植大户、金融机构之间的有效利益联结关系，使农民在粮食生产中不仅能依靠种植收获利益，还能取得土地资本收益。与南华期货股份有限公司、阳光保险集团股份有限公司在赵光、襄河农场开展"订单农业+保险+期货（期权）"的试点，与投保农户签订大豆基差采购合同，向农户让利40元/吨的基差，帮助农户实现了增收。

三、以"三库一中心"为保障，构建优质粮油供应体系

"三库一中心"是指在产地建设仓储供应库、在城市建设消费分销库、在大型物流节点建设中心物流库；以北大荒粮食交易市场为母体，建设以现货为主的仓单式交易中心，用分布式仓储和公开透明式交易，创新

农产品流通方式和交易方式，牢牢掌握产品控制权和价格话语权。建立起以市场需求为导向的农产品种植、仓储、运输、加工、销售等产业化体系，形成大市场带动大流通、大流通带动大生产的良性互动格局，进一步形成"市场共建、渠道共用、利益共享"的市场营销网络共同体。

（一）根植东北，打造大豆产地仓储供应库。多年来，集团一直注重仓储服务体系建设，切实解决农民粮食收获后卖粮难、增收难、储存难、降水难等问题，为粮食提质提价发挥了积极作用。集团下属九三分公司、北安分公司和宝泉岭分公司现有仓容共计46.7万吨，均地处黑龙江省非转基因大豆主产区，周边收购区域辐射多个大型国有农场，促进大豆种植户增加收入。北安农垦九三粮食收储有限公司（北安分公司）2018年7月27日获得"黄大豆一号"期货交割仓库资格，进一步提高仓储仓容使用率，提升行业影响力。

（二）进军大湾区，建立城市分销库和中心物流库。在布局东北仓储供应库的基础上，主动进军大湾区这个人口最集中、对绿色产品需求最强烈的地区，筹划建设绿色食品生产配送车间、立体库房等，建设城市消费分销库、中心物流库以及农产品现货交易中心，搭建东北优质粮油食品供应保障平台，促进南北互动，全面打造中华优质粮油供应保障体系。

哈洽会北大荒米业展位

金融创新加持赋能
助力粮食产业高质量发展

上海新湖期货有限公司

上海新湖期货有限公司（以下简称新湖期货）是一家期货全牌照、综合类、行业分类评级为 A 类的期货公司，近年来积极响应国家政策号召，通过专业金融服务帮助农户增收、帮助粮食企业防范风险，走出了服务粮食产业高质量发展的特色之路。

一、理念创新

强化金融服务方式创新，提升金融服务乡村振兴能力和水平，是金融服务"三农"和中国粮食产业的发展方向。新湖期货抓住市场机遇，把服务"三农"以及为粮食企业加强风险管理、提升经营能力、助力高质量发展作为企业经营战略。

新湖期货通过期货场内和场外业务，服务了 500 多家粮食企业。在服务过程中，新湖期货形成了专业的农产品事业部和研究部，培育了"玉米产业链 50 人论坛""油脂产业链 50 人论坛"。在借鉴国际大型粮食机构管理风险及贸易模式的基础上，利用公司全资风险管理子公司全面开展农产品基差交易，利用场内及场外期权推广"含权现货""含权贸易"等创新粮食经营模式，帮助粮食企业扩大粮食经营规模及管理粮食库存风险。

二、模式创新

新湖期货在服务"三农"，帮助农户、粮食生产企业和贸易企业应对价格波动风险、保障收入和日常经营方面进行了积极探索。

2013 年，新湖期货在辽宁省锦州市义县与当地收储企业合作，针对玉米种植合作社及种粮大户进行了玉米价格风险管理模式创新。该模式通过二次点价、两次结算，不仅为农民的粮食销售托底，农民还能分享到未来一段时期可能出现的价格上涨红利，同时还增加了农民的卖粮渠道。在当时粮食收储政策积累诸多问题的市场背景下，"二次点价 + 复制期权"模式是探索粮食收储政策改革的一次有益尝试。

在积极积累"二次点价 + 复制期权"项目经验的基础上，2015 年，新湖期货全资子公司上海新湖瑞丰金融服务有限公司（以下简称新湖瑞丰）将此模式升级，与保险公司合作，打造"农民买价格保险保收益，保险公司购买场外期权对冲风险，期货公司风险管理子公司复制期权覆盖风险"的闭环。新湖瑞丰和中国人民财产保险股份有限公司联合在辽宁省义县探索开展全国首单玉米"保险 + 期货"试点，对"保险 + 期货"模式的可行性进行了首次探索，初步实证了农产品价格风险管理模式在保障农

辽宁省玉米价格"保险 + 期货"创新试点部署会暨签约仪式

民收入上的作用，促进了"保险＋期货"写入中央一号文件，为服务农业经济开辟了新路径。四年来，新湖期货共承做了28个"保险＋期货"项目，涉及玉米、鸡蛋、白糖、天然橡胶、苹果、棉花等品种，涵盖辽宁省、海南省、山西省、上海市、湖北省、重庆市等省市，其中包括国家级和省级贫困县。试点项目累计为参保农户提供了价值约16.5亿元的名义本金风险保障；累计实现对农民的赔付额约4200万元；惠及约11万户农户，得到了当地政府和参保农户的认可，体现了良好的可复制性和延续性。"保险＋期货"不受国际贸易反补贴规则约束，将传统直接补贴的"黄箱"政策转化成农业保险的"绿箱"政策，证实了该模式对于农业补贴的市场化运作成效，同时发挥了保险和期货作为风险管理工具的不同优势。

新湖期货"保险＋期货"试点项目理赔仪式

以上两种创新模式分别获得2014年和2015年上海市金融创新二等奖，并受到了各级部门相关领导的高度评价。中国证券监督管理委员会原副主席姜洋曾说："新湖期货公司利用其子公司探索在粮食收储政策改变的条件下如何促进国家农产品目标价格制度改革实现的途径和方式。他们采取了'二次点价＋复制期权'的方式，在东北农村进行试验，并取得初步成果。"

过去4年，整个期货行业加大扶农惠农业务探索，不断优化"保险＋

期货"服务模式，险种更加丰富，保险费率明显降低，赔付率明显提升，可以说"保险＋期货"模式已成为跨市场金融产品服务"三农"的良好模式。

三、服务体系创新

新湖期货公司适应市场的变化，业务不断转型升级，服务体系也不断创新。新湖期货在向期货经营机构和研究咨询机构转型，从以往市场辅助功能经纪业务代理转变为专业衍生品服务提供商，公司业务范畴包含经纪业务、咨询业务、资管业务、场外业务、期现业务、融资型业务和国际业务，多元化衍生品风险管理服务体系已经形成，使得新湖期货能够为粮食企业提供"一对一"的服务。

（一）**积极开展场内、场外、期货、期权等工具型服务**。通过为粮食企业做财务咨询、风险管理战略咨询、衍生品人才培养、方案设计等工作，粮食企业逐步有能力自主利用衍生品市场提升风险管理能力，创新商业模式，提升粮食经营水平。

（二）**不断扩大参与型服务**。通过直接介入粮食企业现货经营，直接帮助企业规避市场价格风险，与银行共同创新融资产品，创新产业链金融服务。新湖期货与中国银行创新的油脂企业"套保贷"业务，在福建得以推广。

（三）**深入拓展交易型服务**。新湖期货全资风险管理子公司成为粮食流通中的现货贸易型企业，但区别于目前传统粮食贸易商。公司利用基差、场外、互换业务，努力成为粮食流通中的大宗商品交易商，实现粮食的价格、时间、风险、流动性、数量五层面转换。

2019 年是决胜全面建成小康社会的关键之年，防范化解重大金融风险是重要任务，而金融风险的防范离不开期货市场的功能发挥。"保险＋期货"作为一种市场化价格风险管理模式，在市场化价格形成机制的条件下起到了有效保障农户收益的作用，值得大力推广。新湖期货也将继续在为粮食企业提供金融服务上探索创新，承担起金融机构的社会责任，服务实体经济，助力脱贫攻坚。

高水平建设稻米全产业链
推进粮食产业经济发展

江苏省农垦米业集团有限公司

　　江苏省农垦米业集团有限公司（以下简称苏垦米业）是一家集科研、种植、仓储、加工、销售于一体的稻米全产业链发展公司，是农业产业化国家重点龙头企业。2017—2018 年，公司连续被评定为"中国好粮油示范企业"，并成为标准制定单位之一；2018 年，公司获评"中国粮油领军企业""中国百佳粮油企业"；"苏垦大米"荣获第十六届中国国际粮油展"金奖"。

一、以资源整合为平台，全力打造大米全产业链

　　2011 年，江苏农垦集团有限公司对垦区内农业资源进行战略重组，把与稻米相关的科研、育种、种植基地、投入品控制、加工等生产要素整合于一体，从体制上保障了全产业链所必需的各项要素的整合与最优配置，实现了诸多关键环节的有效协同。苏垦米业作为核心的产业化龙头企业整体纳入其中，发挥着中枢作用。苏垦米业**一方面**秉承"好大米是种出来的"理念，利用规模化的集体经营模式，推行"统一品种布局、统一农资供应、统一农艺措施、统一机械作业、统一病虫害防治、统一产品购销"的六统一管理，系统进行土地质量跟踪，大力推广土地有机质的培育，注重土地修复与环境保护，建设高质量的绿色、有机食品生

苏垦米业全产业链经营模式

产基地。目前，建成绿色食品种植基地面积近 100 万亩，有机米认证面积 1500 亩；**另一方面**充分利用自身一流的储存与加工能力、现代物流体系和健全的销售网络，将安全、健康的产品送入终端客户手中。

二、以质量追溯为抓手，建设安全优质标杆企业

多年来，苏垦米业持之以恒开展质量建设和管理活动，全面提升产品质量。2008 年起，经农业部批准，苏垦米业率先在全国大米行业内建设农产品质量追溯体系。目前所有苏垦系列大米实现了从空气、土壤、水源以及种植、收割、收储、加工、销售的全过程可追溯，实现了质量追溯体系全覆盖，追溯面积达 80 万亩，位居全国前列。追溯精度达到以种植基地不同品种生产单元为基本追溯单元，追溯深度为零售商或加工商，消费者可以通过网络、二维码等不同方式查询产品信息。在质量追溯体系建设过程中，公司制定了《苏垦大米质量追溯系统管理手册》，为质量追溯系统建设提供制度保障。

三、坚持创新驱动，着力科学发展

创新是引领发展的第一动力。苏垦米业始终坚持创新，用创新推动

发展。**一是创新商业业态**。主动尝试体验营销、会员营销、定制营销，开发"家有一亩富硒良田"定制产品，强化产品与市场的有效对接，充分满足客户多元化、个性化需求。成立江苏农垦电子商务有限公司，创建"苏垦尚膳"自营电商平台，深度拓展 B2C、B2B 业务，使其成为价值创造平台。密切与阿里巴巴零售通、京东自营、建设银行善融商务、工商银行融 e 购等第三方平台的合作，大力推进网络营销。**二是创新科技研发**。与南京财经大学合作设立研究生工作站，培育技术型高端人才。与江南大学国家工程实验室合作成立农产品精深加工联合研究中心，签订战略合作协议，推进白糠高值化研究及产品开发、儿童系列营养米制品的研发、稻米品质评价技术研究及基础数据库构建。与江苏省农垦农业科学院合作开展新品培育工作，在海南建立南繁基地，对筛选出的符合"中国好粮油"稻谷标准要求的品种进行加代繁育。成立稻米精深加工研究所，研究、试验、开发新品种。与苏州硒谷科技有限公司合作，大力发展功能农业。**三是创新品牌建设**。形成了国家标准、企业标准、客户标准"三位一体"的品牌标准体系，不断提升产品市场竞争力。积极参加国家粮食和物资储备局、农业农村部、江苏省组织的各类展示、展销活动。注

江苏省品牌稻米产业技术创新战略联盟成立暨第一届成员大会

重与《人民日报》《南京日报》《新华日报》等主流媒体合作，坚持利用各种资源进行线上线下的传播，将企业、产品、品牌、文化融为一体进行宣传。

四、彰显农垦国家队形象，突出示范带动作用

江苏农垦大规模参与农村集体土地经营权流转，推广无公害优质水稻标准化生产体系，大力拓展种植基地。目前，已协议流转土地面积累计达 160 多万亩，实际交付土地面积约 23 万亩，有效调动和利用了土地资源，解决了农民就业与农业规模化经营的问题。在收购季节，按照超出国家最低保护价的价格收购种植基地周边乡镇农户的优质稻谷，使农民在家门口就能以高价出售新稻谷。

积极做好产业精准帮扶工作。围绕建立"江苏农垦优质稻米生产基地"，制定优质稻米种植基地发展规划，扩大优质稻米种植基地推广辐射面积。同时，选择产业基础较好的泗洪县龙集镇勒东村重点建设虾稻共生基地，在淮安区钦工镇宋集村重点探索建设"企业＋合作社＋农户"模式的优质稻米产业帮扶基地，并在该村规划建设中小型烘干线，实现配套设施，形成长效帮扶机制，实现产业可持续发展。

坚持市场化手段落实帮扶措施。实行优质优价，并以产品回收合同形式约定，明确溢价部分补助村集体收入。2018 年，共计收购稻谷 4139.13 吨，投入扶贫资金 56.02 万元，高效完成产业帮扶任务。

未来，苏垦米业将充分依托江苏农垦全产业链一体化经营平台，拉长并加粗大米产业链，拓展农产品精深加工，推动稻米产业转型升级，大力促进产业融合，加快推进粮食产业经济发展。

坚持"五优联动" 促进产业链融合发展

安徽省粮食集团

安徽省粮食集团（以下简称集团）是经省政府批准成立的大型国有独资粮食企业，是省级农业产业化龙头企业。集团牢固树立"大粮食""大产业""大市场""大流通"意识，不断向产前、产后延伸产业链条，推动"种植、收储、加工、销售"各环节有机衔接，实现全产业融合发展。2018年年底，集团营业收入18.67亿元，实现利润1.028亿元，荣登"中国百佳粮油企业"榜。

一、加大基地建设，优粮优产掌握优质粮源

集团与全椒县政府签订稻虾共作战略合作协议，投资1.2亿元，通过流转土地2万亩，建设标准化"稻虾共作"基地，采用"稻虾共生"的立体生态技术，种出来的生态稻米完全达到天然无公害标准，稻虾共作成为当地农民种地的"新时尚"，农民脱贫增收的"新法宝"。采取"公司+基地+农户"模式，发展优质水稻订单生产，牵头组织19家种子公司、农机合作社、家庭农场、种植大户和粮食加工企业成立了全椒华丰稻米产业联合体。所属省机械化粮库宣城景丰分库，作为会稽山绍兴酒股份有限公司的优质供应商，充分利用身处优质糯稻生产基地的优势，与普济圩农场和当地种粮大户合作，签订优质糯稻产业订单，订单面积达20

安徽省粮食集团稻虾共作基地

多万亩。

二、引导粮食种植，优粮优购带动农户增收

集团采用三种模式引导种植优质粮油，有效促进农民增收增效。**一是**大面积发展稻虾共生种养结合的模式，促进当地农民种植大量优质粮，公司一般高于同类品种 0.2~0.3 元 / 斤大量收购优质粮，每亩地多增效益 200~300 元，大大提高了农户优质粮种植的积极性。**二是**通过发展产业化联合体，统一供种及生产资料，降低种子及生产资料成本，为农户增效；粮食加工企业与种植户签订优质粮收购订单，收购价格高于市场价格 0.1 元 / 斤，从而使农户每亩增收 100 元。**三是**公司发展的优质糯稻订单，以高于市场价格 0.15 元 / 斤收购，有效增加了种粮农民收益。几年来，实现种植优质高效示范田 60 多万亩，一方面锁定种粮农民优质品种的销售风险，为种植户累计创收千万元以上，有力促进产业扶贫的力度和范围；另一方面为优质稻谷的精深加工提供质量良好、数量充足的原粮来源，增加优质粮市场投放量。

三、完善产后服务，优粮优储确保粮食安全

集团借助自身分布在全省的仓库优势，让优质品种稻谷和加工企业

对接合作，加强仓储管理，打破以往仓储模式，对仓储管理、熏蒸、通风等方面进行了技术革新，采取低氧低温储存，以及"人防、技防、法防"相结合的管理方式。安徽省粮食和物资储备局在公司库点投入百万元安装"智慧皖粮"，促进存储库智能化升级改造，分品种、分类保管，精细化管理，全方位确保优质稻谷储存安全、质量良好，被评为"全国放心粮油示范工程示范仓储企业"。集团所属的省粮油储运公司投资建设的全椒华丰粮食产业园，占地总面积 120 亩，目前已完成投资 1.2 亿元，现拥有标准化高大平房仓 27 栋，总仓容 16 万吨；集团所属全椒县华丰粮油储运有限公司（以下简称全椒华丰公司）投资安装 6 套循环式烘干机 2 座，日烘干潮粮能力 1000 吨，建立农户产后服务中心。农户产后服务中心累计烘干稻谷 20 余万吨，小麦 10 万吨。该烘干中心保障了收购粮食的质量安全，解决了种植户晾晒难题。

湖南省粮食集团新桥粮食产业园

四、加强项目建设，优粮优加促进产业升级

集团所属的省粮釉储运公司已建成年产 20 万吨饲料厂 1 座，饲料加

工厂已与上市公司中国 500 强企业江西正邦集团有限公司合作进行饲料加工。该饲料厂带动周边的粮食生产基地开展标准化种植，带动畜牧、养殖等相关产业的创收与发展，截至 2018 年年底，该公司饲料加工实现利润 300 多万元，带动养殖户 40 户。企业所属全椒华丰公司 2019 年规划建设年产 20 万吨精米加工厂一座。集团创建的"景丰牌"优质大米被评为当地名牌产品，注册的"荒草圩"品牌稻虾米成为当地知名品牌，产品经中国绿色食品发展中心许可使用绿色食品标志，入选全国名特优新农产品目录。

五、创新产品销售，优粮优销助推企业发展

在优质粮食市场推广供应上，集团积极参加全国各地农展和"好粮油进社区"等活动，加强公司优质粮品牌推广，积极对接华润、苏果等知名商超企业，落实优质产品入市销售。通过中国粮食交易市场、公司网站及名特优农产品商店进行优质粮竞买、竞卖及市场供应，开拓线上销售，为企业延伸产业发展提供保障。积极参与"一带一路"市场建设，所属省粮油储运公司充分利用国家大米进口配额计划，把市场做到了泰国、越南、柬埔寨、巴基斯坦等沿线国家，实现外贸营业额 2100 万美元。所属公司省机械化粮库和全椒华丰公司按照优质稻谷品种"购得进、销的出、有效益"的原则，立足市场抓购销，打通福建、云南、贵州等销区市场，所属省粮油储运公司和省机械化粮库顺利成为五粮液集团有限公司战略合作伙伴。

安徽省粮食集团产业链项目建设已成规模，各个项目紧密衔接，相互依托，融合发展，达到增产增效的目的，实现真正的"粮头食尾"和"农头工尾"。

加快三产融合　做优贡米产业

江西万年贡集团

　　江西万年是世界稻作文化发源地、中国贡米之乡。江西万年贡集团（以下简称集团）充分发挥世界稻作文化起源地的资源优势，以"粮头食尾""农头工尾"为主线，建立以品牌为引领，以规模经营为基础，以订单为抓手，以科技服务为支撑，以标准化生产为依托的贡米产业发展体系，打造现代农业"接二连三"，发展成为一家集种植、收储、加工、贸易为一体的综合型粮食企业。

一、拓展一产，实现农企双赢

　　集团加快种植基地建设，每年与农户签订贡米产业优质稻收购订单，收购价高于市场价 0.5 元 / 千克，并开展技术、信息、农资、购销等服务，形成了从种植技术到生产资料供给再到收割入库一整套的生产流程。

　　一是送技术到田间，提高单产。集团建立了万年贡集团院士工作站和万年贡米研究所，聘请袁隆平等院士为公司常年顾问，加强产学研联合，实现成果转化。工作站成立三年来，将研发的 18 个优质水稻品种，提供给订单农户，确保粮食单产，稻田年增产约 1500 万斤，让农民种田有盼头。**二是送农资进家门，解决周转**。集团通过合作社对农户开展农资赊销服务，将化肥等生产资料送到农民家门口，每年赊销约 500

万年贡集团院士工作站

万元的农资，服务种粮农户万余人，让农民种田有保障。**三是送实惠给农民，方便卖粮**。集团指派基地部负责引导农民种植，从种子推荐、播种、田间管理到收割服务，提供一整套服务措施。在收割旺季，集团免费为农户提供湿谷烘干和清理服务，解决农户劳力不足问题。售粮时，集团逐户上门收粮，农户在家里便可完成售粮订单，年上门收粮约5000万斤。此举切实解决了农户卖粮难问题，提高了种粮经济收益，让农民种田有赚头。

为实现农、工、贸一体化发展，集团发起建立万年贡米业产业化联合体，与种植大户、家庭农场、农民专业合作社、粮油加工厂等新型经营主体建立紧密有效的利益联结机制，充分发挥农业龙头企业的技术、资金、品牌和渠道优势，以市场为导向，以农民合作社为载体，以家庭农场和农户经营为基础，推行万年贡米标准化生产。从种植环节抓起，制定《万年贡谷良种培育操作规范》《贡谷生产技术规范》，在县内外优质稻基地，推广主导品种和配套生产栽培技术、无公害标准栽培技术、省工节本技术，帮助农民提高种植效益，切实做到粮食加工原料无公害，为企业长久发展提供稳定优质的粮源。

二、发展二产，壮大产业规模

为保证产品质量，集团从加工环节入手，建立健全贡米加工标准体系、全程质量控制体系和快速检测体系，切实保障产品品质。一改以前万年县"粮食加工企业众多、品牌鱼龙混杂、行业竞争无序"的局面，实现"统一研发、统一品种、统一标准、统一储运、统一加工、统一检测、统一品牌、统一销售"的"八统一"经营。不仅确保万年贡米高品质生产，减轻企业原粮成本，取得市场长期竞争优势，而且带动各成员单位共同分享贡米产业发展红利。目前，集团已联结 17 家粮食加工企业、22 家农民粮食专业合作社、36 个家庭农场；优质稻基地面积由原来的 10 万亩，扩大到鄱阳湖滨湖地区，共 40 万亩；精米年加工能力由原来的年产 20 万吨，增长到 71 万吨，产业规模迅速壮大。

万年贡集团智能化自动包装生产线

集团充分挖掘 500 多年的"贡"字号潜在价值，着力培育企业品牌。**一是以"节"为媒。** 通过举办国际稻作文化旅游节或米博会，以"政府搭台、企业唱戏"形式，向世人推介万年稻作文化，展示万年优质农产品。**二是以"媒"为介。** 自 2009 年起，集团投入 6000 余万元在央视一套、七套投入品牌形象广告。经过不断努力，"国米·万年贡"被评为"中国米业十大品牌"，入选 2017 年第一批"中国好粮油"产品，荣获国家地理标志保护产品。"万年贡"商标为中国驰名商标，2018 年，万年贡米品牌价值达 59 亿元。

三、延伸三产，打造特色农业

集团打破传统 B2B、B2C 模式，开通"原产地直销"，打造"1512 私人定制农场"。通过电商众筹，将贡米原产地 2270 亩优质有机水稻种植基地，零散地有偿出租，使客户利用旅游度假期栽秧、收割，公司负责日常的田间管理，并代为生产加工，为客户提供个性化包装，打造一种独特的稻米文化样本，通过旅游观光、休闲娱乐等模式带动稻米产业延伸发展。集团在不同季节组织插秧节、丰收节等丰富多彩的农耕文化庆典活动，有效促进贡米文化特色旅游业的发展。

四、三产融合，加快产业升级

集团推出多项举措推动产业链条各环节有机融合。**一是**通过政策激励、销售提成等方式，在全县范围内，加快让"一粒米"产业融入社会、走向市场、走向"草根"，使更多的"蚂蚁雄兵"渗入全民促销活动中来，从而在全县形成"个个都是稻作文化宣传员、人人都是万年贡米推销员"的社会化服务格局。**二是**投资兴建国米文化生态产业园。实现产业结构优化，建设集农产品生产加工、工业参观、文化博览、休闲旅游、特色购物于一体的综合产业园区。**三是**实行线上线下多元化营销模式，拓宽营销渠道。采取区域直销、产品代理、开设直营店等多种营销方式，培育北上广等地市场，并入驻沃尔玛、麦德龙等国际零售巨头卖场；成立电商事业部，开发一系列专供电商渠道产品，与天猫、京东商城等电商平台合作，发展电商营销；同时着眼高品质集团客户，与高端餐饮、酒店、企事业单位等建立长期的战略合作机制，定期进行大宗稻米配送，扩大市场份额。

小馒头撬动大农业产业链

禹城市麦香园食品有限公司

　　主食产业是粮食系统不可或缺的组成部分。多年来，主食产业发展缓慢，技术瓶颈、盈利点单一、模式陈旧、营销老套影响着这一行业的发展。如何在新经济业态下，用新旧动能转化思路创出主食产业发展的新模式，适应粮食供给侧结构性改革，是每个粮食人都在思考的问题。

　　禹城市麦香园食品有限公司（以下简称麦香园）是一家集小麦种植、面粉配制、面食加工、面食加盟及培训为一体的从基地到餐桌的主食高标准全产业链企业，是德州市粮食局主食产业化工程孵化基地。在十年发展过程中，麦香园一直在探索、实践，创出一条可复制、多点盈利、快速发展的经营之路。

一、提出主食产业必须与大农业融合，延伸上下产业链条，才能有文章可做

　　从事主食产业的同人都知道，小馒头关系民生，价格敏感，盈利率低，单纯依靠生产销售馒头赚取利润，企业举步维艰。2015 年，麦香园采取"企业＋基地＋农户"的模式，从种子开始，与农户合作，建立了优质小麦标准化种植基地，以高于市场价格 0.1 元 / 斤收购小麦，至今基地已发展到近 5 万亩，已取得馒头专用粉、水饺专用粉、全麦面粉、馒

头、木柴锅饼 5 个绿色认证，带动 3000 多户农民增收，帮助 116 户省级贫困户脱贫，提供扶贫资金 40 余万元，获得"禹城市扶贫开发先进单位"荣誉称号。同时，成立职业农民培训学校，辅导农户科学种田，已培训 30000 余人次，并挂牌"山东省农广校农民双创孵化基地"。麦香园有了优质原料基地，为面粉细分化市场及全营养面粉运作创造了更多的盈利点，同时，实现了食品安全可追溯。

二、提出只有传统思维没有传统行业的经营思路，用创新思维打破行业壁垒

（一）**工艺创新**。麦香园独创三饧三发、八道轧面、低温饧制工艺，这一工艺创新，形成主食产业工艺标准化、数据化，能快速地实现复制，突破主食大厨房技术瓶颈，新工人一周可全面掌握操作工艺。

麦香园主食生产线

（二）**设备创新**。老旧设备工作效率低下，对辊压力大，造成面筋网络结构断裂，馒头口感不好，麦香园自主研发的一键转换和全计算机控制的生产流水线，获得了实用新型发明专利，解决了用工多、效益低的问题，三人每班生产用面粉可达 150 袋，并且做出的馒头比手工的更好吃。

（三）**配方创新**。麦香园一直致力于面粉细分化市场的探索，研发出复配方馒头专用粉、水饺专用粉、全麦面粉，并取得 5 个绿色认证，同时注重研发功能性面粉，通过精准配方和私人定制的方式，为面粉需求企业提供服务。

（四）**营销创新**。麦香园通过买馒头送轿车绑定 B 端客户，买馒头送绿色食材绑定 C 端客户，形成黏性关系，销售额不断攀升，仅面食年销售额近 6000 万元。

（五）**打破了馒头配送半径短的问题**。麦香园与科研院校共同研发的保鲜装馒头，实现了 10℃以下馒头保质期达到二十五天以上，为山东大馒头走向全国创造了便利条件，此项技术目前已通过科技进步三等奖评审。

三、提出文化支撑、品牌化运作的粮食经营思路，助力主食产业提升

麦香园在现代化生产厂区，建成 370 面食文化馆和农耕文化展馆，依托鲁西北小麦优势，发展文化支撑产业，用"有文化的馒头"宣传鲁西北小麦区域品牌。禹城地处地球北纬 36.5~37.5 度，属小麦黄金产区，如何挖掘这一资源价值，是麦香园多年在思考的问题。在麦香园多年宣传推广下，已形成区域共识，即"禹城小麦——中国小麦中的五常大米"。禹城小麦，八亿元产值，如何通过文化宣传、品牌引领、科技支撑实现三倍增值，是麦香园正在努力做的事。

四、快速复制，把发展模式推广全国

麦香园的发展离不开粮食局领导的大力支持。麦香园开办以来，在粮食局领导的指导和推动下不断发展，2015 年被任命为"德州市粮食局主食产业化工程孵化基地"，麦香园备感使命重大。目前，已孵化山东淄博、山东滕州、山东武城、吉林长春等 8 家加盟分公司，上海分公司、郑州分公司、临沂分公司已进入签约阶段。公司采取"六统一"模式，即统一设备、统一工艺、统一品牌、统一管理、统一原料、统一形象，

继续全国加盟，把鲁西北小麦通过全产业链运作输送到全国，打造中国健康主粮供应基地理念，打响鲁西北粮食品牌，利用小馒头撬动小麦产业链，打造了一条闭合的从基地到餐桌的健康主食产业供应链。

麦香园食品有限公司绿色小麦种植基地

十几年的发展，麦香园取得了几十项荣誉，荣誉只是昨天，麦香园相信，作为山东省十大创新创业先锋，麦香园必将孵化出主食产业的新模式，开创粮食工作新局面，完成老粮食职工的情怀与梦想。麦香园现在是山东的，未来肯定是民族的！

加快融合高效发展　打造优质粮油品牌

山东金胜粮油食品有限公司

　　山东金胜粮油食品有限公司（以下简称金胜粮油）是一家集油脂花生、生物科技、外贸进出口、餐饮旅游、电商物流、生态农业等多种经营于一体的综合性集团企业。金胜粮油是"中国好粮油"示范企业和中国好粮油标准起草单位，先后荣获"农业产业化国家重点龙头企业""国家重点支持粮油产业化龙头企业""全国首届放心粮油示范加工企业""全国农产品加工业示范企业""中国花生油加工企业10强""国家高新技术企业"等荣誉称号。"金胜"品牌被认定为"中国驰名商标"。

一、转换新旧动能，力促产业升级

　　为加快金胜粮油循环式生产、园区循环式发展、产业循环式组合的转变，2018年5月，根据山东省委、省政府关于加快新旧动能转换及传统产业升级的部署，金胜粮油投资规划建设金胜花生科技产业园，目标是建设高端花生油、特色植物油、花生制品、农特产食品、植物提取等生产流水线及电商大厦、花生博物馆、科技研发中心、仓储物流配送中心、花生实验种植基地和生态观光农业等一二三产业紧密融合的高科技园区。总体规划产业园1000亩、合作基地10000亩，一期工程已于2019年5月16日全面投产。

金胜粮油正在建设升级中的产业园区

（一）**筑牢"一产"基础**。依托院士工作站专家平台、中国农业科学院、山东农业科学院、山东农业大学等合作单位，结合公司的花生实验基地和万亩花生合作基地，重点研发花生育种、实验种植、技术推广等项目，建立全国花生科研实验基地。通过"公司＋合作社＋农户"的三合一运作模式，形成"企业＋农村合作社＋农户"的三级联结方式。通过"村企挂钩""订单农业"的形式，打造农业产业化联合体，为农业农村发展注入新动能。

（二）**拓展"二产"领域**。依托博士后科研工作站、中国农业科学院、中国粮油学会、中国保健协会等合作平台，结合油脂花生、植物提取等主体产业项目，研发国际领先的高端花生油、植物调和油、花生休闲食品以及富含原花青素、银杏黄酮、茶多酚等的保健品，提高科技含量及产品附加值，打造全国花生科技创新基地、全国花生人才培养基地。结合工业旅游现代化模式，通过招商合作，全面做精做强做大金胜产业。

（三）**做大"三产"格局**。配套电商物流、国际贸易、餐饮食品等版块，通过生态农业花生、粮油食品工业花生、花生文化博物馆、花生科研中心、花生产品体验馆等，线上线下营销布局，打造全国花生交流合作基地、全国工农业旅游示范点，带动周边农村农业产业发展，助推农民增收。

　　进一步拉长花生循环经济产业链条，从良种花生培育、绿色花生基地种植、花生精深加工、副产物提取利用到废物生产有机肥、生态环保农业等全程循环利用，扩大花生全产业链体系。发展花生实验基地及合作基地1万亩，提供就业岗位千余人，促进一方农民增收，同时带动物流业、餐饮业等相关产业发展，引领助推花生产业的提升。

二、引领科技创新，助推高品质发展

　　（一）发挥专家优势，研发"新""优"产品。金胜粮油先后与中国农业科学院、中国农业大学、中国粮油学会、山东省农业科学院、河南省农业科学院及全国重点粮油学院等科研院所共建实验室和中试研发基地。引进中国工程院院士、中国花生首席科学家张新友和泰山产业领军人才、中国农业科学院农产品加工研究所王强等专家教授，拥有院士科研工作站、国家博士后科研工作站、国家花生加工技术研发专业中心、山东省花生精深加工工程技术研究中心等9个省级以上研发创新平台，拥有国家专利35项，其中发明专利12项，研发新产品32个。金胜粮油三款高端产品原生初榨花生油、高油酸花生油、煎炸专用调和油的生产工艺及产品均获国家发明专利。

　　（二）强化标准质量管控，实现星级管理。金胜粮油之所以能保持良好发展势头，关键是胜在品质、胜在质量的标准管控上。在严格执行国家和行业标准的同时，金胜粮油制定了更严苛的企业标准，建立了完整的质量保证控制体系。金胜粮油先后通过ISO 9001质量管理、ISO 22000食品安全管理、ISO 14000环境管理和OHSAS 18000职业健康安全管理四大管理体系认证。品控中心投资1000多万元引进国内外先进检测设备，实现对产品质量100%的把控。新开发的追溯软件，实现从原料到生产环节到产品的双向追溯全过程监控。生产现场达到卫生整洁常态化、检查管理一体化，生产车间全部实现星级管理标准。

　　好产品源自好原料。金胜粮油坚持"公司＋基地＋合作社＋农户"的原料供应体系，累计建立花生自有及合作基地10万亩，对基地实行统

金胜产业园的精炼车间

一供种、施肥、用药，安排专人对花生基地实行全过程跟踪服务，严格筛选原料，从源头上保证产品的绿色优质。

三、创新营销模式，实施品牌战略

　　金胜粮油建立 300 多人的专业品牌营销团队，在国内设立 60 多家办事处、360 多个经销商和分销点，营销网络布局全国，与国内知名策划机构合作，对金胜品牌进行全方位的包装和营销策划，以高端花生油、特色植物油、花生系列食品为运行推广主线，在京东、天猫等网销平台设有旗舰店，线上线下协同开发，同时在央视财经频道、山东卫视、临沂电视台等媒体投入广告费 3000 多万元，加大金胜品牌宣传力度，建立以市场为导向的营销服务体系，形成以品牌拉动市场、以市场带动销售、以销售促进生产的良性循环，实现品牌营销的新突破。

　　下一步，金胜粮油将积极借助齐鲁粮油公共品牌建设的平台，巩固"一体两翼"格局，开展以"增、提、创、建"为内容的"品牌提升年"活动，为促进粮油产业经济发展做出新的更大贡献！

聚力优质粮源深度发展
做强做精粮食流通大产业

广饶县汇通粮食有限公司

　　广饶县汇通粮食有限公司（以下简称公司）是一家以粮食购销为主营业务同时聚力农业产业化发展的现代农业产业化龙头企业。公司先后被评为"省级农业产业化重点龙头企业""山东省十大粮油购销企业""山东省粮食经纪人培育发展先进单位""中粮集团战略合作伙伴"。由公司领办的广饶汇通粮食种植农民专业合作社被评为"国家级农民专业合作社示范社"。

一、发展合作经济，实现互惠双赢

　　公司成立服务中心，大力发展订单农业，带动农业产业化发展，促进农民增产增收。

　　一是助力乡村振兴战略，成立服务中心。2015 年，公司在各级政府及农业、供销社等部门的大力支持下，投资成立了东营市首家为农综合服务中心。该中心采用一站式服务模式，建设了综合服务大厅、新型农民学校、化验室、农资超市、订单农业储存仓库、晒粮场、农业机械大棚等，并配备土壤养分测定、农产品快速检测、智能配肥、农机作业等仪器设备，为农业生产提供良种供应、农资配送、粮食收储流通、农业技术培训咨询、配方肥直供、农机作业、订单农业、大田托管等全方位农业生产综合服务，范围覆盖广饶县及周边县市区。为农服务中心成立以来，累计开办农民技术培训 17 场，土壤养分测定 500 余次，各种肥料配送销售达到 18000 余吨，服务大田作物 40 万亩。充分发挥了公司在农资供应、机械化服务、统防统治、品种优化、粮食质量安全等农业生产全程社会化服务中的辐射带动作用，建立了良种、农资、农药统一供应，病虫害统防统治，农产品统一收购销售的农业生产共同体。2018 年，在为农服务中心的基础上，投资建立了广饶县优质粮食推广服务中心，建设优质粮食示范推广基地，全面着力小麦、玉米、高粱全产业链发展，通过推进品种优质化、基地规模化、生产标准化，通过品种和管理升级，确保订单生产的优质粮食符合"中国好粮油"标准。

广饶县优质小麦订单种植大户交流会暨农业全产业链服务推介会

二是大力发展订单农业，实现互惠双赢。公司积极引导组织优质小麦规模化生产，并通过低价向订单种植户发放良种、化肥等生产资料，在收获季节以高于市场上同时间、同品种小麦 2 分 / 斤进行回收的方式，坚持互惠互利原则，带动了农民增收。2018 年，与中粮集团、南顺集团签订了 15 万亩优质小麦订单种植协议，与河北敦煌种业、山东省农业科学院建立了稳固的合作关系，向东营及周边地区发放优质小麦麦种 1300 吨，发展优质小麦 15 万亩，共计回收优质小麦 7 万吨，掌握第一手优质粮源。

下一步，公司将进一步加大与山东省农业科学院、种子公司的科研合作力度，结合下游专用粉加工企业生产需求，种植特需小麦。计划到2020年，公司发展的优质小麦订单种植面积达到30万~40万亩，订单产生的优质小麦供应量将达到经营总额的60%以上，以此带动当地优质小麦产业的发展，力争把东营打造成山东乃至全国重要的品质粮源生产基地。

二、加大科技投入，提升产后服务能力

公司全面提升产后服务体系，发挥粮食流通企业在现代农业体系建设中"承上启下"作用。

一是加大科技投入，实现科学存粮。为提高公司储备能力，2017年，公司争取政策资金50万元，投资170万元，实施了汇通粮食产后服务中心建设项目，提高粮食收购存储能力。投资建设装配式钢板立筒仓及配套自动化控制设施、设备，实现粮食全流程自动化控制。同时，建设了简易钢构大棚，配备粮食自动化装卸、装箱设备，仅公司本部院内小麦的日装卸能力就达到了3000吨以上，粮食收储、流通效率得到大大提高。

汇通粮食广饶库区

二是合理布局收购网点，构建粮食购销服务网络。公司在兖州等山东优质小麦主产区建立粮食收储服务站，搭建起了高效的粮食购销体系，为做大做强粮食流通产业奠定了基础。在物流运输上，匹配散装汽车、

火车、集装箱海运、散装船内陆水运等不同的运输方式，辐射各专用粉加工企业，做到货物尽早送达，保障供应；常年为公司服务的物流车辆达到了 100 多台。

三是发展粮食经纪人，加快市场流通。公司高度注重粮食经纪人队伍的培育与发展，每年在夏粮、秋粮上市前分批对粮食经纪人进行培训，让这些粮食经纪人了解国家粮食收购政策和验收标准，并对粮食市场行情进行分析预测，确保农民增收、经纪人受益，为农民和公司搭建起了互惠互利的桥梁，目前公司的经纪人队伍达到了 200 余人。

三、开展全方位服务，打造特色服务品牌

公司注重为企业提供全方位服务，在满足下游加工企业对采购成本要求的同时，建设了完善的质量检测体系，拥有快速检测仪、毒素测试仪、面筋指数仪等先进的检测设备，经营优质小麦多年来几乎未出现过因小麦质量问题而退货的现象。

近年来，公司依靠服务、信誉及品牌，与中粮集团、香港南顺食品、益海嘉里集团等国内专用粉加工行业一线品牌的合作关系不断加强，尤其是与中粮集团的深度合作，从单一工厂的"一对一"供货，到同时为中粮集团下辖多家面粉加工企业的"一对多"供货，再到融入中粮集团打造"小麦全产业链"的战略部署，运作优质小麦订单农业及小麦新品种培育等合作模式。对中粮集团的优质小麦供应量由伊始的 3000 吨 / 年提升到了 16 万吨 / 年，占中粮集团在山东地区采购量的 80% 以上。

随着农业产业化进程的加快以及订单农业和贸易需求的增加，仓容依然是制约公司进一步发展的重要问题。根据公司的发展规划和资金实力，公司规划在未来 1~2 年内投资 5000 万元组织实施"广饶汇通 50 万吨粮食仓储物流及现代农业综合服务项目"，项目落成后，可形成粮食年购销总量 65 万吨规模，通过积极实施"中粮 + 公司 + 基地 + 农户"的产销模式，建立健全粮食市场体系，加强现代农业管理，极大推动全市的现代农业产业化进程。

大数据助力新发展　新模式创建优品质

河南想念食品股份有限公司

　　河南想念食品股份有限公司（以下简称公司）是"想念"品牌引领下的农业全产业链一体化企业，经营范围涵盖粮食种植及收购储存、面粉加工、挂面生产、粮油贸易、进出口交易、农机及农业技术服务等诸多领域，先后获得"农业产业化国家级重点龙头企业""全国主食加工示范企业""中国挂面加工企业 10 强"等殊荣。公司现有杂粮飘香系列、有机面系列、礼品面系列等 9 大系列、400 多个单品，已经进驻永辉、华润、物美等国内大型超市，产品畅销全国 22 个省、市、自治区，"想念"商标获评"中国驰名商标"。2018 年，公司实现营业收入近 13 亿元，规模进一步扩大，企业发展迈上新高度、踏上新征程。

一、新制造，大粮食

　　"想念"食品一直秉持"安全、营养、健康"的理念，始终把食品安全和产品品质放到第一位，积极打造"产购储加销"一体化模式。

　　公司将南阳当地多家农业合作社、家庭农场变成生态农业合伙人，并建立产品源头追溯机制，与河南省农业科学院小麦研究所等科研机构合作，甄选适合南阳土质、气候等环境条件的优质小麦品种；不断探索与种粮大户和农民专业合作社的合作模式，通过产业带动，实现以优质

河南想念食品股份有限公司产业园鸟瞰图

产品加工引导优质粮食品种种植，以优质粮食品种种植保障优质粮源供应的良性互动。按照优质优价的原则，与农民合作社及种粮大户签订订单合同，组织专业团队对种植户培训，通过统一种子、统一种植、统一管理、统一收储，实现优质品种种植的规范化、标准化、规模化，保证了原料小麦品质的稳定，提升了农业种植效率，增加了农业收入。2017年，签订订单合同 24 万亩，带动农民 3 万户，实现增收 240 万元。

　　2018 年，公司在继续扩大订单农业覆盖面积的基础上，又在镇平县建立 10 万亩的优质小麦基地。形成了集小麦收储、面粉加工、挂面生产、熟鲜面、预制面、中央大厨房、现代化智能仓储物流为一体的多功能食品产业集聚区。从原料种植到产品终端，进行安全区域管控、人员在岗监控、车辆实时轨迹监控，精确管控，以精益生产、合理调度提升高智慧工厂管理水平。

　　公司一直与河南科技学院等高校合作，研究开发了杂粮系列挂面、

河南想念食品股份有限公司全自动挂面生产线

蔬菜系列挂面等各种营养系列挂面；组建南阳市养生挂面工程技术中心，针对不同消费人群，研究开发了杂粮飘香系列、麦胚系列、有机面系列等 9 大系列、400 多个单品。近 5 年来，公司各类知识产权申请量超过40 件，其中 13 项发明专利（授权 1 项）、24 项实用新型专利（授权 12 件）、5 项外观专利被国家专利局授权。

二、新零售，大消费

　　大数据时代的到来，将企业战略从"业务驱动"转向"数据驱动"。公司在成功布局线上电子商务和线下终端市场的同时，在新零售业态发展方面也进行了与时俱进的尝试，通过大数据分析及时获取产品在各区域、各时间段的库存和预售情况，进而进行市场判断，并以此为依据进行产品和运营的调整。

　　在线上电子商务领域，公司顺应社会发展趋势，以互联网为纽带，形成传统产业与新零售、新制造、大数据的结合，精准分析消费人群及消费需求，打破传统的营销思维模式，研发出针对不同消费者需求的产品，如私人定制面、小龙虾面、火鸡面、月子面、儿童面等。把一把面做成一顿饭，以体验式消费和线上线下融合的方式，实现消费升级和粮食价值提升。

通过大数据对想念面条核心受众人群进行清晰描绘，以"胜兵先胜而后求战"的思想，开发出广受市场好评的"轻烹饪系列产品"。由目标消费群体的数量到整个想念面条大盘的体量，再由此大盘的体量而衍生出备货量，再从备货量到原材料的供应量，公司用互联网撬动了万亩农田，也打开了无数农户苦销无门的粮食之路。

在品牌营销推广层面，充分利用互联网新媒体技术，展开线上线下的品牌宣传，2016年春节，公司以"想念不如见面"为话题，登上世界十字路口——纽约时代广场；2017年春节，《想念不如见面》微电影全网播放量超过一亿人次，并被《人民日报》《中国网》、美国福克斯电视台和《雅虎网》等国内外知名新闻媒体报道，扩大了中国面食产品和面食文化的影响力，被不少记者和网友亲切地称作"中国面条界第一网红"；2018年"想念"号列车被网友评为"春运最暖心的一辆列车"。

在线下，通过结合天猫数据银行建立匹配线下终端的数据库，对线下经销代理商、终端经营群体建立客户资料数据库，对线下消费群体的购买行为、消费习惯进行全面分析，从而更好地制订线下终端销售营销战略，促进线下市场开拓。

三、新模式，大格局

公司在镇平县小麦种植基地附近新投资建设了镇平想念食品产业园，是集收储、加工和现代化智能仓储物流为一体的多功能食品产业集聚区，涵盖30万吨的小麦收储智能化物流仓库，日处理小麦3000吨的面粉生产线，日加工2000吨的挂面生产线和速食面（熟食面）、生鲜面、馒头生产线。项目建成后年转化粮食可达100万吨，有效解决了周围县区农业专业合作社及种粮大户粮食的储存及销路问题，带动农业增效、农民增收。

仓储物流的建设改变了原有的小麦、面粉包装运输模式，减少了重复包装的浪费。建设散装面粉储存仓，从小麦、面粉到最终的挂面运输，全面采用散装模式，形成了物流的"四散化"。减少了物流托盘的标准化装卸和对社会资源的浪费。

想念人一直把"做中国健康主食产业领跑者，打造从'田间到餐桌'的全产业链"作为企业愿景，树立"大粮食""大产业""大市场""大流通"的理念，充分发挥主食加工企业的带动作用，为国家脱贫攻坚、为河南粮食发展、为农民增收致富、为食者健康做出自己的贡献。

实施品牌创新带动　服务主食产业升级

中原粮食集团多福多食品有限公司

中原粮食集团多福多食品有限公司（以下简称中原粮食多福多），是河南粮食产业优化资源配置、推进粮食混合所有制改革的实践探索。2018年中原粮食集团对河南兴泰科技实业有限公司（以下简称兴泰科技）、郑州多福多食品有限公司（以下简称郑州多福多）等主食知名企业进行全权托管、资产整合，成立了新型混合所有制模式的"中原粮食集团多福多食品有限公司"。通过中原粮食多福多的经营运作，更大程度地发挥出兴泰科技和郑州多福多长期积累的主食产业技术、品牌的市场优势和经济价值；同时，也使中原粮食集团拥有了一线市场品牌，实现主业由粮食仓储物流向食品加工的拓展，拉长产业链条，完善产业布局，为从"粮"到"食"跨越发展奠定了良好基础。

一、遵循市场规则，创新管理模式，利用现代管理制度打造全新的"中原粮食多福多"

中原粮食多福多有来自兴泰科技、郑州多福多的老员工，也有来自中原粮食集团下属的国企人员，另外还有社会招聘人员。不同的从业经历、不同的管理理念、不同的文化背景，需要持续地磨合。为此中原粮食多福多按照市场化管理模式，摸索建立了适应市场化运营需求的现代企业管理体系。

一是明确公司顶层设计。中原粮食多福多的现代法人治理结构明晰、科学、规范，成立之初便建立有董事会、监事会、高层管理人员团队，形成了现代企业管理体系，各部门人员有明确的分工。**二是构建高素质管理团队**。引进职业经理人，实行全员劳动合同制，面向社会进行招聘、竞聘，建立高素质、高层次的管理团队。**三是建立竞争力强的激励机制**。中原粮食多福多面向全员采用股权激励的方式，明确以 15% 的股权对公司研发团队、管理层进行股权激励，充分激发科研人员与高管人员的积极性。

二、持续推进科技创新、模式创新，使"多福多"品牌焕发出新的生命力

中原粮食多福多组建以来，充分发挥并有效利用兴泰科技、郑州多福多在主食产业化领域 20 多年发展中积累的人才、技术、品牌等优势，与此同时，提出了"市场引领、技术驱动、精细管理、提质增效"的全新指导思想，从产能提升、市场推广、科研开发等方面，全面提高企业的竞争能力和发展实力。

一是明确发展战略思路。中原粮食多福多确定了"打造中国主食产业链综合服务商"的企业目标、"专注主食产业化"的企业定位。将"主食装备""功能性配料及工艺"确定为核心和重点业务。这两项业务的技术含量高、经济附加值高，也具有一定的技术基础和市场基础，更容易增强企业的核心竞争力。

二是增强科研开发能力。传统主食科研基础薄弱，只有从原料到产品、从生产到销售的全方位、全系统的创新成果支持，才能实现产业的提升。一方面，中原粮食多福多将兴泰科技原有的"面制食品国家地方联合工程研究中心""博士后工作站""河南省面制食品标准化工程技术研究中心"等技术开发和人才培养平台进行整合。在此基础上，加大科研投入，进一步扩大研发面积，升级研发设备设施，采用新的科研人

中原粮食集团多福多食品有限公司面制主食装备工程研究中心

员薪酬激励机制，构建起一个覆盖原料、装备、工艺、产品等产业链各环节的科研体系。另一方面，紧紧围绕市场需求、市场转化，设立新的研发项目。通过充分的论证，2019 年年初已完成大型高效智能化馒头生产线、多功能面食生产机、全谷物荞麦预拌冲调粉等 15 个科研项目的立项。

中原粮食集团多福多食品有限公司智能化馒头生产车间

　　三是创新产业发展模式。为更好地实现品牌、产品、技术等要素向更大范围的扩展，中原粮食多福多确立了"精耕郑州、做优河南、服务全国"的战略思路，即在郑州做精"主食"、在河南乃至全国依托"技术＋配料＋装备"的发展模式。

　　在郑州市场的开拓上，中原粮食多福多提出要持续扩大品牌影响力，精准发力，将郑州市场做精做透。计划至2019年年底终端网点数达到2075家，市场总体铺货率34.46%。为达到此目标，将选取150个有影响力的居民社区，打造60个精品社区店，提高单店的日销货量；对郑州市区41家大型连锁卖场、流通渠道中100家店面进行提升优化，实现终端形象统一；在丹尼斯等7家大卖场中，全年开展2000场促销活动，全面提高消费者对"多福多"品牌和产品的认知。为适应市场需求，将完成主食生产车间设备的全面升级，增加高效智能化圆馒头生产线，使馒头日产能由目前的30万个提升到80万个。

　　而对于河南乃至全国市场，中原粮食多福多将充分发挥技术优势，为主食和更广泛的食品企业，提供营养健康食品配料、工艺技术、智能化装备，以及全方位的主食项目系统解决方案，着力提高对全国主食企业乃至全行业的服务质量，加快科学技术的变现能力。

　　未来，中原粮食多福多将持续加大科研开发和成果推广领域的投入，加大科研成果产出、转化推广力度，为加快粮食产业结构优化升级、提升产业市场竞争能力，为确保粮食安全、食品安全做出新的更大的贡献。

以科技奠定企业发展壮大基石
以创新驱动企业高质量发展

开封市茂盛机械有限公司

　　开封市茂盛机械有限公司（以下简称公司）是一家粮食机械高新技术企业，业务包括粮食加工机械、仓储物流机械、种子加工机械以及智慧粮库的研发、生产、销售和安装服务。公司已研发生产 60 多个系列 300 多种规格的粮油加工机械，是目前国内同行业规模最大、产品品种最全、配套性能最好、创新能力最强的粮机制造企业。公司承接各种面粉加工、玉米加工、杂粮加工、种子加工等成套"交钥匙工程"，国内市场占有率名列前茅，产品畅销国内 30 多个省、市、区，并部分出口东南亚、中亚、南美洲、北美洲、欧洲等 60 多个国家和地区。

一、科技创新引领企业发展

　　公司自成立以来就树立了"科技兴厂"战略。目前，公司拥有博士 9 人，硕士 26 人，高精尖技术人才、设计人才及管理人才 60 余名。通过国家粮食加工装备工程技术研究中心、国家农产品加工技术装备研发分中心、省级企业技术中心、全国知识产权优势企业、河南省博士后研发基地等六个研发平台，随时聘请知名技术专家现场指导工作，使技术人员的综合素质得到迅速提高。

河南茂盛机械有限公司建成的国家粮食加工装备工程技术研究中心

在高科技人才引进中，公司投入大量资金，创新人才队伍，引入以全国粮食行业唯一一位留美归国博士、国内知名的小麦及食品工程方面专家王凤成为代表的高科技人才，并提供足够的成长空间和发展平台，不断提升福利待遇、后勤保障水平，实现了员工和企业和谐发展，从而打造了河南省粮食加工装备技术创新型科技团队——茂盛技术团队。

目前，通过人才引领、技术先导、研发保障等多措并举，公司主导、参与 10 项国家标准和 2 项行业标准的制订，获得授权专利 100 项，申报并获准国家软件著作权 4 项。

二、供给侧改革提升企业形象

随着经济市场化不断加深，粮油加工行业早已对粮机制造企业提出了高、精、尖和自动化、智能化、个性化的要求。面对市场变化，公司依托遍布全国的 60 余名销售人员及时收集客户需求，对接产品研发、设计，搞好售后改造、提升，形成了"定制化设计""订单化生产"和"定向性升级"的供给侧结构性改革新路子。

公司依托国家粮食加工装备工程技术研究中心 10000 平方米的中试车间、6300 平方米的研发大楼、2000 平方米实验室和先进的中试机械加工设备和完备的研发试验及检测仪器，改变以往"成品销售，厂家主导"的模式，从客户的视角和使用需要出发，对新产品进行设计研发，提升客户的使用感和获得感。

河南茂盛机械制造有限公司生产车间

在生产环节，根据日益提升的客户需求，公司引入 4 台国际先进的激光切割机，6 台数控折弯机，8 台精密加工中心，18 台数控车床，8 台焊接机器人，多台精密数控镗床、数控铣床、平面磨床等关键设备，建立起了全国最大的生产基地，钣金件的加工质量已达到世界先进水平，实现机械加工数控化，关键工位的数控化率达到 100%。在此基础上，充分利用物联网、大数据、机器人等手段，实现了个性化的"订单化"生产模式。

"定向性升级"改造是企业产品深受客户认可的又一关键因素。得益于长期的技术积累、快速的反馈机制和成熟的技术设计团队，针对客户的不同升级需求，公司采取定向性研发、定向性改造、定向性提升的方法，以需求定方向，满足客户的最大升级需求，既展现了企业的技术水平、服务形象，也为稳定的客户资源提供更好的使用体验。

三、强强联合推动企业长远发展

公司先后与中国农业大学、河南工业大学、河南农业大学、农业部南京农业机械化研究所、郑州中粮科研设计院有限公司等科研院所和高校建立了长期的战略技术联盟，在粮食加工设备、种子加工设备、物流仓储装备领域开展卓有成效的技术合作，先后联合研发环保除尘系列设备、大型粮食清理设备、大型系列输送设备等，部分产品达到了国际先进、国内领先的技术水平，并以领先的产品引领市场。

公司通过联合承担国家科技支撑计划、国家重点研发计划、省重大科技专项等 16 项科研项目，研究新技术、集成成套装备，仅通过近 3 年的努力，就研发出新产品 20 余项、鉴定科技成果 20 项，获得包括中国粮油学会科学技术奖、河南省科技进步奖、河南省科技成果奖等在内的省部级奖励 5 项。主导产品 MS 系列电气控磨粉机、FSFG 系列新型高方平筛被评为国家级重点新产品、河南省高新技术产品、河南省名牌产品等。在此基础上，公司产品的国内市场占有率已超过 20%，小麦主产区的市场占有率在 30% 以上，成为国内同行业规模最大、产品品种最全、配套性最好、创新能力最强的粮油机械制造企业。

在研发的同时，公司立足实际，展望未来，于 2018 年和中粮集团有限公司签订战略合作协议。中粮集团以入资控股的合资方式进行合作，开启了龙头民营企业与巨型国有企业的强势联合。此次合作，将利用民营企业自身灵活高效、市场反应快速、竞争力强的特点和国有企业的平台优势、资源优势、品牌优势、资金优势，通过优势互补，充分发挥混合所有制优势，进一步促进公司产品结构的多层次化和生产经营的规模化，促进企业实现技术创新、规模创新。

今后，公司将继续发挥行业引领作用，为提升国家粮食安全保障能力，服务农业深加工供给侧结构性改革做出新贡献。

着力培育公共品牌　全力打造百亿企业

湖北国宝桥米有限公司

湖北国宝桥米有限公司（以下简称国宝桥米）是农业产业化国家重点龙头企业、全国大米加工 50 强企业、湖北"一袋米"工程主体企业和湖北民营企业 100 强。近年来，国宝桥米积极调结构、促转型，深入实施优质粮食工程，充分发挥京山桥米区域公共品牌优势，全力将国宝桥米打造成百亿企业。

一、发挥原产地优势，做强精品集聚大产业

公司充分发挥桥米品牌原产地优势，向前端整合农产品原料种植，向后端深度开发桥米系列产品，延长加工产业链条。**一是抓好大推广**。依托武汉大学院士工作站，联手华中农业大学、湖北省农业科学院等专家团队，建立 500 亩优质桥米水稻品种试验示范推广基地，打造"中国南方籼稻种子硅谷"，占领优质水稻品种高地，做到"推广一代、储备一代、研发一代"。**二是建设大基地**。在孙桥镇 2000 亩流转土地建设桥米核心示范基地，在全市建设 10 万亩桥米订单集聚地，并组织种植农户开展标准化生产，从品种、技术、产量、效益等方面为农户提供全方位服务，为三年后建成 50 万亩优质水稻种植基地打好基础。以"高效率、新品种、新技术、新模式"为指导，在石龙建立 3000 亩高标准的生态种养

基地，大力发展稻鸭、稻鳖、稻虾和稻鳅共育，通过有机种养，实现产品多元化。**三是实施大开发**。与大专院校和科研院所实施"产学研"合作，引进和自主开发深加工技术，进行农副产品的深度开发和综合利用，开发休闲食品、米汁饮料、杂粮、母婴食品、米糠油等食品加工及转化。**四是建设大园区**。2019 年年初，占地 500 亩的国宝桥米产业园正式开工，拉开了国宝桥米粮油加工板块核心项目建设序幕。年产 20 万吨智能化桥米生产线及相关配套设施，将以自动化、智能化的技术，精细化的管理，促进桥米加工板块做强做优。**五是促进大融合**。国宝桥米结合桥米的饮食文化，衔接京山的绿林文化和屈家岭农耕文化，加强对桥米原产地种植环境的保护和优化，以桥米历史为主题，开发华夏五千年的农耕文明之旅项目，建设一个集有机生态种植、特种养殖、观光旅游、民俗文化展示、博物馆展示、农事体验、住宿餐饮会议、休闲垂钓、采摘果蔬等于一体的田园综合体。

国宝桥米产业园区图

二、发挥集团化优势，打造"国宝桥米"大品牌

充分发挥"国宝"桥米品牌优势和京山轻机集团公司资金优势，大力实施品牌战略。**一是提质量**。公司借力数字技术，从原料着手建立 2000 亩数字农业示范区，打造从原料种植到销售的现代化、可视化农业，

真正建成"从田间到餐桌"的全程可追溯体系。公司通过了 ISO 9001 质量管理体系、ISO 14001 环境管理体系和 ISO 22000 食品安全管理体系三大认证。"国宝"牌桥米产品通过了有机食品、绿色食品和无公害食品认证，先后荣获中国地理标志保护产品、最具市场竞争力品牌、中国名牌、中国驰名商标。**二是壮龙头**。公司立足桥米加工主业，投资 2000 多万元对年产 20 万吨桥米生产线及配套设施进行智动化升级改造，确保核心产品生产规模；并与京山市内 7 家享有"京山桥米"加工、销售资格的大米加工企业开展横向联营，构建起互利互惠、合作共赢的桥米产业联盟，确保实现公司年销售桥米系列产品 20 万吨的目标。**三是树形象**。公司加大在央视和地方电视台等主流媒体的品牌宣传力度，2018 年 9 月中旬，央视"中国农民丰收节"节目现场直播国宝桥米石龙基地收购场景，为提高"京山桥米"的知名度迈出了坚实的一步。同时，公司强化在各大型超市、连锁店、卖场的宣传营销措施，创新社区及移动平台的广告宣传，联合工商、食药监等部门强化打假，维护"国宝"品牌声誉，提升"国宝"品牌价值。"国宝"品牌在中国品牌评价中的价值达到了 13.55 亿元。

三、发挥主渠道优势，构建终端营销大平台

2018 年 4 月，母公司京山轻机集团公司斥资 6000 万元控股湖北荆楚粮油股份有限公司（以下简称荆楚粮油），大力实施"荆楚大地 + 国宝"双品牌战略，推进荆楚粮油和国宝桥米深度融合发展。**一是完善荆楚粮油市场体系**。在"北上广深"和省内"一主两副"及荆门地区主要商圈开设直营旗舰店，构建覆盖全省，辐射全国的放心粮油"一张网"。2018 年，公司在武汉投资开设了水果湖直营旗舰店和保利九里直营旗舰店。**二是建立产品专供（定点生产、定向供应）制度**。依托荆楚粮油，争取教育、粮食、食药监部门支持，建立了学校粮油集中定向采购制度，推进"荆楚大地 + 国宝"等产品进学校、进企业、进机关、进超市。**三是拓展线上线下营销**。加强与天猫、京东、饿了么、微信商城、盒马鲜生等知名电商平台以及富瑞丰、众邦云商等本土电商企业合作，大力拓展线上营

国宝桥米与荆楚大地双品牌建设的荆楚大地旗舰店水果湖店开业

销，实现高端产品线上先行、中端产品线下全覆盖，提升品牌知名度和产品市场占有率。同时，积极参加国内外粮油产销对接会、农业博览会、食品博览会等活动，持续提升"国宝"品牌的影响力。

一二三产业融合发展 争做粮食产业化先锋

克明面业股份有限公司

克明面业股份有限公司（以下简称"克明面业"）专注于挂面的研发与生产，"陈克明"品牌被誉为中国挂面行业的第一品牌。目前，公司正在打造粮食生产、收购、仓储、加工、销售、供应链金融一体化的"一二三产业融合"的盈利模式，从市场需求出发，通过粮食产业联合体的组织形式，依托品牌营销、现代管理、订单农业等工具，引导农户科学种植，提高粮食行业产业化水平，形成公司产品的核心竞争优势。

一、发展稻虾米订单农业，做大做强湖南稻虾米

南县素有"鱼米之乡"之美誉，其生产的"南洲稻虾米"荣获国家地理标志商标。2018 年，南县大力推广生态"稻虾米"种植，克明面业借助其优质的稻种及稻虾共生的原生态环境，建设了 200 亩标准化优质"稻虾米良种繁育基地"，培育营养、安全、有机、高品质的稻虾米。

公司采取"公司＋基地＋农户＋电商"的模式，在青树嘴镇等地发展订单基地 10 万亩，基地统一供种、统一种植模式、统一栽培技术并以高于市场价保底收购。产品远销广东、福建、北京、香港等经济发达省市和地区，带动农户收益提高 10% 以上。

公司 2018 年销售大米 1.4 万吨，产量同比增长 150%，销售收入增长

140%；正在南县投资建设两条大米生产线，建成后年加工能力可达到 10 万吨。

二、构建架构清晰的全国营销网络体系，强化"好粮油"产品渠道掌控力

公司拥有一支优秀的营销团队，销售网络遍布全国 31 个省、市、自治区，在重点中心城市设立办事处 13 个，地市和县级开发经销商 930 多家，使公司保持了产销两旺、持续健康发展的良好态势。

（一）**优化经销商体系，实现从"经销商"到"营销商"的转变**。推行"制造业服务化"的理念，对目前流通渠道的 1800 余家经销商进行优化升级，通过派遣驻地业务、配置专人一对一拓展帮扶等形式，将上市公司在财务管理、金融服务、人力资源、营销推广等方面的经验导入经销商系统，提升经销商经营能力，实现从"经销商"到"营销商"的转变。

（二）**构建 KA（重要客户）直营系统**。克明面业目前已初步完成 KA 直营系统平台的搭建，几乎覆盖全国所有 KA 卖场、50 多个直营系统、5000 家左右的大型卖场门店。未来，克明面业将借助 KA 品质标杆的形象，快速投放优质米面，通过平台的宣传推介，引领粮食消费升级。

（三）**打造品牌示范店，自建营销网络**。公司计划自建品牌形象示范店，将百姓日常消费的面条、面粉、大米、米粉等产品，全系列集中陈列，以全新的姿态塑造公司大品牌形象，为行业树立品质标杆。同时向消费者普及健康知识，促进粮食消费升级。公司计划以长沙为中心建设品牌旗舰店，后期逐步推广至湖南其他区域，通过直营或加盟等形式，逐步建设覆盖全国的品牌示范店，为社区居民提供优质放心米面。

三、加强质量管理体系和研发创新投入，夯实企业发展基础

（一）**持续完善符合国际标准的安全质量控制体系**。公司长期注重生

产环节的质量控制，通过明确食品安全管理机构及责任人、每月食品安全工作考核、完善企业原辅料内控标准、积极推进 ISO 9001、HACCP（危害分析与关键点控制）管理体系等多种手段保障食品质量安全。自 2014 年以来，全国各地食品药品监督管理局共抽检"陈克明"牌挂面及相关产品 347 批次，合格率达到 100%。

克明面业面制食品自动化车间一角

（二）积极参与食品研发项目，不断推陈出新。2011 年 3 月开始，公司在长沙环保科技产业园区陆续投资 2 亿多元，成立了"湖南省克明食品研究院"，拥有各类检测研究设备 3000 余台（套），价值 3000 多万元，设备实力目前居国内食品生产企业检验机构前列。近几年来，公司在挂面生产中的拌料、熟化、烘烤、切面等工艺上，已获得国家授权专利 94 件（其中发明专利 32 项），获得省部级科技成果 3 项，获得国家科技进步二等奖 1 项。公司于 2017 参与制定了"中国好粮油"挂面标准，2018 年作为牵头单位，联合河南工业大学、江南大学等机构，进行"大宗面制品适度加工关键技术装备研发与示范"项目的研发，该项目被列入国家"十三五"重点研发计划。公司在 2018 年还研发出低酸性的乌冬面面体，与国内外同类型的产品相比品质毫不逊色，新上市的"红油凉面"凭借

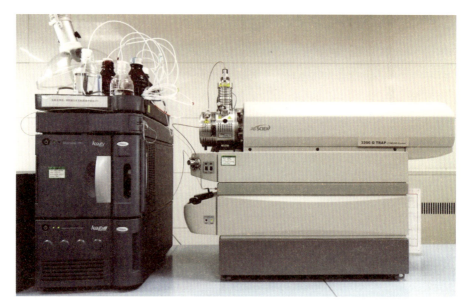

克明面业公司研发检测中心的液质联用仪

其口感劲道、健康、个性化等优势当选为"2018 中国爆品食材总评榜年度爆品"。

四、加大品牌宣传力度，提高公司市场影响力

（一）携手"非诚勿扰"。2018 年克明面业持续增强对"好粮油"的品牌宣传力度，10 月启动大型综艺栏目植入合作，以指定产品名义赞助江苏卫视《非诚勿扰》节目，通过主持人口播、压屏条等形式为"陈克明"品牌进行背书；同步启动线上宣发，综合运用朋友圈小视频等传播手段进行二次宣发，取得了积极的社会反响。

（二）以"中国速度"驶入发展快车道。克明面业斥巨资将宣传阵地延伸至"中国名片"——高铁。中国高铁在"安全""便捷"和"高效"方面的内涵与"陈克明"品牌高度契合，实现了品牌与高铁名片的有效结合。

此次与高铁携手合作也是克明面业强大实力的体现，意味着"陈克明"品牌又迈上了更高更快的发展平台，更展示出"陈克明"打造国家品牌、民族品牌、百年品牌的雄心和决心！

深化改革谋发展　勇担使命保粮安

深圳市深粮控股股份有限公司

深圳市深粮控股股份有限公司（以下简称深粮控股）与共和国同龄，是深圳市的"米袋子"。公司立足保障区域粮安，围绕"打造粮食供应链优质服务商"战略目标，坚持模式创新、技术创新和管理创新，走出了一条具有深粮特色的可持续发展之路，逐步成长为区域内经济效益最好，最具竞争力、创新力和影响力的粮食行业上市公司。目前，公司市

深粮控股在深圳证券交易所举办重组更名开市仪式

值规模近百亿元、营业收入超百亿元，排名"深圳 500 强企业"第 88 位。2018 年，公司入选国务院国企改革"双百行动"，并完成资产重组，成为"地方大中型粮企整体上市第一股"。

一、坚持动态储备，保障区域粮食安全

深粮控股前身为宝安县财粮科，70 年来一直承担着保障区域粮食安全的神圣使命。回顾历史，无论是 2003 年平息"非典"抢购风波，还是 2008 年应急供应冰雪灾害，抑或是 2015 年物资支援光明滑坡事件，深粮控股总是在第一时间主动反应。当前，深粮控股承担粮油储备规模近百万吨，是深圳市最大的承储单位，同时肩负着驻港、驻深部队的军粮供应任务。近年来，深粮控股抓住粮食增储契机，在优先确保政府宏观调控、保障粮食安全的基础上，充分发挥动态储备机制"费用包干""动态轮换""常储常新"的特点和优势，全面参与市场竞争，通过市场化自主经营，持续优化、创新粮油仓储物流模式、配送服务方式等，市场竞争力、调控力明显增强，主渠道地位进一步突出。公司年粮油购销量超过 1000 万吨。

二、坚持战略引领，立足主业提质增效

近年来，公司以战略引领企业重新出发，聚焦打造"粮食供应链优质服务商"和"安全优质食品提供商"，持续推动企业转型升级，延伸产业链，提升价值链，打造供应链，实现了经济效益和社会效益"双丰收"。近十年，公司营业收入由 24 亿元增加到 108 亿元，累计增长 3.5 倍；利润总额由 1300 万元增加到 3.08 亿元，累计增长 22.7 倍，财务状况大幅改善，连续多年在国务院国有资产监督管理委员会监管企业财务绩效评价中获评"优秀"，并先后 5 次入围"中国服务业企业 500 强"，荣获"中国十佳粮油集团"等荣誉。

三、坚持创新驱动，致力打造行业标杆

（一）聚焦深化企业改革，创造产业发展先行经验

公司紧抓新一轮国企改革契机，全力推进各项综合改革举措，并取

得阶段性重大成果。**一是**完成与深圳市深宝实业股份有限公司重大资产重组，首开粮食业务整体上市先河。**二是**作为唯一一家地方国有粮企，入选国务院国企改革"双百行动"。**三是**引入社会资本，加速推进混合所有制改革。2013 年至 2018 年，公司相继成立合资公司 5 家，着力推进粮油营销和冷链物流渠道拓展。**四是**成立粮食产业基金，引进战略投资者共同参与粮食基础设施建设，构建深粮特色投资链。

（二）聚焦服务粮食流通，布局供应链关键节点

一是构建和完善产销区粮食"沿海大通道"，与环渤海湾、长三角、珠三角、北部湾等物流枢纽建立战略合作关系，下一步拟借助资本市场以投资并购等方式深度合作，进一步强化主产区粮源流向南方的物流通道。二是快速推进服务于粤港澳大湾区建设的东莞智慧粮食物流节点建设，发挥产业集聚、辐射和带动效应。该项目选址东莞市麻涌镇，将打造集粮油码头、中转储备、检测配送、加工产业和交易市场于一体的现代化智慧粮食物流园区，整体规划占地 729 亩，预计总投资 30 亿元，规划总仓容 87 万吨，万吨级码头泊位 4 个，千吨级码头泊位 6 个。目前，项目已建成投产仓容 32 万吨、万吨级码头泊位 1 个，2018 年粮食中转量超 100 万吨，并实现盈利，预计 2019 年年底将再投产 1 个日加工能力 600 吨的面粉厂和 2 个万吨级码头泊位，预计到 2020 年将有超过 80 万吨仓容投产使用。

（三）聚焦细分粮油市场，精准服务客户需求

公司旗下 9 家单位在粮油产业不同领域开展专业化经营，其中重点打造以"互联网 +"为手段构建的"三位一体"供应服务体系。一是旗下贝格厨房食品供应链有限公司专注提供粮油供应一站式服务，打造连锁餐饮、万人食堂等大型终端客户的"厨房管家"，服务于 100 多家大型企事业单位、学校、医疗机构等。二是旗下"多喜米网"创新粮油电子商务，打造高端粮油产品"B2C"直销平台，现已拥有家庭用户超过 35 万个，并积极探索"线上 + 线下"融合，在深圳 50 多个社区全线推广以智能售卖机为核心的社区粮站，24 小时提供粮油食品供应服务，2018 年多喜米商务有限公司营收突

破 1 亿元。三是旗下"中国粮食交易网"专注构建和发展大宗产品交易平台服务，推动交易模式创新，2018 年成交量突破 500 万吨。

（四）聚焦打造深粮品质，树立品牌核心优势

质量安全是粮食企业发展的基石，深粮控股专注打造品牌核心价值，不断革新技术、加强质量管控，提升优质粮油供给，提高业务服务水平，以质量推动品牌建设，强化质量、品牌与市场经营的黏性，创建了"深粮""深圳面粉""深粮多喜""贝格厨房""谷之香""深粮福喜"等多个知名自有品牌，"深粮""深圳面粉"等品牌连续多年获得"深圳老字号"称号。行业影响力持续跃升，产品的综合竞争力显著提高。通过"粮库开放日""粮食宣传日"等公益活动，让市民零距离体验深粮控股在"质量保证""服务优良""保障民生"的用心实践，获得了良好的社会认同。

（五）聚焦创新深粮信息化，引领传统产业变革

深粮控股高度重视以现代技术手段改造提升传统产业，积极将物联网、云计算、大数据、移动互联网等新一代信息技术引入粮食管理。在行业内率先推进仓储管理的"标准化、机械化、信息化、无害化"建设，自主开发"深粮粮食物流信息系统"（深粮 GLS），应用 RFID（射频识别）

深粮东莞智慧物流综合园区筒仓群

技术、滑托盘设备，引进智能机械手，提升粮库作业效率和管理效能。目前，深粮控股已开发完成并正常运行的信息系统超过 30 个，在行业信息化核心领域取得专利 16 项、软件著作权 20 项，并以此为基础组建深粮研究院和深远数据技术有限公司，利用新兴技术构建粮油行业新一代智慧管理系统，面向全国输出深粮信息化技术服务。其中深粮 GLS 获财政部和国家发改委"物联网重大应用示范工程"授牌。

（六）聚焦强化风险管控，实现持续健康发展

建立健全"业务经营与资金管理、库存管理、质量管理"相对分离、相互制衡的全新业务管控体系，将储备粮油库存交由旗下储备分公司统一管理，资金交由资金结算中心按内部银行提供服务和监督，经营计划和核算、考核依据交由计划财务部统一负责，质量管控交由旗下挂牌"国家粮食质量监测站"的质检公司统一负责，同时加强总部风控部门对流程、法务、安全和内审的规范化要求，系统性降低储备及经营风险，确保储备粮油数量充足、质量良好。

未来，深粮控股将立足深圳，深度参与粤港澳大湾区建设，依托资本市场，结合"一带一路"，加快粮源基地和粮食物流节点全国布局，延伸产业链中枢服务平台，推广运用新兴技术改造传统产业，探索项目建设、管理运营经验等标准化的复制和输出，持续引领传统产业转型升级，着力打造全国一流的"智慧食品供应链优质服务商"。

推进转型促发展　做强产业助脱贫

贵州省湄潭县竹香米业有限责任公司

贵州省湄潭县竹香米业有限责任公司（以下简称公司）是一家集优质稻谷订单种植、收购、加工、销售及储备为一体的民营企业。公司先后获得贵州省农业产业化经营省级重点龙头企业、脱贫攻坚优秀基层党组织等殊荣，入选国家粮食局、中国农业发展银行重点支持粮油企业名单，被贵州省人民政府列入《贵州省十大千亿级工业产业振兴行动方案》中生态特色食品产业发展的重点企业。公司开发的"名镇竹香"系列产品，获得中国农产品加工业投资贸易洽谈会优质产品奖等荣誉。

一、统筹推动，脱贫攻坚与产业发展齐头并进

村企联合，变救助式扶贫为产业化扶贫，变输血式扶贫为造血式扶贫。一是成立专业合作社，确保农户增收。公司成立了湄潭县千禾稻谷种植专业合作社，实行"公司＋合作社＋基地＋农户"的运行管理模式，走"市场带企业，企业带基地，基地连农户"的粮食产业化经营之路。二是提高收购价，带动农户增收。公司通过与贫困村紧密合作，带动贫困农户种植优质稻基地面积达 8000 余亩，涉及贫困农户 230 余户，收购价每斤比签订协议前高 1.25 元，种粮农户平均每亩增加收入 1000 元。三是采取"三利三保"，稳定农户增收。"三利"即合作社以每亩 720 元费

用向农户流转土地，农户获得土地流转金；合作社聘请农户在基地种植稻谷，合作社付给农户打工费，使基地农户每年可获得 400 万元务工费；年终和农户一起分红，将基地优质稻利润的 30％作为农户的分红，2018 年为农户分红 120 万元，让农户享受"三重红利"。"三保"即合作社免费给农户提供种子、化肥、生物农药，让农户"零投入"参与种植；合作社与农户以"保底价＋市场浮动价"签订回收协议，让老百姓享受"零风险"参与种植；农户种植过程中，合作社为农户全程提供技术支撑，让农户享受到"保姆式"无缝对接的一站式服务，实现企业盈利和农户增收的合作共赢。

二、生态发展，推动企业转型升级

一是实施订单农业，打造绿色粮源基地。通过引导农户发展优质稻订单种植，打造绿色粮源基地，扩大优质粮食生产，增加优质粮食供给，

竹香米业订单种植基地

带动农户增产增收。公司采取"企业 + 基地 + 合作社 + 高校 + 农户"的模式，种植"大粒香"等中高端品种，以"保底价 + 市场浮动价"与农户签订回收协议，免除种植户后顾之忧，最大程度保障种植户的利益。在基地建设过程中，在农业部门指导下，对育苗、种植、病虫害防治、田间管理等系列流程实行统一管理，保障原料品质。

二是狠抓质量体系，加强"三品一标"建设。"三品一标"建设是保障产品质量的根本。公司基地和产品已通过 GB/T 19630 有机产品认证、ISO 9001 国家质量管理体系认证、ISO 22000 食品安全管理体系认证、HACCP 危害分析与关键点控制认证、无公害产地认证。制定严格的质量内控管理制度，修订形成"名镇竹香"产品质量标准以及相应的基地种植、加工技术规程，保证产品从田间到舌尖的食品安全与品质。新建大米智能检验检测系统、大米生产清洁化除尘系统、智能安全变压保护系统、现代化辅助加工系统，实现智能化管理。引进 ERP（企业资源计划）手机 App 交互系统，做到产品质量全程可追溯。

三是强化科技支撑，着力提升产品品质。公司成立了企业技术中心，与贵州大学农学院、贵州省农业科学研究院水稻研究所合作，开展土壤改良，新品种、新产品的研发工作。配置施用土壤改良剂，使改良剂和土壤充分融合，杀灭有害菌，培育有益菌群，恢复生物种群和生态环境，疏松土壤，构建地下肥料加工厂，为有机稻谷生长提供有利的环境。同时，对现有优质水稻品种进行提纯复壮，着力提升水稻的品质，满足市场需求。

四是推进"五化工程"，提高仓储管理水平。为以更高标准符合省级储备粮规范化、精细化、科学化的管理，公司大力推进储粮工作"五化"创建活动，即粮仓标准化、储粮科学化、操作规范化、管理智能化、队伍专业化。同时积极探索绿色储粮新技术，运用储粮专用空调对粮食进行准低温储藏，控制储粮温度，将粮温控制在 15~20℃的低温状态，提高粮食储藏稳定性，实现绿色储粮。

五是加强营销，积极推进"黔货出山"。公司在上海等地均成立实体线下大米体验店，同时积极推进传统实体销售模式和"互联网＋"新型市场的融合，成立竹香米业电商部，在淘宝、天猫、微信商城、美乘网等平台进行推广、销售。公司拥有专业的美工、设计、售前、售后、运输服务运营团队，自上线以来，创造了贵州大米搜索版、销售版双第一的成绩，线上销售品种达 10 余款，主要由爆款市场米、白领家庭星期米、伴手礼米、红花粥米以及基地高端米等系列产品组成，平均月订单达 8000 余件。2017 年年底通过参加香港国际中小企业博览会等在国际上具有影响力的展会，开辟"黔货出山"新路径，成功将特色优质粮食产品推向中国香港、马来西亚等市场，其中公司打造的"贵州水煮贵州米"概念产品在香港市场很受欢迎，售价为 980 元 / 盒（2 斤装），极大提高了产品附加值。

竹香米业产品系列

下一步，公司将在建立专业化、社会化粮食产后服务体系，完善粮食质量安全检验检测体系，开展"中国好粮油示范企业"行动中做好各项工作，为促进转型发展，助力脱贫攻坚作出新的努力。

坚守品牌初心　走特色发展之路

云南省玉溪市滇雪粮油有限公司

云南省玉溪市滇雪粮油有限公司（以下简称"滇雪粮油"）是一家集油脂油料、储运、贸易为一体的现代化食用油加工企业，年加工能力15万吨，是全国放心粮油加工示范企业、中国食用油加工企业50强、全国油菜籽加工10强、农业产业化国家级重点龙头企业，年销售收入已突破20亿元大关。

一、"品牌强滇雪兴"，品牌建设是立企之本

滇雪粮油是一个传统的生产型企业，过去以收购加工、卖散装粮油为主。虽然1992年就拥有了"滇雪"品牌，但品牌意识不强，更无从谈起品牌建设，市场竞争力弱。2010年，滇雪粮油开始从生产型企业转变为生产经营并重型企业，打造"滇雪""菜家村"品牌，促工作、促发展、促进步，狠抓品牌建设。在坚持"用良心、做好油"这一宗旨和理念的同时，依托云南的地理区域优势打造绿色优质品牌，通过做市场、做特色，把滇雪品牌和产品做起来。同时，滇雪粮油不断加大市场的投入和推广宣传力度，让滇雪品牌、滇雪产品走进千家万户，深入人心。

滇雪粮油在把市场做起来的同时，还充分发挥了云南高原生态的区域优势，结合企业特点，提出"增品种、提品质、守品牌"的行动目标，

采取"走出去、请进来"的方式，着力开发具有特色化、差异化的油品。"滇雪清香菜籽油"就是滇雪粮油根据市场需求打造的产品，受到了消费者的青睐！目前，滇雪粮油已有以"滇雪"菜籽油、核桃油、红花籽油、橄榄油等为主的近36个系列，85个单品。

滇雪公司的产品展示

二、以基地建设为抓手，让产业链、精准扶贫连一线

生产的第一个环节——原料，是产品品质的关键。为避免在原料采购上受制于人，经过长期深入的考察调研，滇雪粮油探索出了一条适合自己的发展路途——与云南的贫困县合作进行基地建设。基地建设是粮油企业今后发展的必然趋势，做好基地建设不仅解决了企业优质原料的来源问题，还为企业生产优质粮油提供了保障。同时根据云南山区多、边疆地区少数民族多、收入低，冬闲田地撂荒等状况，滇雪粮油通过当地政府牵线搭桥，促成企业、合作社、农户合作平台，农业科学院提供技

术服务指导，做到企业投入一些，政府支持一些，农业科学院技术支撑一些，多方联动，多层次、多角度、多方面共谋发展，带动贫困地区农民增收。2017年以来，滇雪粮油与全国贫困县澜沧拉祜族自治县（以下简称澜沧），开展粮油原料示范基地建设，效果显著。普洱市澜沧拉祜族自治县，有20个乡（镇）、总人口50.05万人，全县"直过民族"人口达22.88万人，建档立卡贫困人口14.19万人，贫困人口居普洱市第一。全县山区面积达98.8%，冬闲田地面积大，这些因素制约了澜沧的发展。但澜沧得天独厚的地理、气候、自然生态区位优势，使得山地油菜可种植面积在300万亩以上，这也是其发展的优势。2017年，澜沧人民政府和滇雪粮油、云南省农业科学院经济作物研究所签订三方长期共同发展战略合作协议，共建澜沧滇雪高原山地特色粮油基地，推动产业建设，实现农民增收，企业增效。针对部分贫困山区老百姓种地亩产不足300元的现实，共同实施亩产千元增收计划。通过"政府＋企业＋科技＋农民"的合作模式，按保护价卖给滇雪粮油，其中对全县种植油菜的贫困建档立卡户实行优先优价收购。不仅解决了农田冬闲的问题，也提高了农民收入，同时也解决了滇雪粮油优质原料来源问题。2017年，澜沧农民的收入从过去的300元达到了1000元。农民从观望到跟着干，2017年全县20个乡镇只有8个乡种植油菜，种植面积不足万亩；2018年全县有19个乡种植了油菜，种植面积达到4.2万亩，核心区种植面积达到1.6万亩。

同时，根据大小春季节特性，小春种油菜、大春种作物，推进种植优质水稻，以实现优势互补、综合利用、农民增收。全县有28万亩可耕优质稻田，滇雪粮油在澜沧申报了绿色基地认证。澜沧发展河乡荒坝寨的500亩有机水稻田，已经成为滇雪粮油的有机生态粮食培育发展基地。条件成熟后争取在其他乡规模化种植，满足滇雪粮油对优质大稻规模化生产的需求。这项工作将是2019年重点推进的工作，通过油菜、水稻轮种，让贫困地区农民每亩年收入达到3000元以上。根据云南省委、省政府提出的打"绿色食品品牌"和"一县一业""一产一品"战略，滇雪粮油在澜沧成立了全资公司瑞福农业发展有限公司，创建了**"糯福"**这个具有本地特色的优质粮油品牌，在做基地的同时，把地方市场做起来，把当地绿色农产品品牌树起来。在做好示范基地建设的同时，滇雪粮油将继续推进云南30万亩优质粮油种植基地建设，优化品种结构，以油菜籽等草本油料为主，兼顾核桃、坚果、茶果、油橄榄等木本油料，生产更多云南好粮油。

三、强化科技创新和技术进步，为企业提供强大动力

企业要发展，要转型前进，科学技术是保障。滇雪粮油通过与省内外科研单位、高等院校合作，培养技术人才，加大原料育种及产品生产、研发环节的品质提升力度。滇雪粮油从2010年起至今先后投入1.6亿元，进行生产技术改造，设备更新换代。2017—2018年投入7000余万元，新建厂房，购置国内先进加工装罐成套现代化设备，进行产业升级换代。滇雪粮油的产能从年6万吨达到了15万吨，罐装量能力从年10

滇雪公司更新完成的现代化生产流水线

万吨，达到了现在的 30 万吨。正在筹建的特色油料加工车间、"高原特色油料"研发中心，以及先进的企业产品质量管控中心都已纳入 2019 年、2020 年的发展计划中，将分步实施。同时，坚持人才兴企。滇雪粮油牢固树立"人才是活资源"观念，建立了业务培训学习制度，将每周末下午定为"滇雪学习日"，有针对性、目的性地对职工进行业务培训，并通过树典型来激励广大职工。

今后，滇雪粮油将继续在品牌建设、产品建设、基地建设、企业文化建设等方面努力攀登，为消费者生产安全、健康、绿色的优质粮油。

三链协同　五优联动
推动企业高质量发展

陕西粮农集团

———————————————————————————

　　陕西粮农集团（以下简称集团）是陕西省委、省政府于 2012 年按照"大集团引领、大项目支撑、集群化推进、园区化承载"战略，在整合省属粮食、农业企业基础上组建的大型国有粮农企业。

　　集团成立以来，始终围绕服务陕西经济社会发展大局，认真贯彻习近平总书记"粮头食尾""农头工尾"和对陕西的"追赶超越""五个扎实"要求，以实施"优质粮食工程"为抓手，突出"三链协同"，实施"五优联动"，深入推进供给侧结构性改革和产业转型升级。2012—2018 年，集团营业收入从 22.53 亿元增长到 128.59 亿元，年均增长 33.68%；利润总额从 1434 万元增长到 8010 万元，年均增长 33.20%；年粮油加工规模从 38 万吨扩大到 155 万吨，增长 4.08 倍；年粮油经营贸易量从 150 万吨扩大到 1000 万吨，增长 6.67 倍。在陕西省百强企业排名中由 2012 年的 71 位上升到 2017 年的 30 位，综合实力位居西北粮食行业首位，跻身全国地方国有粮食企业前列。

一、战略引领发展，促进"三链协同"

　　集团按照陕西省委、省政府赋予的示范引领陕西现代农业发展、保障区域粮油市场供应安全的企业使命，以打造国内一流、西部领先的现代化粮农产业集团为目标，确立了"从田间到餐桌"全产业链、全供应链、全价值链协同发展战略，全力构建以信息服务、技术服务、投融资服务三大平台为支撑的特色现代农业、粮油收储贸易、粮油食品工业、营销物流服务、产业金融服务五大产业板块，大力实施品牌引领、制度创新、管理提升、资本运营四大举措。几年来，产业体系日臻完善，产业布局不断优化，加工规模大幅提升，呈现了粮食"产销加"相互融合，产业链、供应链、价值链协同发展的良好局面。在现代农业板块建设上，积极构建以现代农业服务业为重点，以优质粮源基地建设和特色农产品开发为两翼，三产融合发展的农业经营体系。建有 5 万亩良种育繁基地，推广多个粮油良种，促进优质粮食订单种植可持续发展。开展粮油收储等政策性业务，整合地方仓储资源，形成了覆盖陕西、延伸省外的"中心库—收纳库—收购点"三级粮食收储体系，并承担了全省粮库智能化升级改造任务。在西北、东北、沿海地区建立粮油收储中转基地，开展小麦、玉米、白糖期现货交割业务。投资 10 亿元建成陕西兴平、杨凌、富平三个粮油食品工业园区，通过新建、合作、并购等方式，形成日加工 5000

陕西粮农集团升级改造后的自动化车间

吨共 11 条面粉生产线，日加工 500 吨 2 条大米生产线，日精炼 260 吨、罐装 400 吨食用油生产线各 1 条，产品包括粮油、食品、农资、农副四大类 150 多个品种。

二、优粮工程牵引，实现"五优联动"

作为全国首批优质粮食工程——"中国好粮油"省级示范企业，集团探索推出"五个五 全流程"中国好粮油示范模式，将优粮优产、优粮优购、优粮优储、优粮优加、优粮优销"五优联动"贯穿产业发展全过程、各环节。围绕构建好种子、好原料、好加工、好产品、好营销"五好"粮油产业链，开辟统一供种、统一种植、统一服务、统一收获、统一收购"五统一"订单种植基地；形成分产地、分品种、分等级、分价格、分仓位"五分开"分类收储体系；打造优质面粉、大米、油脂、杂粮、主食"五大"好粮油产品线；建设品牌、渠道、平台、终端、物流"五位一体"营销示范体系；健全覆盖生产、采购、储存、运输、加工、销售"全流程"质量控制及可追溯体系。

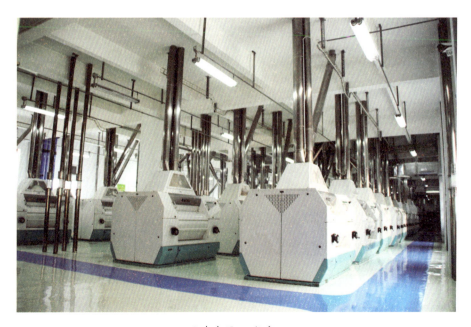

西瑞产品研发中心

2015 年以来，通过开展良种推广示范行动，在主产区设立 10 余个试验点，开展了 20 余个国审、省审粮油品种筛选试验，建立"中国好粮油"种业示范基地，有力促进陕西优质粮油品种推广。通过开展订单种植示范行动，大力推进优质粮食订单种植基地建设，在主产区县建成 9 个粮食产后服务中心，发展优质小麦、玉米、油菜、杂粮订单种植 220 余万亩，合作主体包括各类农业公司、农村专业合作社、家庭农场和村委会等 200 余家，涉及农户 48.7 万户，实现农民增收 2000 余万元。开展"1+N"订单农业综合服务体建设，探索"订单农业 + 粮食银行 + 保险代理 + 土地流转 + 农资农机服务 + 产后服务中心 + 产业联合体"增值服务。通过开展加工升级示范行动，依托食品工程技术中心，加快设施工艺技术改造，新研发 17 个优质粮油产品。通过开展营销示范行动，建设"中国好粮油"示范店 20 家、市县级物流配送中心 6 个、商超专柜 50 个，并在西安多个社区投放自助销售终端设备；完成"优粮网购"电商平台升级，形成 O2O 垂直电商新模式；大力开展"中国好粮油"进机关、进企业、进社区、进乡村、进军营、进学校活动，进行广告媒体宣传。通过开展质量管控示范行动，以现代信息技术为手段，推进建立以粮油加工为中心，覆盖粮食产业链全流程的质量控制及可追溯体系，实现产品流通链、信息链和责任链的全程控制。

三、扩大开放合作，打造新增长点

近年来，集团不断加快推进企业内外部资源整合，以专业化管理、集约化经营为原则，对内实施业务、产品、品牌、人才等资源整合，对外大力开展业务、技术、资本等多元合作，优化产业布局，打造新的经济增长点。与大连商品交易所、郑州商品交易所合作发起设立 100 亿元陕西粮农产业发展投资基金，推进供应链管理、集团化交割业务。同时紧抓"一带一路"发展机遇，大力实施"走出去"战略，成立了陕西粮农新丝路投资实业有限公司，与哈萨克斯坦、柬埔寨等国企业合作成立贸易公司，开展优质粮油和农副产品进出口业务。

四、强化创新驱动，推进转型升级

2017 年，集团被陕西省政府确定为省属国有资本投资运营公司改革先试先行企业。在国家供给侧结构性改革、深化国有企业改革的政策背景下，集团主动顺应粮食产业和市场发展新趋势，制定《加快推动高质量发展（2018—2020 年）三年行动计划》，以建成现代化粮农产业投资集团为目标，确立了"增强行业示范引领和保障区域粮食安全主体作用、建成高水平国有资本投资运营平台、构筑结构优化的粮农产业集群、打造创新驱动的企业核心竞争力"四大目标任务。通过近两年的不懈努力，目前以管资本为主的授权经营体系已初步建立。为提高国有资本在粮农产业领域的投资运营能力，集团积极布局产业金融服务板块，着力培育新模式、新业态，促进产业与金融相结合、信息化与工业化相融合，推动一二三产融合发展，正在实施一批生物能源、健康食品、电子商务、中央大厨房等项目。

以品牌提升为主线　促进粮食产业经济发展

宁夏兴唐米业集团有限公司

　　品质铸就品牌，品牌是企业走向强大的必由之路，也是企业综合实力的体现。多年来，宁夏兴唐米业集团有限公司（以下简称公司）以品牌为主线，逐步壮大发展成为集粮食科研、种植、生产、销售于一体的国家级农业产业化重点龙头企业。

一、保证粮源优质是品牌建设的基础

　　公司紧紧围绕宁夏优质稻产业，组建研发团队，建立稻米科技研发中心，提升核心竞争力。与国家水稻技术体系银川综合试验站、宁夏回族自治区农业科学院农作物研究所、宁夏大学、灵武市农技推广服务中心等技术单位建立长期稳定的合作关系，积极探索完善"公司+科研+基地+农户"的经营模式，形成了"一个技术中心+四个基地"的优质稻谷生产模式。即"自治区级企业技术中心+订单优质稻"基地（优质稻订单基地）、新品种引进示范推广种植基地、高端产品开发基地、富硒稻基地。2018年，优质稻订单基地面积扩大到15万亩，引进推广优质新品种30多个，农民亩均增加收入150元以上，带动基地3万多农户增收2200万元。以工厂化大棚育秧为核心，进行不同品种比较，以及不同有机肥料、宽窄行、覆膜插秧及米糠除草等9项新技术试验示范；每年筛选新品种

兴唐米业集团优质稻谷培育基地

34个，其中宁粳43号大米被评为"中国十大好吃米饭"第二名，成为宁夏高端产品、优质品种。通过土地流转自建基地方式，将先进的农业技术和装备组装配套并进行规模化生产，建立有机稻基地；利用黄河金岸两侧良好生态环境和农业基础设施，全力打造西北地区有机大米生产基地，分别被确定为农业部"万亩高产创建示范方"和宁夏引黄灌区现代农业示范区。通过基地建设，有效促进宁夏自治区农业增产、农民增收、企业增效，也极大保证了产品品质的稳定性。

二、坚持利益共享是品牌建设的动力

公司牵头组建"银川市优质水稻产业联合体"，联合科技推广部门、新型农业经营主体、农资经销企业、社会化服务组织、农户等共同组成新型农业社会化服务组织。联合体各方签订生产服务合同、协议，通过生产经营环节的合理分配，使各成员成为利益共同体，各负其责、共同发展。以公司确定的种植宁粳43、秋优88、宁粳27号等优质水稻品种为目标，统一组织收购、加工、销售产品，以高于市场价格10%收购成员优质水稻原粮；农资销售成员以优惠5%的价格向生产成员提供种子、化肥等农业生产资料；服务类成员以低于市场5%价格为生产成员提供农机、植保等服务；生产成员按照标准进行生产，通过提高产量、质量和降低生产成本增加收入。2018 年年底，联合体内部农民专业合作社、家庭农场发展到 31 个，在银川市建成"种、管、销、加"专业化分工与合作的优质水稻标准化生产示范基地 7 万亩，提高土地产出率 10%，实现农民人均纯收入高于联合体周边 10% 以上，有效提高了企业优质原料保障能力。通过联合体五年的运行，建立了紧密的优质稻产业利益链接机制，优质稻谷的生产和产量稳步增长。

三、实施精品战略是品牌建设的抓手

强化企业 ISO 9000 体系、HACCP 体系认证管理，确保产品质量和在生产、加工、制造、食用等过程中的安全；积极申报产品绿色食品和有机产品认证，使"兴唐"品牌得到消费者的普遍认可；开发有机米、富硒米、香米等高端产品，已开发红米、黑米、糙米、糯米等特色产品及常规品种 18 个系列 103 种规格，拓展消费群体，产品在宁夏市场占有率达 30% 以上。公司依托宁夏优质水稻资源优势和"中国十大大米区域公

兴唐米业品牌展示

用品牌宁夏核心企业"、"中国十大好吃米饭"、中国驰名商标等品牌影响力，进一步拓宽销售市场，及时调整营销策略。同时针对不同消费群体的需求制定营销方案，瞄准大中城市、高等院校、团体消费等群体，以高档、优质为突破口，打造优势品牌，"兴唐"商标被认定为中国驰名商标，大大提高了"兴唐"产品的美誉度和知名度。"兴唐"大米也多次荣获中国国际农产品交易会金奖、中国绿色食品博览会金奖、中国国际粮油产品及设备技术展示交易会金奖、中国农产品加工业投资贸易洽谈会金奖、第十届中国国际农产品交易会优秀展出奖、第四届中国国际有机食品博览会金奖等殊荣。

四、一二三产业融合发展为品牌建设提供坚实平台

公司加强与科研企业、技术服务企业的交流合作，大力建设优质水稻标准化现代农业园区。按照规模化种植—全程社会化服务—标准化生产—订单收购—精准加工—品牌化销售—网络营销，进一步创新现代农业模式，形成稻米加工、品牌发展、生态农业现代农业园区和销售服务四大产业体系，逐步形成一二三产业融合互动的格局。一是园区推广"稻蟹共生"生态农业模式，实行以稻为主、稻蟹共生、标准有机、增产增效，种植面积1.2万亩。二是创新农业生态新模式。园区把建设有机稻生态农业现代农业园区和水稻农耕文化园紧密结合起来，以现有园区为核心，把沿黄河金岸带打造成集立体生态农业、观光农业于一体的具有鱼米之乡风情的特色生态观光休闲农业产业带。三是延伸粮食食品产业链条，开发休闲风味食品，借助公司遍布全国的营销网络，发展"互联网+"新型业态，促进优质稻生产、销售、加工管理智能化水平。四是完善新型农业社会化服务体系建设。园区发展测土配方、统防统治、农机服务等社会化服务组织，完善信息平台，形成优质水稻联合体和产业联盟等社会化服务形式，构建公益性服务与经营性服务相结合、专项服务与综合服务相协调的新型农业社会化服务体系。

建设粮食产业强国
成效与亮点

媒体宣传

建设粮食产业强国

建设粮食产业强国
成效与亮点

人民日报：

中国特色粮食安全之路越走越宽广

（2019 年 10 月 15 日）

　　所贵惟贤，所宝惟谷。粮食事关国运民生，粮食安全是国家安全的重要基础。

　　"中国人口占世界的近 1/5，粮食产量约占世界的 1/4。中国依靠自身力量端牢自己的饭碗，实现了由'吃不饱'到'吃得饱'，并且'吃得好'的历史性转变。"日前，国务院新闻办公室发表《中国的粮食安全》白皮书，全面介绍中国粮食安全成就，深入阐述新时期国家粮食安全战略，充分展示中国为维护世界粮食安全、促进共同发展作出的积极贡献，郑重宣示中国有条件、有能力、有信心依靠自身力量筑牢国家粮食安全防线，对于增进国际社会对中国粮食安全的了解具有重要作用。

　　70 年春华秋实，70 年山河巨变。新中国成立后，中国始终把解决人民吃饭问题作为治国安邦的首要任务。70 年来，在中国共产党领导下，中国依靠自己的力量实现了粮食基本自给，不仅成功解决了近 14 亿人口的吃饭问题，而且居民生活质量和营养水平显著提升，粮食安全取得了举世瞩目的巨大成就。特别是党的十八大以来，以习近平同志为核心的党中央把粮食安全作为治国理政的头等大事，提出了"确保谷物基本自给、口粮绝对安全"的新粮食安全观，确立了以我为主、立足国内、确保产能、适度进口、科技支撑的国家粮食安全战略，走出了一条中国特色粮食安全之路。中国依靠自身力量端牢自己的饭碗，这既是中国人民自己发展取得的伟大成就，也是为世界粮食安全作出的重大贡献。

确保国家粮食安全，我们坚定走中国特色粮食安全之路。我们立足本国国情、粮情，贯彻创新、协调、绿色、开放、共享的新发展理念，落实高质量发展要求，实施新时期国家粮食安全战略。我们稳步提升粮食生产能力，保护和调动粮食种植积极性，创新完善粮食市场体系，健全完善国家宏观调控，大力发展粮食产业经济，全面建立粮食科技创新体系，着力强化依法管理合规经营。今天，更高层次、更高质量、更有效率、更可持续的粮食安全保障体系逐步建立，国家粮食安全保障更加有力，中国特色粮食安全之路越走越稳健、越走越宽广。

维护世界粮食安全，中国积极参与世界粮食安全治理。粮食安全是世界和平与发展的重要保障，中国始终是维护世界粮食安全的积极力量。中国积极践行自由贸易理念，加强国际交流与合作，坚定维护多边贸易体系，落实联合国2030年可持续发展议程，为促进世界粮食事业健康发展、维护世界粮食安全作出了重要贡献。面向未来，中国将继续遵循开放包容、平等互利、合作共赢的原则，努力构建粮食对外开放新格局，与世界各国一道，加强合作，共同发展，为维护世界粮食安全作出不懈努力。

仓廪实，天下安。今天，中国人民既要"吃得饱"，更要"吃得好""吃得放心"。奋进新时代、踏上新征程，中国将在习近平新时代中国特色社会主义思想指引下，始终以人民对美好生活的向往为奋斗目标，推动粮食产业高质量发展，提高国家粮食安全保障能力，为人民获得更多福祉奠定坚实根基，为推动构建人类命运共同体作出新的贡献。

新华网：

加快建设粮食产业强国，扛稳粮食安全重任（一）

（2019 年 06 月 28 日）

一个目标

坚持"粮头食尾"和"农头工尾"，以实现高质量发展、建设粮食产业强国为目标，优化粮食资源配置，调优调绿产能结构，提高粮食产品创新力、品牌影响力和市场竞争力，加快构建现代化粮食产业体系。

从规模实力看

2018 年年末，全国纳入粮食产业经济统计的企业达到 2.3 万户，年工业总产值突破 3 万亿元；产值超千亿元省份 11 个。

山东省突破 4000 亿元，江苏、安徽、广东、湖北、河南 5 省均超过 2000 亿元。

从质量效益看

产能结构调整优化，传统成品粮加工行业产值占比下降 2.5 个百分点。

粮食深加工和食品加工行业产值增幅分别高于全行业平均水平 3.8 个和 10.7 个百分点。

利润总额比 2016 年增长 64.9%，销售利润率达到 6.9%，提高 2.1 个百分点。

从品牌影响看

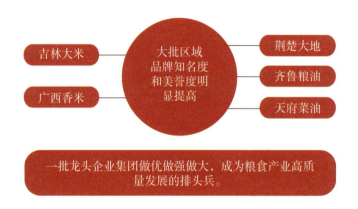

两大战略

围绕实施国家粮食安全战略，推动粮食供求平衡向高水平跃升，积极防范化解粮食领域重大风险，为构建更高层次、更高质量、更有效率、更可持续的粮食安全保障体系提供强力支撑；围绕实施乡村振兴战略，推动粮食精深加工转化，加速产业链条向两端延伸，形成新的经济增长点，在实现农业强、农村美、农民富中发挥积极作用。

提高粮食加工能力和产业集中度，增强抵御各类风险能力

2018 年，全国各类涉粮企业实际加工转化粮食 5.5 亿吨，粮食加工转化率达到 83%；入统产业化龙头企业产值占全国总量的 61%，提高近20 个百分点。

完善市场体系，建立多层次供给渠道，提高流通效率

全国粮食大型市场 500 多家；主食厨房销售网点 2.2 万个，覆盖超过3000 万城乡人口，同比增加一倍多。

中国粮食交易大会和黑龙江金秋粮食交易会、福建粮食交易洽谈会等活动，为优质粮油产品搭建了展示对接的舞台。

带动一二三产业融合发展，促进农民增收

全国产业化龙头企业建立优质粮源基地 6700 多万亩，关联农户达到

1200 多万户。入统企业中民营企业达 2 万户，占比接近 90%，有力带动了创业就业。

黑龙江　质量兴农调优"头"；接二连三壮大"尾"；勇闯市场做强"销"；千方百计促农"富"；粮食产业年销售收入突破 1000 亿元，形成了良好的综合效益。

新华网：

加快建设粮食产业强国，扛稳粮食安全重任（二）

（2019 年 06 月 28 日）

三链协同

推进产业链、价值链、供应链协同发展，增创粮食产业发展新优势。

延伸粮食产业链

大力实施"建链、补链、强链"，全产业链经营等"六种模式"发展壮大，产业链完整性大幅提高。

提升粮食价值链

引导企业坚持市场需求导向，增品种、提品质、创品牌，打好绿色优质牌，提高产品附加值。

打造粮食供应链

"点线面"统筹布局，抓住关键节点，补齐薄弱环节，构建高效便捷的优质粮油供应网络。

山东省滨州市　突出高点定位、龙头带动产业链延伸拉长实现"全"；价值链整合提升实现"增"；供应链优化升级实现"新"；产业集群集约集聚实现"强"；种植结构调整实现"优"。

2018 年全市粮食产业工业总产值 1010 亿元，粮食加工转化增值率达 3.4∶1，高于全国平均水平 1.2 个百分点。

湖北　建立"放心粮油"一张网，打好"荆楚大地"一张牌，探索线上线下一体化，建立起优质粮油营销体系。

北京　天津　上海　与主产区共建直销通道。

深粮集团　探索"厨房管家"和"社区粮站"等模式，使优质粮油产品直通市民"米袋子"。

四大载体

抓好"优质粮食工程"和示范市县、特色园区、骨干企业建设，形成多点支撑整体发力格局。

深入实施"优质粮食工程"，中央财政三年累计安排专项资金近200亿元，带动地方财政和社会投资500多亿元，全面推动粮食产后服务体系建设、粮食质检体系建设和"中国好粮油"行动。

遴选认定示范市县，给予优先支持，发挥"领头雁"作用。

黑龙江省五常市　"中国好粮油行动示范市"，抓源头保品质、抓营销强品牌、抓产业增效益，实现农民增收、企业增效、税源增加、消费增信、品牌增值，五常大米品牌价值达600多亿元。

依托粮食主产区、特色粮油产区、粮食重点销区、关键物流节点，支持建设一批粮食产业示范园区。

河南　布局六大粮食产业示范园区，新乡延津成为全国首个"优质小麦现代产业园"，永城市实现由"中国面粉城"向"中国食品城"的转型，临颍县建成知名休闲食品基地，形成集群规模优势。

扶持发展一批具有核心竞争力、行业带动力的大型骨干企业和成长性好、特色鲜明的中小企业。

河南省漯河市　大力实施重点企业五年倍增工程，注重招大育强、产业谋划、创新引领、融合发展，2018年新增规模以上工业企业76家，新增超5亿元企业10家、超10亿元5家，食品工业对工业增长的贡献率达到69%。

五优联动

坚持质量兴粮，大力推动优粮优产、优粮优购、优粮优储、优粮优加、优粮优销，将优质高效要求贯穿到粮食产业发展全过程。

实现"五优联动"重在区域整体提升

吉林   从良种培育、集约种植的源头把控质量，依托"企业＋合作社＋基地＋农户"搞活订单收购，通过实施重点项目改善仓储条件，依靠工艺升级保证产品品质，拓展立体式销售渠道，闯出了做优做强稻米产业之路。

实现"五优联动"重在坚持标准引领

江苏   严把标准打造"品质苏米"。

湖南   以好粮油团体标准促进产品升级。

四川   通过高位定标实现菜油产业高点起步。

实现"五优联动"重在利益紧密联结

内蒙古   大力支持农企合作，土地流转和订单农业发展到 110 万亩，帮助农民增收近亿元。

安徽   80% 以上粮油加工骨干企业与农户、家庭农场、专业合作社开展股份合作，实现了风险共担、利益共享。

新华网：

全国加快推进粮食产业经济发展交流会在郑州召开

（2019 年 06 月 21 日）

---

6 月 19 至 20 日，全国加快推进粮食产业经济发展第三次现场经验交流会在郑州召开。

会议对加快推进粮食产业高质量发展、建设粮食产业强国作出全面部署，并对河南省漯河市授予"全国主食产业化工程示范市"称号。会上，河南省粮食和物资储备局、漯河市人民政府等相关部门分别作典型交流发言。会议期间，与会代表先后实地参观漯河市、郑州市粮食骨干企业和特色园区。

据了解，本次会议旨在加快推进全国粮食产业高质量发展，扛稳粮食安全重任。目前，国家已提出"粮食安全战略"，并对深化农业供给侧结构性改革、增强粮食安全保障能力作出一系列重大部署。"国家粮食安全战略"为全国发展粮食产业经济和保障国家粮食安全，指明了正确方向、提供了根本遵循。

会议认为，做强粮食产业，对提升粮食安全保障能力、促进农业提质增效、推动乡村振兴具有重要意义。要进一步优化粮食种植结构，积极推动农村一二三产业融合发展；进一步提升粮食精深加工水平，培育有国际竞争力的龙头骨干企业；进一步在延伸产业链、提升价值链、完善供应链上下功夫，拓展农民就业增收渠道。

　　国家发展和改革委员会党组成员，国家粮食和物资储备局党组书记、局长张务锋表示，"通过这次交流会，要认真总结各地好经验好做法，聚焦实现高质量发展、建设粮食产业强国'一个目标'，围绕国家粮食安全战略和乡村振兴战略'两大战略'，突出产业链、价值链、供应链'三链协同'，建设优质粮食工程、示范市县、特色园区、骨干企业'四大载体'，推进产购储加销'五优联动'。下一步，要更加注重'三产融合'和'三链协同'；更加注重深入实施优质粮食工程；更加注重建设现代化粮食产业体系和粮食'产购储加销'体系；更加注重'深化改革、转型发展'，激发粮食产业高质量发展。"

　　河南省政府有关领导在致辞中表示，"河南将切实扛稳粮食安全重任，深入推进农业供给侧结构性改革，发挥粮食产业优势，延伸粮食产业链、提升价值链、打造供应链，不断提高农业质量效益和竞争力，加快实现从粮食大省向粮食强省的迈进。"

人民网：

发展粮食产业经济　各地有哪些好招？

（2019 年 06 月 21 日）

　　粮食稳，天下安。夏粮再获丰收之际，国家粮食和物资储备局在河南省郑州市召开全国加快推进粮食产业经济发展第三次现场经验交流会。

　　"从粮食生产大国向粮食产业强国迈进，是爬坡过坎、持续优化的过程。要乘势而为、正视差距，精准施策、加力提效。"国家发展和改革委员会党组成员，国家粮食和物资储备局党组书记、局长张务锋强调，要更加注重"三产融合"和"三链协同"；更加注重深入实施"优质粮食工程"；更加注重建设现代化粮食产业体系和粮食"产购储加销"体系建设；更加注重"深化改革、转型发展"。

　　各地在推进粮食产业经济发展实践中有哪些好经验好做法？会议期间，多个典型地区和企业与参会代表们做了深入的交流和探讨。

一、发挥优势做强特色全面实施"五优联动"

　　以"优粮优产、优粮优购、优粮优储、优粮优加、优粮优销"为内涵的"五优联动"，将高质量发展的要求贯穿到产业发展全过程、各环节。

　　河南省素有"中原粮仓"之称。国内市场上，每 10 碗中国粮，有 1 碗产自河南；每 4 个馒头，有 1 个用的是河南面粉；每 10 个速冻食品中，有 6.6 个出自河南。河南省粮食和物资储备局局长张宇松表示，河南省通过实施"五优联动",正推动着粮食资源大省向产业经济强省迈进。张宇松介绍说,河南省通过狠抓粮食加工枢纽引擎作用,强力推动优粮优加。2018 年以来,全省粮食行业发挥主食产业优势,补齐加工环节短板,深入推进"中国好粮油"行动计划,不断增加优质粮油的有效供给。2018 年,全省粮油加工业总产值达到 2032 亿元,主食产业化率达到 48%,粮油加工转化率达到 86%。

陕西粮农集团有限责任公司董事长王东锋介绍说,通过大力推进优质粮食订单种植基地建设,在主产区县建成 9 个粮食产后服务中心,发展优质粮食订单种植 220 余万亩,合作主体包括各类农业公司、农村专业合作社、家庭农场等 200 余家,惠及农户 48.7 万户,帮助农民增收 2000 余万元。

山西省立足"杂粮纯优势,小米大产业",大力打造"山西小米"区域公共品牌。成立省粮油标准化技术委员会和"山西小米"产业联盟专家技术委员会,负责"山西小米"品牌标准制定、科技创新及成果转化。山西省粮食和物资储备局局长王云龙介绍说,通过精心遴选,确定忻州"好粮油"示范市和 15 个"好粮油"示范县。坚持示范市(县)人民政府是实施主体,依托有经营规模、有品牌影响力、有带动能力的龙头企业,依托县域培育粮食产业集群,促进"五优联动"。

二、抓住粮食核心竞争力推动"三链"协同发展

所谓"三链",即产业链,创新链,价值链。"三链协同",要求统筹考虑资源禀赋、基础优势、短板弱项、潜力空间等因素,积极培育和引进龙头企业,有针对性补齐短板,加速延伸产业链。深入实施科技兴粮和人才兴粮工程,突出优化创新链。突出产品提档这个前提,抓住品牌带动这个重点,强化业态升级这个关键,不断提升价值链。

河南漯河市临颍县享有"中国休闲食品之都"的美誉。这里,拥有美国嘉吉、河北养元、福建盼盼、福建雅客、福建亲亲等各类规模以上休闲食品企业 100 多家,税收超千万企业 11 家,国内休闲食品企业 10 强

中有 8 家在此投资建厂。在河南省漯河市市长刘尚进看来，产学研协作十分重要。他表示，漯河市财政原则上每年拿出不少于 1 亿专项奖补资金，大力支持企业广泛应用新技术新工艺，加快产品研发，不断提高企业核心竞争力。相继培育出国家级高新技术企业 4 家，省级创新型试点企业 4 家，院士工作站 2 个、博士后科研工作站 2 个，等等。在市政府的支持下，漯河职业技术学院与河南工业大学、漯河食品学院与江南大学和中国农科院等高校院所开展合作，建立了漯河市休闲食品协同创新中心和漯河市食品产业公共研发平台。近三年，开展产学研合作活动 25 次，解决难题 15 项。双汇集团、南街村集团、平平食品等一批龙头企业开展智能化、绿色化、企业技术"三大改造"，示范带动了主食加工企业向智能化、高端化发展。

"五常大米"连续三年蝉联地标产品大米类全国第一，2018 年五常大米品牌价值达 677.93 亿元，一年净增 7.23 亿元。黑龙江省五常市委书记张希清提出"打造高效优粮产业"。一是发展特色大米。根据不同群体需求，发展粥米、胚芽米、富硒米等功能大米，推动五常大米多样化、差异化发展。二是做强精深加工。按照"粮头食尾""农头工尾"要求，鼓励企业引进国内外高端设备和先进工艺，全市 293 家大中型稻米加工企业全部实现自动化流水线作业、无尘化加工，智能化、自动化设备达到 80% 以上。加强稻米深加工及稻壳、稻草、米糠、碎米等副产品利用，促进五常大米产业生态循环发展，实现了产业链、价值链、供应链的高效协同。

中粮贸易作为中粮集团粮食流通业务的专业化公司，依托粮库，打造有效衔接粮食种植环节和下游加工客户的农业产业化服务平台。中粮集团总裁助理、专职监事朱福堂表示，经过三年探索实践，订单农业、粮食银行、综合农事服务三大"拳头产品"日渐成熟，到 2018 年，农业产业化合作面积达到 1234 万亩，掌控粮源 240 万吨，建立基地 345 万亩，签署订单 340 万亩，惠及农民 14.86 万户，农民增收 541 万元。

中国网：

粮食产业经济的"漯河特色"
——以主食产业化大发展促品牌提升

（2019 年 06 月 22 日）

加快发展粮食产业经济，是兴粮之策、惠农之道，也是进一步筑牢国家粮食安全基础的必然选择。6 月 19 日至 20 日，国家粮食和物资储备局在河南省召开全国加快推进粮食产业经济发展第三次现场经验交流会，河南省漯河市的"主食产业化"特色发展之路引发广泛关注。

漯河市依托自身农业资源丰富、粮食生产能力强的优势，围绕提升粮食附加值，以主食产业化带动全市农业现代化提速，着力培育千亿食品产业集群，打造主食知名品牌，推进产学研协作，加强标准化建设，推动主食产业高质量发展。

会上，国家粮食和物资储备局授予河南省漯河市"全国主食产业化工程示范市"称号。

国家发展和改革委员会党组成员，国家粮食和物资储备局党组书记、局长张务锋表示，要认真总结各地好经验好做法，聚焦实现高质量发展、建设粮食产业强国。下一步工作中，要更加注重"三产融合"和"三链协同"，推动粮食产业创新发展、转型升级、提质增效；更加注重深入实施优质粮食工程，更好满足人民美好生活需要；更加注重建设现代化粮食产业体系和粮食"产购储加销"体系，增强国家粮食安全保障能力；更加注重"深化改革、转型发展"，激发粮食产业高质量发展活力。

一、"漯河特色"：以主食产业化大发展推动品牌提升

漯河农业资源丰富，年均粮食总产量稳定在 180 万吨左右，仓容 470 万吨，粮食加工量 600 万吨，占河南省的 15%，年粮食交易流转量 1080 万吨，辐射周边 9 个省份及豫南 8 个地市。

近年来，漯河充分发挥自身优势，围绕提升粮食附加值、以主食产业发展带动全市农业现代化提速，推动主食产业高质量发展。

例如，鼓励企业通过强强联合、战略重组等形式做大做强，培育出销售收入超 500 亿的企业 1 家、超 10 亿元的企业 5 家、超亿元的企业 42 家；积极引导主食加工企业向园区集中，加快中国食品百强工业园和临颍休闲食品产业园建设。全市农业产业化集群达 23 个，其中省级 13 个，双汇食品、联泰食品两个产业化集群被命名为省示范性产业化集群。

漯河主食加工业总产值从 2017 年的 450 亿元增加到 2018 年的 490 亿元，增长 8.9%；粮油加工转化率由 90% 提高到 96%，主食产业化率从 57% 提高到 60% 以上。一大批名企名品，如旺旺、康师傅、统一、盼盼、南街村、卫龙辣条等在漯河集聚发展。

值得注意的是，漯河市支持粮食龙头企业大力发展"产购储加销"一体化模式和"合作社＋联合体＋产业园"的发展模式，构建从田间到餐桌的优质粮食产品供应体系。全市已培育出 14 个省级农业产业化联合体，联合体内各经营主体相互协作，年实现营业收入突破 800 亿元，直接吸纳农民就业 8.5 万人，带动 40 万农户增收致富。

二、各地亮点纷呈，粮食产业高质量发展取得新实效

在本次经验交流会中，山东省滨州市、黑龙江省五常市等多地代表介绍了当地粮食产业经济的发展心得，各省因地制宜、因势利导，涌现出一大批典型亮点和先进经验。

山东省滨州市突出循环融合、绿色发展。滨州围绕"两头两尾"要求，

从"产购储加销"各环节入手，大力发展全产业链一体化经营；从改造传统工艺、升级技术装备入手，大力推进循环经济；从开展订单种植入手，推动要素集聚、产业叠加、领域联动，努力释放发展红利，实现产业链、生态链、价值链融会贯通。全市玉米、大豆、小麦原料综合利用率均达 98% 以上。

黑龙江省五常市建立了五常大米产业标准体系。在执行《地理标志产品五常大米》国家推荐性标准（GB/T 19266—2008）基础上，参照国际好大米标准，对五常大米从良种繁育、浸种催芽、育苗插秧、收割仓储到加工销售的 27 个流程 99 道工序，逐一细化，制定了五常大米种子、环境、种植、投入品、仓储、加工、产品、管理等八方面地方标准，在 2018 年中国·黑龙江首届国际大米节上对外发布，引领全国大米行业标准。同时，研究制定《五常大米原产地保护提升规划》，科学划定先导区、过渡区和潜力区，探索分区定价，打牢五常大米高端品质基础。

山西省探索建立科技创新中心，积极推动粮食科技纳入"山西农谷"省级战略。一是下发《关于"科技兴粮"的实施意见》。二是大力推动科技成果转化，"太行明珠"即冲即食小米粥、"沁州黄"早餐营养米粉、老字号"太谷饼"等杂粮产品走向市场，得到消费者的高度认可。三是加大科研项目投入力度，从省级"好粮油"项目中拨付 235 万元，支持千亩连片谷子全程机械化种植示范、病虫害防治、良种筛选、即食性方便性小米产品开发等 4 个课题研究。

湖北省积极打造供应链，创新完善优质粮油营销体系。湖北以实施"优质粮食工程"为契机，在"放心粮油"工程基础上，进一步完善优质粮油营销体系，构建了以荆楚粮油公司为龙头、以 92 家放心粮油配送中心为龙身、以 1560 家放心粮油连锁店为龙尾的优质粮油"一条龙"，开创了优粮优销新局面。

在国家粮食和物资储备局"连抓三年，紧抓三年"的统筹部署推动下，在各省因地制宜、因势利导，扎实推进粮食产业高质量发展的持续努力下，粮食产业经济取得新实效：2018 年年末，全国纳入粮食产业经济统计的企业 2.3 万户，实现工业总产值 3.1 万亿元，比 2016 年增长 10.6%；销售利润率提高 2.1 个百分点；龙头企业实现工业增加值占比达到 62%，提高近 20 个百分点。

央视网：

如何加快推进粮食产业经济发展？听听"河南做法"和"漯河经验"

（2019 年 06 月 21 日）

---

6 月 19 日至 20 日，全国加快推进粮食产业经济发展第三次现场经验交流会（以下简称交流会）在河南郑州召开。来自全国各省、自治区、直辖市及新疆生产建设兵团粮食和物资储备局（粮食局）、各垂直管理局、有关市县人民政府、省级粮食集团、大型粮油加工龙头企业和相关高校主要负责人等参加了此次会议。

今年是国家粮食和物资储备局第三年举办交流会，也是粮食产业经济发展"连抓三年、紧抓三年"的第三年。在 2017 年举办的交流会中，"滨州模式"让全国各省看到了一条可学习、能复制、易推广的粮食产业发展路径，2018 年，"五常大米"、"山西小米"、"广西香米"等地理标志产品和区域公共品牌打响了"品质战"、"品牌战"，越来越多的典型做法和特色发展引发关注。

在今年的交流会现场，"河南做法"、"漯河经验"等一系列推动粮食产业发展的案例，则为推动粮食产业强国建设提供了有力的支撑。

"出彩成绩单"的背后，是各级政府以及相关行业的共同努力。河南省漯河市市长刘尚进在大会作经验分享时说，漯河农业资源丰富，年均粮食总产量稳定在 180 万吨左右，仓容 470 万吨，粮食加工量 600 万吨，占河南省的 15%，年粮食交易流转量 1080 万吨，辐射周边 9 个省份及豫南 8 个地市。其中，依托主食加工业总产值从 2017 年的 450 亿元增加到 2018 年的 490 亿元；粮油加工转化率由 90% 提高到 96%，主食产业化率从 57% 提高到 60% 以上。

山西省粮食和物资储备局局长王云龙以《打好"特色""优质"两张牌，加快构建现代特色粮食产业体系》为题，分享了山西在突出打造小米省域品牌的经验。他说，在大力打造"山西小米"区域公共品牌时，山西依托技术机构和联盟企业，试点建设两个良种展示中心，加大优良品种的提纯复壮和应用推广，逐步实现统一供种，从源头保证高品质。正是在好粮源带来好产品、好产品实现好效益的带动下，"山西小米"平均售价从每斤五六元上升到二十元左右。

作为企业代表，中粮集团总裁助理朱福堂说，从 2015 年起，他们开始探索农业产业化经营，确立"农业综合服务平台"商业模式，打造"粮食银行 +"业务链体系，在实现自身从传统粮食销售商向服务商转型发展的同时，不断疏通从田间到下游的全产业链条，经过三年探索实践，到 2018 年，农业产业化合作面积达到 1234 万亩，掌控粮源 240 万吨，建立基地 345 万亩，签署订单 340 万亩，惠及农民 14.86 万户，农民增收 541 万元。

听完来自全国各地 10 位分享嘉宾的经验交流后，国家粮食和物资储备局党组书记、局长张务锋表示，截至 2018 年年末，全国纳入粮食产业经济统计的企业达到 2.3 万户，年工业总产值突破 3 万亿元；产值超千亿元省份 11 个，其中"吉林大米"、"荆楚大地"、"广西香米"、"齐鲁粮油"、"天府菜油"等大批区域品牌知名度和美誉度明显提高，成为粮食产业高质量发展的排头兵。"未来要围绕建设粮食产业强国，推进产业链、价值链、供应链'三链协同'，在'绿色、优质、特色、品牌'上下功夫，培育壮大龙头骨干企业，切实增强综合实力，构建更高层次、更高质量、更有效率、更可持续的粮油安全保障体系。"

光明日报：

好挂面是"产"出来的，也是"种"出来的
——写好粮食产业经济大文章

（2019 年 06 月 24 日）

6 月的中原大地，麦浪滚滚，生机勃发。饱满的麦粒从收割机中喷薄而出，化身成面粉、饺子、挂面、馒头、糕点，丰富了全国乃至世界人民的餐桌……"好麦出好粉，好粉出好面""真正的好挂面既是'产'出来，归根结底则是'种'出来的。"

数据显示，2018 年全国粮食产业经济实现总产值 3.1 万亿元，增幅超过 6%，粮食产业经济保持了稳中向好势头。

让国家粮食安全"压舱石"的地位更加巩固，离不开产好粮、储好粮，也离不开用好粮、卖好粮，推进"主食产业化""粮油深加工"，让粮食产业经济活起来。如何延伸产业链、提升价值链、打造供应链，实现"三链协同"发展？如何提升粮食产业的科技支撑力和品牌引领力？记者日前进行了调研。

一、两个院士工作站和 1800 亿元的食品产业

两个院士工作站、两个博士后科研工作站、4 家国家级高新技术企业、10 家省级工程技术研究中心——这张河南省漯河市粮食产业科技创新的"布局图"，诠释着粮食产业高质量发展背后的科技力量。

正是有了科技和创新的支撑，漯河一个地市的食品产业主营业务收

入达到 1800 亿元左右，占河南省的六分之一，占全国的六十分之一。漯河因此也成为全国食品名城。

在漯河平平食品有限责任公司、河南豪峰食品有限公司、中原粮食集团多福多食品有限公司的生产车间，食品传送带马不停蹄，繁忙而有序的生产场景里，"中原粮仓"正在粮食产品精深加工中成为"国人厨房"。

在中原粮食集团多福多食品有限公司，一条最新自动化馒头生产线正全速运转。"这条生产线比以往生产线长度缩短了 40%，用工量降低了60%，生产能力和效率却提升了三到四倍。"中原粮食集团多福多食品有限公司总工程师杨业栋介绍。

速度和效率的提升，助推漯河粮食行业创新力高速增长。

"市财政原则上每年拿出不少于 1 亿元的专项奖补资金，大力支持粮食企业广泛应用新技术新工艺，加快产品研发，不断提高企业核心竞争力。筛选双汇集团、南街村集团、平平食品等一批龙头企业开展智能化、绿色化、企业技术'三大改造'，示范带动主食加工企业向智能化、高端化发展。"漯河市市长刘尚进道出了当地在发展粮食产业经济上的"秘诀"。

在科技的支撑下，漯河走出了一条主食产业化特色发展之路。这个年均粮食总产量 180 万吨左右的城市，年粮食加工量达 600 万吨，年粮食交易流转量 1080 万吨，成为辐射周边 9 个省份及豫南 8 个地市的粮食加工交易中心。

创新的动力和产业的活力，在高质量发展的乐曲中形成完美和声。

二、6700 多万亩优质粮源基地与农民增收

粮食产业一头连着生产、一头连着消费，基础性强，涉及面广。在解决吃饭问题的同时，形成了横跨一二三产业的庞大产业体系，既是稳增长的重要支撑、促转型的重要一环，也是容纳众多劳动力的民生产业。

正是因此，发展粮食产业经济和乡村振兴战略紧紧联系在一起。

位于河南南阳市镇平县的想念食品产业园，是个综合性的粮食产业基地，这里可以储粮、也可以加工粮食。在这里，新收购的小麦源源不

断地涌入拥有智能收储、氮气存储等功能的仓库和挂面生产车间，自动化生产线高效运转，一包包畅销挂面通过企业的销售网络销往全国各地。

把小麦变成挂面，可不是"想念人"的全部本领，他们坚信"好麦出好粉，好粉出好面"。

"真正的好挂面是'产'出来，归根结底则是'种'出来的。"镇平想念食品有限公司总经理常旭东说，近年来想念通过多种方式把产业链前伸，建立了30万亩优质粮源基地，企业与河南省农科院等科研机构合作，推广适合本地区的优质小麦品种，以高于市场价的价格收购优质麦，既保障了粮源品质，又带动了农民增收。

鼓励粮食龙头企业与农民合作组织、种粮大户等形成紧密联结的利益共同体，通过"订单粮食""土地托管""土地流转"等方式，发展优质粮源基地，成为中原粮仓河南粮食生产的重要法宝。2018年，河南省粮油加工企业优质原粮基地面积达到717.53万亩，关联农户数达到190.46万户。

在全国，优质粮源基地成为农民增收的一大途径。"全国产业化龙头企业建立优质粮源基地6700多万亩，关联农户1200多万户。统计企业中，民营企业达2万多户，占比接近90%，有力带动了创业就业。"国家粮食和物资储备局局长张务锋说。

三、700多亿元和发展"优质粮食工程"的决心

今年全国夏粮收购形势喜人。走进大大小小的粮油市场，优质粮油产品品种丰富、琳琅满目。"黑龙江大米""吉林大米""山西小米""广西香米""齐鲁粮油"等一批区域化粮油品牌快速崛起，产品附加值不断提高，绿色优质粮油产品供给增加。

这些成绩的取得，离不开"优质粮食工程"的深入实施。

张务锋介绍，为实施"优质粮食工程"，中央财政三年累计安排专项资金近200亿元，带动地方财政和社会投资500多亿元。

700亿元投入，彰显着全面推动粮食产后服务体系建设、粮食质检体

系建设，保障优质粮食供给的决心。

在优质粮食供给中，各地探索出适合本地特色的实施路径——山东省滨州市突出高点定位、龙头带动，产业链延伸拉长、价值链融合提升、供应链优化升级、产业集群集约集聚、种植结构调优，2018年滨州市粮食产业实现总产值1010亿元，粮食加工转化增值率达3.4∶1，接近发达国家水平；湖北省建立"放心粮油"一张网，打好"荆楚大地"一张牌，探索线上线下一体化，建立起优质粮油营销体系；京津沪等城市与主产区共建直销通道，深粮集团探索"厨房管家"和"社区粮站"等模式，使优质粮油产品直通市民"米袋子"……

张务锋认为，为推动粮食产业创新发展、转型升级、提质增效，要加快发展精深加工，增加专用型品种、功能性食品的有效供给，有序引导粮食加工向医药、保健、化工等领域延伸，促进初级加工、精深加工与综合利用协调发展；要引导企业采取全产业链经营、上下游协作等方式，实现仓储、物流、加工等环节有机衔接；要开展"互联网＋粮食"行动，探索推广手机售粮、网上粮店、农商直供等新业态。此外，还要推动粮食产业融入乡村振兴，促进农业观光、农耕体验、文化科普等产业发展。

人民日报：

去年全国粮食产业经济实现
总产值 3.1 万亿元

（2019 年 06 月 18 日）

2018 年全国粮食产业经济实现总产值 3.1 万亿元，增幅超过 6%，粮食产业经济保持了稳中向好势头。

财政部、国家粮食和物资储备局日前联合印发了《关于深入实施"优质粮食工程"的意见》，国家粮食和物资储备局印发了"优质粮食工程"3 个子项实施指南，包括粮食产后服务体系、粮食质量安全检验监测体系建设和"中国好粮油"行动计划三个子项，对进一步深入实施"优质粮食工程"作出全面部署。据了解，"优质粮食工程"在财政部的大力支持下，积极引导社会资本投入，充分发挥中央财政奖励资金"四两拨千斤"作用，连续 3 年投入奖励资金 197 亿元，调动各级财政和各类粮食经营主体的积极性，撬动社会资本 450 多亿元参与实施，相继落地了一批兴粮惠农项目。

经济日报：

粮食兴　产业旺　经济强
我国粮食工业年总产值破三万亿元

（2019 年 06 月 22 日）

　　6 月 20 日，国家粮食和物资储备局在河南郑州召开全国加快推进粮食产业经济发展第三次现场经验交流会。据悉，2018 年年末，全国纳入粮食产业经济统计的企业达到 2.3 万户，年工业总产值突破 3 万亿元；产值超千亿元省份 11 个，其中，山东省突破 4000 亿元，江苏、安徽、广东、湖北、河南 5 省均超过 2000 亿元。粮食产业已经成为一些主产区重要支柱产业。

　　粮食主产区的资源优势在粮食和农业，经济发展的比较优势也在粮食和农业。近两年，各地主产区以"粮头食尾"和"农头工尾"为引领，立足粮食资源优势，发展壮大粮食产业，把资源优势转化为经济发展优势，形成粮食兴、产业旺、经济强的良性循环，破解主产区"产粮越多，经济越穷"的发展困境，调动了地方抓粮积极性和农民种粮积极性。

　　河南省漯河市在探索粮食产业经济发展方面取得了显著成效。漯河地处全国粮食主产区和国家粮食生产核心区，年产量 180 万吨、加工转化 600 万吨、物流转运 1000 万吨；规模以上粮油加工企业 105 家，成为河南省万亿食品产业集群的重要支撑。该市构建从田间到餐桌的优质农产品供应体系，支持龙头企业与产业链上下游成立农业产业化联合体，实现"产购储加销"一体化发展。建成省级农业产业化联合体 14 个，年营收突破 800 亿元，带动 20 万农户增收。

粮食产业在稳增长调结构、支撑地方发展方面发挥着越来越重要的作用。实践证明，壮大一个龙头，带动一个产业；建好一个园区，隆起一片高地。各地立足特色资源和产业基础，壮大一批实力强、带动作用突出的骨干企业。优化粮食产业区域布局，支持主产区依托县域培育粮食产业集群，尽可能把产业链留在县域。

2017 年，国家粮食和物资储备局启动实施"优质粮食工程"以来，把创建示范县市作为推进粮食产业经济发展的重要载体和抓手，对遴选认定的示范市县给予优先支持，发挥"领头雁"作用。随着粮食产业经济的蓬勃发展，各地把品牌建设作为粮食产业发展的重要战略，以品牌建设为支撑，提升区域经济竞争力。目前，全国涌现出"吉林大米""荆楚大地""广西香米""齐鲁粮油""天府菜油"等大批知名度和美誉度很高的粮食区域品牌。

农民日报：

第二届中国粮食交易大会在郑州开幕

（2019 年 06 月 22 日）

---

6 月 21 日，第二届中国粮食交易大会在郑州开幕。河南省委书记王国生，河南省委副书记、省长陈润儿，国家粮食和物资储备局局长张务锋等出席开幕式，共同为交易大会启动开幕。

张务锋指出，交易大会以"新机遇、大融合、聚优势、谋共赢"为主题，旨在"创新转型增活力、提升产业促发展"，是展现我国粮食产业发展成果的一次盛会，是粮食产销衔接的重要平台，是引领粮食产业高质量发展的风向标，是践行初心使命、服务贫困群众、助力脱贫攻坚的有效载体，是聚焦河南粮食产业、助力"中原更加出彩"的具体行动。

陈润儿表示，河南省将以这次粮交会为契机，扛牢粮食安全政治责任，发挥粮油生产大省优势，坚持以"粮头食尾""农头工尾"为抓手，延伸产业链、提升价值链、打造供应链，加快粮油产业高质量发展。

交易大会由国家粮食交易中心、中国贸促会粮食行业分会、河南省粮食和物资储备局、郑州市人民政府承办。大会展览面积 6.5 万平方米，参会人员超 1.5 万人，参展企业超过 2200 家，参会企业意向购销粮食 2000 余万吨，征集招商引资项目 58 个。交易会期间，还举办了庆祝新中国成立 70 周年全国粮食和物资储备系统图片展，粮食电子交易、供应链创新论坛，粮油政策和供求形势分析研讨会，粮油产业项目投资洽谈会等系列活动。

中国科学报：

逛交易大会，品粮食产业"科技味"

（2019 年 06 月 25 日）

科技永远是产业发展的第一动力，无论在成本投入、品质延伸还是品牌建设上都发挥着重要作用。未来企业将加大科技投入，打造更高层次、更高效率、更高质量的产业模式。

喷香的陕西肉夹馍、亮晶晶的现蒸东北大米、透着麦香的河南馒头……随便逛上一圈保准你能吃个肚圆。放眼望去，来自全国 31 个省区市的 2200 多家企业在展区里"吆喝"着各自的优质产品，引得参观者驻足，其热闹程度不亚于年货市场。

这是 6 月 21 日在郑州召开的第二届中国粮食交易大会现场。开幕式上，国家发展和改革委员会党组成员、国家粮食和物资储备局党组书记、局长张务锋在讲话中指出，各单位应以这次粮交会为契机，坚持以"粮头食尾""农头工尾"为抓手，延伸产业链、提升价值链、打造供应链，加快粮油产业高质量发展。

科学技术是第一生产力，一个企业要想在激烈的市场竞争中站稳脚跟进而领先潮流，离不开雄厚的科技实力。那么，怎样让粮食产业更"智慧"？如何用科技促进粮食产业高质量发展？记者现场走访了多家企业，倾听他们的"科技产粮经"。

一、标准化生产打造健康粮源

农产品的第一属性为地域性，名特农产品都具有鲜明的地域特征。想要品尝到美味可口的粮油食品，离不开对原料"母体健康"的保护。

交易会上，吉林市东福米业有限责任公司负责人介绍，该公司从源头抓起，采用系列科技手段，确保大米品质。"公司在基地建设上重点开展了高标准农田建设和水稻田的整治工作，通过平整、大量施用优质有机农肥，增施土壤改良剂、稻草秸秆还田等有效措施，增加了土壤有机质含量，提高了土壤的通透性、保水、保肥能力，进而为种植的绿色有机水稻增加产量、提高品质奠定了基础。"

"我们采用工厂化育苗和标准化种植，打造大米高端品牌。"这位负责人介绍，公司拥有 10 万平方米的工厂化育苗基地，采用无土育苗营养基质进行育苗，设有浸种、催芽操作车间，并配套进行地下管网的铺设实现自动喷淋，安装了温湿度检测一级视频监控等先进设施。

"而且，从育种、翻耙地、施肥、插秧到田间管理等，全过程都是机械化、标准化作业。"他说。

"好粮源带来好产品，好产品实现好效益。"国家粮食和物资储备局相关负责人介绍，以粮食收储制度改革持续深化为契机，发挥流通对生产的反馈引导作用，鼓励龙头企业与农民合作组织、种粮大户等形成紧密联结的利益共同体，通过订单粮食和土地流转等方式，发展优质粮源基地。

记者了解到，河南省粮油加工企业建立优质原粮基地 718 万亩，关联农户 190 万户。贵州省实施特种优势粮油订单种植工程，带动种粮农户创造收益 93 亿元，惠及 115 万户，其中贫困户近 30 万户，户均收入 3100 元以上。通过发展优质粮源基地，"山西小米"平均售价从每斤 5~6 元上升到 20 元左右，加工企业盈利水平大幅提高。

二、科技创新助力工艺升级

琳琅满目的展区里，新鲜出炉的馒头花色各异，格外诱人，一股浓浓的麦香扑面而来。

"这是原香馒头，我们从河南小麦优势产区选用优质中筋小麦粉作为原料，采用二次发酵工艺生产的多福多馒头很受市场欢迎，每月销售额达30万~40万元。"中原粮食集团多福多食品有限公司总办主任韩红军笑着说。

记者了解到，为扩大粮食产业，企业积极主动寻求科技创新，无论在科研平台建设还是产业技术开发方面都取得了长足进步。

韩红军告诉《中国科学报》，该公司建立了国家工程研究中心、产业技术创新战略联盟、博士后工作站等多种形式的技术创新和产业转化平台，持续推进基础科研和应用科研开发，服务企业发展和产业升级。

依托科研平台，多福多拥有了大批高精尖人才。从2004年起，公司研发了多个系列的馒头、面条等智能化仿生主食生产线，其中第1代和第5代馒头生产线，经国家鉴定，已达到了国际领先水平。此外，公司还牵头起草了《小麦粉馒头》国家标准，为产业规范发展、主食安全供应，提供了规则保障。

韩红军举例说，刚出炉的馒头蛋糕，内部组织结构松软、有弹性，口感良好，但随着贮存时间的延长，会出现由软变硬的现象。组织变得松散、粗糙，弹性和风味也随之消失，降低了消费者的口感体验。

"传统的保鲜酶虽然对保持馒头柔软度、减缓馒头老化具有良好的效果，但是对馒头口感有一定的影响，使馒头黏性增加、弹性降低。为此我们公司调整了相关配方，研发了一种新型生物酶复合乳化剂，做出的馒头卖相好、口感质量佳。"他说。

如今，我国纳入粮食产业经济统计的企业有2.2万家，年销售收入2.9万亿元，形成了一定规模，粮食科技取得了显著发展。

其中，粮食储藏应用技术已达到国际领先水平，粮油加工工艺、装备和饲料加工装备已达到或接近世界先进水平。例如，河南工业大学研发的新技术可远程实时监测粮食库存数量。国粮武汉科学研究设计院有限公司研发的节能减损自动化碾米机，可将整米率提高2至5个百分点。

三、构建智能化营销新模式

要想在激烈的市场竞争里取得一席之地，不仅产品质量"硬"，还得会"吆喝"。再优秀的粮油产品也离不开市场推广，而电子信息的迅速发展为产品的网络营销提供了技术支撑。

吉林省粮食局局长李国强介绍，"吉林大米"坚持品牌化路线，从创建初期的直营店（商超专柜）1.0版本，到线上注册、线下体验电商平台2.0版本，逐步升级为产区到社区直通车3.0版本，实现了生产企业和销售终端的精准对接。

"去年，我们秉承'互联网＋农业''基地＋市场''消费＋体验'新理念，推出了'吉田认购'专属稻田4.0版本的新营销模式，把'卖米'上升到卖生态、卖服务，通过优化产品供给，畅通直供渠道，强化安全归属，更好地提升消费者的体验和享受，进一步促进了三产融合、三链协同和五优联动，推动大米产业提质增效。"李国强说。

"要酒香，不要巷子深。"河南豪峰食品有限公司董事长刘乃利告诉《中国科学报》，河南豪峰食品有限公司致力于构建低成本、高效率、智能化的经营模式，推动企业向现代服务型制造企业转型。其中，智能化的"电商突破战略"是一大亮点。

2017年来，公司聘请阿里巴巴核心技术层人员牵头，组建了200多位年轻人组成的电商运营团队，推动企业"线上、线下"同步发力。刘乃利介绍，传统的销售渠道很难听到消费者心声，为此公司与包括京东、淘宝在内的平台合作，通过大数据助力网络营销和产品开发。

"我们通过后台数据分析，可以了解消费者的性别、年龄和地区。比如说某个产品用户多集中在女性学生群体，网络上也多有她们撰写的产品评价。这些线上信息，可以反馈给线下的研发、包装设计等部门，以便实现精准化投放。"他表示，海量的互联网数据为企业提供了大力支持，打造了系列网红产品，深受用户欢迎。

"科技永远是产业发展的第一动力，无论在成本投入、品质延伸还是品牌建设上都发挥着重要作用。"刘乃利表示，未来企业将加大科技投入，打造更高层次、更高效率、更高质量的产业模式。

人民政协报：

中国碗装中国粮

（2019 年 06 月 25 日）

民以食为天。

物资匮乏的年代，中国人有着对于饥饿的集体记忆。当我们跨越了温饱阶段，消费升级的当下，对粮食产业催生了新的需求。

怎样把中国人的饭碗牢牢地端在自己手中，让我们餐桌上的食物更丰盛多样？近日，记者跟随国家粮食和物资储备局赴河南漯河、郑州实地走访食品加工企业，听取粮食产业经济发展现场交流会的经验，并见证中国第二届粮食交易大会的盛况。

中国碗装中国粮，从产粮大国迈向粮食产业强国，如今，我国粮食产量稳增，粮食产业经济也长足发展。

从"吃了吗"到"吃好了吗"

下班回家做什么菜？朋友聚会吃什么？逛超市买点啥零食？对于今天的中国人来说，操心吃饭问题，早已不是担心吃不饱，而是怎样能吃得更好。

与饥饿相关的记忆，已经渐行渐远，年轻一代只能从电影和文学作品中感受它的存在。

电影《一九四二》中有这样的镜头：衣着褴褛的灾民们步行在荒郊

野岭中，冰花结在他们的帽檐、胡须上，仍然要饿着肚子继续前进，吃带刺的树皮、有毒的野草……吃饱肚子，曾是中国一代又一代人的梦想。

20世纪70年代，在平均主义"大锅饭"体制下，农民生产积极性遭到严重挫伤，生产效率极其低下，2亿多农民没有解决温饱问题，城市居民的粮食也得凭票定额供应，日子过得紧紧巴巴。对饥饿的恐惧，是当时最难忘的集体记忆。

这一切，随着改革开放的深入而终结。粮食生产和市场放开，供应量逐步加大，人们再也不用担心吃不饱饭的问题了。

1985年，我国取消粮食统购，改为合同定购，定购以外的粮食可以自由上市。

1990年，为了解决主产区农民卖粮难问题，国家专项粮食储备制度建立。

1993年，取消统销制度，放开粮食价格和经营。

1998年，针对当时粮食丰收、保护价上涨的情况，实行"敞开收购、顺价销售、收购资金封闭运行"3项政策，并加快国有粮食购销企业改革。

2004年至2013年，全面放开粮食购销市场，实行"四补贴一支持"的粮食支持保护政策。

2014年至今，相继取消大豆、玉米临储政策，逐步下调稻谷、小麦最低收购价。

十八大以来，习近平总书记高度重视粮食问题，他指出："悠悠万事，吃饭为大。只要粮食不出大问题，中国的事就稳得住"；"保障粮食安全是一个永恒的课题，任何时候都不能放松"；"在吃饭问题上不能得健忘症，不能好了伤疤忘了疼"。

据国家发改委党组成员、国家粮食和物资储备局党组书记、局长张务锋介绍，新中国成立70年来，我国粮食生产不断取得突破，粮食产量从1949年的11318万吨，跃升到2018年的65789万吨，提高了近6倍。

近年来，我国持续推进农业供给侧结构性改革，深化粮食收储制度改革，实施"优质粮食工程"，加快粮食产品供给绿色化、优质化、特色化、品牌化。

记者从国家粮食和物资储备局获悉，2017年，我国启动"优质粮食工程"，2018年将其写入《乡村振兴战略规划》，今年又写入中央一号文件。"黑龙江大米""吉林大米""山西小米""广西香米""齐鲁粮油""天府菜油""荆楚粮油"等区域化粮油品牌纷纷涌现，产品附加值不断提高。

"粮食供求的主要矛盾已从总量不足转变为结构性矛盾，消费需求从'吃得饱'转向'吃得好''吃得放心''吃得方便'。"张务锋表示。

"你吃了吗？"这是中国人早年间见面习惯的问候语。一句问候，凝结着农耕时代人们对三餐的关切，对生存的隐忧。如今，我们有幸告别了食物短缺的时代，或许，以后见面时可以这么问候："今天，你吃好了吗？"

河南样本：从"中原粮仓"到"国人厨房"

近日，全国加快推进粮食产业经济发展第三次现场经验交流会和第二届中国粮食交易大会在河南郑州召开。

河南省是粮食大省，有着"中原粮仓"的美誉。改革开放后，河南省粮食产量以惊人的数字迅速拉升。粮食产量由1978年的2097万吨增加到1983年的3303万吨，不仅历史性地完全解决了省内居民的温饱问题，并且开始成为粮食调出省。1997年，河南省粮食产量进一步迅猛增长，首次跃居全国第一。2000年及以后的10年，持续稳居全国第一，成为全国第一产粮大省，自此，河南"中国粮仓"的地位逐渐形成。

粮食从田间地头，到加工、深加工，最终端上餐桌，进入超市，变成人们青睐的各种食物。一粒麦子，可以千变万化，做成馒头、面条、方便面、蛋糕、辣条，满足大家的口腹之欲，也给生活增添了物质充盈的幸福感，这便是粮食产业的魅力。

"让世界人人爱上中国味"，这是卫龙食品的口号。说起卫龙，最有名的就是辣条。在河南漯河市平平食品有限责任公司，记者见到了各种口味的卫龙辣条产品，琳琅满目，令人馋涎欲滴。

辣条是很多人的童年记忆，但时至今日，许多人对它的印象仍停留在"三无食品"阶段。为了扭转人们的这种印象，卫龙从加工、包装、营销等方面对产品进行转型升级，所有辣条都从安全、卫生、自动化生产车间里"诞生"，并用年轻人喜闻乐见的形式包装，"吃包辣条压压惊"，各种段子、表情包，让它成为风靡一时的网红食品。

"河南的食品加工业，起步于20世纪50年代，主要是粮食部门兴办的面条、馒头和挂面加工，20世纪60年代扩展到生产低档面包和糕点等。十一届三中全会后，随着粮油资源的逐渐丰富，食品工业得到了迅速发展，品种更加多样化。"一位长期在河南省粮食部门任职的干部向记者介绍。

1990年，刚到河南任省长的李长春发现：商店的货架上摆满了来自南方的食品，作为一个农业大省，河南人"吃广东粮、喝珠江水"。李长春由此提出这样一个课题：河南"原字号"的农产品很多，能否把河南的原粮转化成食品，让全国人吃河南粮？不久，河南省委正式提出了"围绕农业上工业，上了工业促农业"的发展思路，把农副产品加工增值作为新的经济增长点来抓。

如今，在中原大地的田野上，长出了一批农副产品加工业的"大树"。"白象""南街村"方便面，"三全""思念"汤圆等，成了国内响当当的知名品牌。

目前，"三全""思念"仍然稳居市场同类产品前列。"三全"品牌名称取自十一届三中全会，开创了中国速冻食品行业的先河。在郑州三全食品股份有限公司，一条条流水线上，从切面皮到包饺子，最后装袋，全部由机器完成。

习近平总书记强调，要坚持以"粮头食尾""农头工尾"为抓手，延伸粮食产业链、提升价值链、打造供应链。从种植源头到餐桌尾端、从农业前端到工业尾端，为发展粮食产业经济、提高农业质量效益和竞争力指明了方向。

近年来，河南快速发展的粮食加工业以及一批靠"吃粮食"起家的农区工业强县的崛起已经给出了答案："粮袋子"可以变成"粮带子"，可以变成"钱袋子"。从纵向看，"粮带子"从田间可以延伸到餐桌，每一个环节都有利润空间。从横向看，粮食加工业是富有带动力的产业，后面紧跟着物流、储藏、包装、销售等，这些产业是连接城乡的一条"金带子"，是把农业、农民带向工业化、城镇化的"传送带"。

在这次粮食产业经济发展现场经验交流会中，河南省漯河市的"主食产业化"特色发展之路引发广泛关注，也被国家粮食和物资储备局授予河南省漯河市"全国主食产业化工程示范市"称号。

据介绍，近年来，漯河市依托自身农业资源丰富、粮食生产能力强的优势，围绕提升粮食附加值，以主食产业化带动全市农业现代化提速，着力培育千亿食品产业集群，打造主食知名品牌，推进产学研协作，加强标准化建设，推动主食产业高质量发展。一大批名企名品，如旺旺、康师傅、南街村等在漯河集聚发展。

据河南省粮食和物资储备局局长张宇松介绍，河南近年来实施"互联网＋粮食"行动，鼓励企业创新经营业态。2018 年，全省粮油产品互联网销售收入达 7.59 亿元，同比增长 87.4%。积极引导和支持有条件的粮食企业借助"一带一路"建设机遇，加强对外交流与合作，在国外建设加工基地和销售网络，让河南粮油产品走向"世界餐桌"。

迈向粮食产业强国

在国家粮食和物资储备局日前在河南郑州召开的全国加快推进粮食产业经济发展第三次现场经验交流会上，记者了解到一组数据：2018 年全国粮食产业经济实现总产值 3.1 万亿，增幅超过 6%，粮食产业经济保持了稳中向好势头。其中，山东省突破 4000 亿元，江苏、安徽、广东、湖北、河南 5 省均超过 2000 亿元。粮食产业已经成为一些主产区重要支柱产业。我国正在从粮食大国向粮食产业强国迈进。

一谈起东北大米，南有盘锦，北有五常。曾几何时，好山好水的吉林，虽有好米，却寂寂无闻。资源优势没有转化为产业优势、市场优势，"好米"没有卖出"好价"。吉林省粮食和物资储备局局长李国强告诉记者，吉林稻米曾经受困于产业大而不强、企业小而不精、品牌杂而不亮等难题。2013 年，为了使"好米"变"名米"，"名米"卖"优价"，吉林省委、省政府按照"品牌做响，品质做优，企业做强，效益做大"的指导思想，启动了吉林大米品牌建设，并在实践中不断探索，走出了一条品牌引领产业发展的"新粮道"。经过数年的品牌打造，吉林大米实现了从"好米"到"名米"的华丽转身，在概念宽泛的东北大米中树立起吉林大米的品牌地位，成为吉林农业的新名片。

除了吉林大米的华丽转身，记者在本次经验交流会上还听到了多地粮食产业经济的发展"心得"。各省因地制宜、因势利导，成就了一大批典型亮点和先进经验。

山西省探索建立科技创新中心，积极推动粮食科技纳入"山西农谷"省级战略。"太行明珠"即冲即食小米粥、"沁州黄"早餐营养米粉、老字号"太谷饼"等杂粮产品走向市场，得到消费者的高度认可。

湖北省积极打造供应链，创新完善优质粮油营销体系。湖北以实施"优质粮食工程"为契机，在"放心粮油"工程基础上，进一步完善优质粮油营销体系，开创了优粮优销新局面。

"中国好粮油行动示范市"黑龙江省五常市，抓源头保品质、抓营销强品牌、抓产业增效益，实现农民增收、企业增效、税源增加、消费增信、品牌增值，五常大米品牌价值达 600 多亿元。

今年是我国粮食产业经济发展"连抓三年、紧抓三年"的第三年。国家粮食和物资储备局局长张务锋向记者表示，两年多来，我国粮食产业链上"产购储加销"等各环节有效衔接，一二三产业融合发展亮点频现，不断推动粮食产业高质量发展。未来，要围绕建设粮食产业强国，推进产业链、价值链、供应链"三链协同"，深入实施"优质粮食工程"，构建更高层次、更高质量、更有效率、更可持续的粮食安全保障体系。

　　在国家粮食和物资储备局的布局中，今后要全面推动粮食产后服务体系建设、粮食质检体系建设和"中国好粮油"行动；支持建设一批粮食产业示范园区；扶持发展一批具有核心竞争力、行业带动力的大型骨干企业和成长性好、特色鲜明的中小企业；大力推动优粮优产、优粮优购、优粮优储、优粮优加、优粮优销，将优质高效要求贯穿到粮食产业发展全过程。

　　"五谷者，万民之命，国之重宝。"盛夏时节，从江南鱼米乡到东北黑土地，田野上风景各异，却都展现着同一派收获的希望。今年夏粮丰收已成定局，粮食产业的高质量发展，让中国人不仅饭碗端得更牢，也吃得更香。

中国网：

第二届中国粮食交易大会：
全产业链特色更鲜明

（2019 年 06 月 22 日）

  6 月 21 日，第二届中国粮食交易大会在郑州开幕。与上届相比，本届大会规模更大、内容更丰富、形式更具创新性。

  第二届粮食交易大会由优质粮油产品暨技术设备展览会，以及粮食电子交易、供应链创新论坛、粮油政策及供求形势分析会、项目投资推介暨签约仪式等四个同期活动组成。既达到了展览展示的效果，也达到了促进交易、增进交流的目的。

  优质粮油产品暨技术设备展览会共设置 10 个展区，展出规模达 65000 平方米，分别包括：新中国成立七十周年粮食和物资储备系统成就展区、贫困地区消费扶贫展区、优质粮油产品展区、粮油机械设备展区、粮食交易金融服务展区、粮食行业"一带一路"建设实践展区、粮食科技成果展区、粮油营养健康消费品鉴区、各省粮油产品专场推介区、业务洽谈区。

  与上届相比，本届交易大会规模再上新台阶。相关负责人介绍，大会的主场馆郑州国际会展中心两层共 65000 平方米的展览面积已经招满，参展企业 2200 多家，专业参会人数 1.5 万人，全部参会人数预计 5 万人次左右，整体规模达到上届的 2 倍以上。中粮集团、中储粮等大型央企，益海嘉里、江苏佐竹等外资企业，各地知名区域性粮食集团、大型民营粮食企业悉数参展。福建、安徽等省粮机企业将新产品、新技术发布会开到了粮交大会现场。

"品牌带动"是实现产品提档、优粮优价的关键抓手，本次大会成为各省打响品牌知名度的重要契机。吉林大米、齐鲁粮油、山西小米、天府菜油、荆楚大地、广西香米等一大批来自全国各省区市的知名、特色、优质粮油产品在粮交大会舞台亮相并举行推介会。

吉林省粮食和物资储备局局长李国强在介绍经验时表示，吉林稻米也曾经受困于产业大而不强、企业小而不精、品牌杂而不亮等难题，2013 年，为了使"好米"变"名米"，"名米"卖"优价"，吉林省委、省政府按照"品牌做响，品质做优，企业做强，效益做大"的指导思想，启动了吉林大米品牌建设，并在实践中不断探索，走出了一条品牌引领产业发展的"新粮道"。

如今，"吉林大米"已经享誉全国。"未来，我们将在总结过去五年品牌建设经验基础上，对吉林大米品牌建设再谋划、再提升，以战略引领为核心，品质取胜为关键，标准约束为根本，科技创新为支撑，资本驱动为保障，文化挖掘为内涵，抓重点、补短板、强基础，全面推进吉林大米品牌建设工作再上新台阶。"李国强称。

本届大会展区的全产业链特色更鲜明。优质粮油产品暨技术设备展览会涵盖了粮食全产业链内容，从产品到设备、从金融到科技、从健康消费到粮食企业"一带一路"建设实践等。特别是机械设备、粮食科技、金融等企业和机构的到会参展，有效促进资源配置效率的提升，供应链上下游的深度对接以及粮食产业整体的转型升级。比如来自安徽、福建、江苏的粮食色选、计量包装、智能仓储机器人企业的参展，展现了"大国装备"粮油板块和粮食机械设备企业的风采。

在大会开幕式上，国家发展改革委党组成员，国家粮食和物资储备局党组书记、局长张务锋表示，本届大会是展现我国粮食产业发展成果的一次盛会，是粮食产销衔接的重要平台，是引领粮食产业高质量发展的风向标，是践行初心使命、服务贫困群众、助力脱贫攻坚的有效载体，是聚焦河南粮食产业、助力"中原更加出彩"的具体行动。

河南省委副书记、省长陈润儿表示，中国粮食交易大会作为推动全国性粮食产销衔接的重要平台，具有展示成就、引领产业、促进贸易、扩大消费的重要功能，必将为广大客商深入对接、合作共赢搭建更广平台，创造更多机遇。

经济日报：

实施 3 年间，助粮食产业高质量发展

——"优质粮食工程"硕果累累

（2019 年 06 月 18 日）

　　"优质粮食工程"实施 3 年来成绩斐然，不仅提高了粮食产后服务水平，强化质量安全检验监测保障，还支持发展了粮食精深加工，引导绿色优质粮油产品消费。在兴粮惠农政策的带动下，我国粮食产业逐渐走上高质量发展道路，绿色化、优质化、特色化、品牌化发展趋势显现——

　　今年夏粮收购形势喜人。走进大大小小的粮油市场，优质粮油产品品种丰富、琳琅满目。"黑龙江大米""吉林大米""山西小米""广西香米""齐鲁粮油"等一批区域化粮油品牌快速崛起，产品附加值不断提高，绿色优质粮油产品供给增加。

　　这些成绩的取得，离不开"优质粮食工程"的深入实施。国家粮食和物资储备局建设规划司司长钱毅介绍，国家粮食和物资储备局启动实施"优质粮食工程"3 年来，充分发挥流通反馈激励作用，提高粮食产后服务水平，强化质量安全检验监测保障，支持发展粮食精深加工，引导绿色优质粮油产品消费，促进优粮优产、优购、优储、优加、优销"五优联动"，推动粮食产业实现绿色化、优质化、特色化、品牌化发展。

助推产业高质量发展

　　山东是我国重要的粮食主产区，粮食产业经济保持全国行业领先。

该省以"优质粮食工程"为抓手，推动粮食产业高质量发展。2018年，粮食产业产值突破4000亿元，达到4016亿元，居全国首位；粮食加工转化率153%，居主产省第一位；粮食经营量14274万吨，调入调出2000万吨以上，居全国前列。重磅打造的"齐鲁粮油"公共品牌，助力山东好面好油走向全国。

"优质粮食工程"受到了地方和企业的高度重视和普遍欢迎，很多省份都把"优质粮食工程"作为加快推进农业供给侧结构性改革的重要平台和大力发展粮食产业经济的有力载体。短短3年时间，实施范围由首批16个省份扩大到31个省份。中央财政连续3年投入奖励资金197亿元，撬动社会资本450多亿元参与实施，相继落地了一批兴粮惠农项目。各地统筹谋划、因地制宜，培育壮大一批发展起点高、创新能力强、产业融合好、经济社会效益优、辐射带动范围广的龙头示范企业，支持其增品种、提品质、创品牌，做优做强实体经济，切实提高粮食产业质量效益和竞争力。2018年全国粮食产业经济实现总产值3.1万亿元，增幅超过6%，粮食产业经济保持了稳中向好势头。

湖南省南县是"优质粮食工程"的直接受益方。作为一个久负盛名的"鱼米之乡"，南县依托湖乡优势，以"中国好粮油"行动计划示范项目的实施为重点，创新推广稻虾生态种养高产高效模式，加快拓展粮食经济产业链，有力推动了全县粮食产业发展，促进了农民增收和企业增效。2018年，全县共发展稻虾种养面积50万亩，年产稻虾米24万吨，稻虾综合产值达100亿元；粮食种植优质品率达到65.3%，农民粮食种植收益率提高20.5%，带动近2万人实现了脱贫致富，其稻虾产业的规模和影响力已跻身全国三强。

中国农业大学经管学院教授李军认为，大力推动"优质粮食工程"实施，可以充分释放粮食产业经济活力，拓展粮食行业发展空间，增进种粮农民和城乡居民福祉，有效保护国内粮食生产能力，从而更好地发挥流通对生产的引导作用，在更高层次上提高国家粮食安全保障水平。

各项"短板"渐渐补齐

我国虽然粮食连年丰收，但是粮食产后社会化服务不健全、绿色优质粮油供给不足、粮食产品低端"大路货"多、高端精品少等问题突出，从田间到餐桌的粮食质量安全保障体系尚未建立，成为制约粮食产业发展的"短板"。

"优质粮食工程"包括粮食产后服务体系建设、粮食质检体系建设、"中国好粮油"行动3个子项目。钱毅认为，三者可以相互依托、相互促进、紧密衔接，共同服务于粮食生产、流通和消费。

针对粮食产后管理不科学、损失较大的问题，已开展了"代清理、代干燥、代储存、代加工、代销售"等"五代"服务。初步统计，全国共计划建设粮食产后服务中心5000多个，已建设完成1600个左右，黑龙江、广西、山东、甘肃、贵州等几个省份还计划建设农户科学储粮仓约60万套，已建设完成7万多套。

"通过为农民提供粮食产后服务，可以提升粮食质量，减少粮食产后损失，增强农民议价能力，帮助农民好粮卖好价，带动持续增收致富。"河北柏乡粮库主任尚金锁表示，为了提高粮食产后服务水平，柏乡粮库新购置输送机25台、清理筛14台、移动伸缩装仓机6台、转向装仓机2台，日卸车清理入库能力较之前提高了3000吨，大大减少农民售粮等候时间，提升了卖粮体验。

针对粮食质量安全检验监测水平低的"短板"，实施粮食质量安全检验监测体系项目建设，截至2018年年底，粮食质检体系建设覆盖到全国31个省区市，全国粮食检验机构达到800多个，粮食质量检验监测能力显著提升。粮食质量监测覆盖面大幅增加，2018年检验样品51.8万个，增加幅度12%，及时处置不合格粮食，防止超标粮食流入口粮市场。

针对优质粮食供给不足的"短板"，实施"中国好粮油"行动计划，将优粮优产、优粮优购、优粮优储、优粮优加、优粮优销"五优联动"贯穿于粮食产业发展全过程，针对"从田间到餐桌"各环节主要问题，促进"产购储加销"顺畅有序衔接，各类主体产品创新力、品牌影响力和市场竞争力不断加强，优质产品明显增加。河南省推行优质小麦规模连片种植，2018 年，全省"优质小麦"种植面积达到 1200 万亩，位居全国第一。山西以"山西小米"区域公共品牌创建为引领，突出打好"优质""特色"两张牌，引领全省特色粮食产业发展，提升品牌美誉度和社会影响力，提高优质粮油的市场覆盖率和占有率。

合力推动工程落地

展望 2020 年，要如期实现产粮大县全覆盖、粮食质量安全检验监测体系监测面扩大到 60% 左右、全国产粮大县的粮食优质品率提高 30% 左右的粮食产后服务体系建设目标，时间紧任务重。钱毅表示，要精心组织实施"优质粮食工程"，形成合力推动落地见效的良好局面。

粮食和储备、财政部门要在各级政府领导下，统筹做好项目规划、组织实施、运行管理和监督考核等工作。创新"优质粮食工程"实施方法，优化粮食产后服务体系布局与功能，提高粮食质量安全检验监测能力，发挥"中国好粮油"行动示范引领作用，加强粮油品牌建设，增加有效供给，引导科学合理消费。

要强化创新驱动，实施科教兴粮和人才兴粮，推进产学研深度融合，鼓励企业加强技术改造和产品研发，加大烘干环保、快速检测、精深加工等新技术研发与推广力度，创新经营业态和服务方式。贵州省在推动主食产业化的过程中，与面制食品国家地方联合工程研究中心签订战略合作协议，共同推进主食产业化及杂粮资源的研究利用。加快特色粮油产品研发，支持省食品工程职业学院与兴仁市人民政府联合建立"兴仁市薏米研发中心"，组建"贵州省特色粮油产品研发中心"，深度挖掘特色粮油资源。

构建长效机制，把"优质粮食工程"实施列入粮食安全生产责任制考核重要内容，各地要创新完善相关政策举措，着力增品种、提品质、创品牌，更好满足城乡居民对绿色优质粮油产品的消费需求。山东省把"优质粮食工程"列入省委常委会重点工作并纳入乡村振兴战略规划，把粮食安全纳入全省经济社会发展综合考核，省政府扶持粮食产业经济发展意见落地实施。

光明日报：

"优质粮食工程"在更高水平上保障粮食安全

（2019 年 06 月 18 日）

日前，国家粮食和物资储备局、财政部联合印发了《关于深入实施"优质粮食工程"的意见》，明确提出了我国优质粮食工程建设的目标——到 2020 年，粮食产后服务体系要力争实现全国产粮大县全覆盖，粮食质量安全检验监测体系要实现国家、省、市、县四级联动，监测覆盖面提升 60% 左右，"中国好粮油"行动计划要实现全国产粮大县的粮油优质品率提高 30% 左右。

"优质粮食工程"2018 年写入《乡村振兴战略规划》，今年又写入中央一号文件。如何以优质粮食工程推动粮食产业转型升级和提质增效？怎样在更高水平上保障国家粮食安全？ 6 月 14 日，国家粮食和物资储备局召开新闻发布会，对优质粮食工程的实施路径进行了解读。

优粮优产：好粮油是种出来的

前不久，第五届水稻开耕文化节在黑龙江省虎林市举办。作为三江平原温和湿润地区，虎林大气质量达到国家一级标准，水质好无污染，土壤有机质含量有利于农作物的生长，这些条件为生产高品质大米提供了有力保障。

在开耕文化节现场，中粮与种植农场代表签订了 19000 亩的水稻收购合同，确保按照标准化种植手段，提供高品质粮源。

"优粮优产"是优质粮食工程的首要一环。"要引导各地立足优势特色调整种植结构，支持创新模式，让企业与农民形成利益共同体，开展种植基地建设和优质粮食订单农业，实现连片种植和规模化经营，充分体现'好粮油是种出来的、好粮卖好价钱'的导向。"国家粮食和物资储备局规划建设司司长钱毅说。

专家认为，实施"优质粮食工程"可以通过引导农民调整种植结构，为农民提供产后服务，从而建立起促农增收的长效机制。

数据显示，2018 年全国粮食产业经济实现总产值 3.1 万亿元，增幅超过 6%，粮食产业经济保持了稳中向好势头。

"这离不开优粮优产的价值和生产导向。"钱毅说，为此，要系统打造好粮油供应链，重点支持示范企业以"公司＋合作社＋基地＋农户"等模式结成利益共同体，开展订单收购，建设种植、加工基地，增加优质粮油产品，带动农民持续增收。

优粮优储：补齐粮食产后服务短板

近期，连续的阴雨天气让江西不少地区遭受洪涝灾害，稻谷的收割、晾晒及储存让农民犯了愁。

江西芦溪县针对气温上升、降雨增多、空气湿度大的问题，加强对仓房屋面的检修，并加强粮情检测，利用早晚凉爽天气进行通风换气，排除湿热。县里在指导农户趁晴天及时晾晒的同时，还引导各新型粮食经营主体充分利用烘干设备，加班加点进行烘干作业。

"我们县共有 6 个库点、30 座仓房，有近 5 万吨储粮。通过创新方法、严格防范、强化检测、堵塞漏洞等方式，努力做好产后服务，没有造成什么损失。"芦溪县直属粮库储粮高级技师易军萍说。

当粮食收购遭遇不利天气，如何减灾止损？粮食收获后如何及时处理、妥善保管？事实上，这是全国粮食产区面临的共同难题。

在粮食生产全过程中，我国农民普遍重视生产环节而忽视产后处理。

我国粮食生产的耕、种、收环节基本上都已机械化，唯独粮食产后处理环节仍旧薄弱，成为我国粮食生产全程机械化的一块短板。因此，建立专业化社会化的粮食产后服务体系成了"优质粮食工程"的重要任务。

"要根据产粮大县区域粮食产量、生产集中度、服务辐射半径等，科学布点粮食产后服务中心。特别要鼓励各类市场主体参与粮食产后服务体系建设，充分发挥新型农业经营主体、粮食企业和基层供销社等各自优势，择优确定建设主体。整合盘活现有仓储设施等资源，探索建立共投共建共享机制。"钱毅说。

优粮优销：引导绿色优质粮油消费

当前，随着城乡居民消费需求的不断提高，消费者对粮食质量、品种、营养、安全等提出了新要求，粮食消费已从满足温饱向改善膳食结构、维持营养均衡转变，更加注重粮食消费的品质化、营养化、多样化、健康化。

"这就需要加强粮食质量安全监管监测能力建设，健全粮食质检体系运行机制，有效防止不合格粮食产品流入粮食市场，提高从田间到餐桌全过程的粮食质量安全保障水平，把好食品质量安全的源头，切实保障'舌尖上的安全'。"钱毅指出。

"黑龙江大米""吉林大米""山西小米""广西香米""齐鲁粮油""天府菜油""荆楚粮油"……在优质粮食工程的发展轨迹中，一大批区域化优质粮油品牌纷纷涌现，产品附加值不断提高，为粮食产业供给侧结构性改革注入动能。

"粮食产品价值提升必然带来企业效益的提高，通过实行'优粮优销'，将部分价值反哺种粮农民，保护种粮农民的积极性，促进粮食高质量发展产业链更加稳固。"钱毅说。

为促进更多好粮油走向市场，专家建议，还要建立好粮油质量标准体系和生产流通全过程的技术评价体系，并对不同区域条件和主要粮油品种，有针对性地开展粮食产后科技服务。此外，还要建设国家级好粮油网上销售平台和好粮油线下销售渠道。

国际在线：

中国"优质粮食工程"实施获进一步推动
为消费者提供更丰富优质粮油产品

（2019 年 06 月 17 日）

　　随着中国人收入水平的提高和消费的升级，消费者对优质粮油产品的需求也愈发凸显。国家粮食和物资储备局、财政部近日联合印发一份政策文件，将进一步推动已启动两年的"优质粮食工程"的实施，在确保农民增收、企业增效的同时，还将让消费者有更多更好的选择。

　　2017 年启动的"优质粮食工程"，包括粮食产后服务体系、粮食质量安全检验检测体系和"中国好粮油"行动计划三个子项目。实施两年来，这一工程有效缓解了中国粮食产业产能结构不合理、优质产品供应不够、深加工能力不足等问题。国家粮食和物资储备局规划建设司司长钱毅介绍："相继落地了一批兴粮惠农项目，流通对种植的反馈激励作用发挥明显，分等、分仓储存和精细化需求逐步扩大，龙头企业的产业链不断延伸、价值链不断提升、供应链不断优化，辐射带动作用稳步提高。2018 年全国粮食产业经济实现总产值 3.1 万亿，增幅超过 6%，粮食产业经济保持了稳中向好势头。"

　　未来，该工程的实施范围将由首批 16 个省级行政区扩大到 31 个。在此背景下，"优质粮食工程"的三个子项目也都有了各自的实施指南，与新近印发的《关于深入实施"优质粮食工程"的意见》一起，形成"1+3"的政策体系，以实现粮油产品品种多、质量优、品牌强，农民与企业增收、消费者有更多更好选择的目标。对此，钱毅介绍说："第一个子项是粮食产后服务体系，主要是突出需求导向，优化功能布局；第二个子项是粮食质检体系，要突出服务功能拓展，提高检验监测能力；第三个子项是'中国好粮油'行动计划，就是要突出市场品牌提升，充分发挥行动计划的示范引领作用。"

钱毅还强调，希望"优质粮食工程"的推进，能为中国消费者提供更丰富、更优质的粮油产品。钱毅说："给消费者提供更多的选择，引导粮油消费升级，使得更丰富的粮油产品进入市场，使消费者从吃得饱向吃得好、吃得健康、吃得放心、吃得有营养转变。"

经济日报：

优质粮食工程

——为粮食质量安全护航

（2019 年 06 月 14 日）

　　"优质粮食工程" 2017 年启动实施以来，中央财政连续三年投入奖励资金 197 亿元，调动各级财政和各类粮食经营主体的积极性，撬动社会资本 450 多亿元参与实施，推动粮食产业经济实现高质量发展，粮食产业产能结构不合理、优质产品供应不够、深加工能力不足等问题得到有效缓解，粮食产业不断发展壮大，2018 年全国粮食产业经济实现总产值 3.1 万亿，增幅超过 6%，粮食产业经济保持了稳中向好势头。

　　据了解，"优质粮食工程" 实施三年来，实施范围由首批 16 个省份扩大到 31 个省份，相继落地了一批兴粮惠农项目，流通对种植的反馈激励作用发挥明显，分等、分仓储存和精细化需求逐步扩大，龙头企业的产业链不断延伸、价值链不断提升、供应链不断优化，辐射带动作用稳步提高。"黑龙江大米""吉林大米""山西小米""广西香米""齐鲁粮油""天府菜油""荆楚粮油"等区域化粮油品牌纷纷涌现，产品附加值不断提高，绿色优质粮油产品供给增加，更好地满足广大消费者对绿色粮油产品的生活需求和美好愿望。

　　据国家粮食和物资储备局规划建设司司长钱毅介绍，"优质粮食工程"包括粮食产后服务体系、粮食质量安全检验监测体系建设和"中国好粮油"行动计划三个子项。三个子项既自成体系，又互相支撑，整体推进、同向发力，强化集聚效应，实现粮油产品品种多、质量优、品牌强，让农民增收企业增效、消费者有更多更好的选择。

从粮食产后服务来看，初步统计，全国共计划建设产后服务中心5000多个，已建设完成1600个左右。黑龙江、广西、山东、甘肃、贵州等几个省份还计划建设农户科学储粮仓约60万套，已建设完成7万多套。粮食产后服务中心通过开展"代清理、代干燥、代储存、代加工、代销售"等"五代"服务，促进粮食提质进档，减少粮食产后损失，增强农民议价能力，帮助农民好粮卖好价，带动持续增收致富。

在粮食质量安全检验监测体系建设方面，截至2018年年底，全国共有粮食质量安全检验监测机构800余家。各地通过实施"优质粮食工程"，积极提升检验能力，发挥技术优势，在服务政府、服务监管、服务产业、服务农户等方面发挥重要作用。开展收获粮食质量安全监测、质量调查和品质测报，对指导粮食收购、引导农民种植结构调整、促进产销衔接起到了积极作用；承担库存粮食质量安全监测抽查、突发事件应急监测、隐患排查等任务，为行政管理部门制定质量安全监管措施提供技术依据；积极承担粮食质量安全政策、法律、法规、规划、标准等研究与制修订；积极承担相关技术指导、技术培训、技术咨询和技术服务等工作，为粮食宏观调控、粮食质量安全监管提供强有力的技术支撑保障。

在实施"中国好粮油"行动计划方面，以"五优联动"为抓手，系统提高粮食的食用品质和营养价值，通过开展优质粮食种植基地建设、发展订单农业，以及"中国好粮油"新产品开发、品牌建设、销售渠道拓展、科学消费理念宣传等举措，增加优质粮食产品的有效供给。粮食产品价值提升必然带来企业效益的提高，同时，通过实行"优粮优购"，将部分价值反哺种粮农民，保护种粮农民的积极性。

粮油市场报：

准确把握规律做好做活粮食产业经济发展大文章

（2019 年 06 月 25 日）

6月19日至20日，全国加快推进粮食产业经济发展第三次现场经验交流会在河南召开，国家发展和改革委员会党组成员，国家粮食和物资储备局党组书记、局长张务锋出席会议并讲话。

张务锋在讲话中要求，各级粮食和物资储备部门要总结加快推进粮食产业经济发展三年探索过程中各地创造的好经验、好做法，聚焦"一个目标"、围绕"两大战略"、突出"三链协同"、建设"四大载体"、推进"五优联动"，进一步明确推进粮食产业经济发展的思路举措，大力推动粮食产业高质量发展。

聚焦"一个目标"

张务锋指出，要坚持"粮头食尾"和"农头工尾"，以实现高质量发展、建设粮食产业强国为目标，优化粮食资源配置，调优调绿产能结构，提高粮食产品创新力、品牌影响力和市场竞争力，加快构建现代化粮食产业体系。

从规模实力看，2018年年末，全国纳入粮食产业经济统计的企业达到2.3万户，年工业总产值突破3万亿元；产值超千亿元省份11个，其中，山东省突破4000亿元，江苏、安徽、广东、湖北、河南5省均超过

2000 亿元。

从质量效益看，产能结构调整优化，传统成品粮加工行业产值占比下降 2.5 个百分点，粮食深加工和食品加工行业产值增幅分别高于全行业平均水平 3.8 个和 10.7 个百分点；利润总额比 2016 年增长 64.9%，销售利润率达到 6.9%，提高 2.1 个百分点。

从品牌影响看，"吉林大米""荆楚大地""广西香米""齐鲁粮油""天府菜油"等大批区域品牌知名度和美誉度明显提高，一批龙头企业集团做优做强做大，成为粮食产业高质量发展的排头兵。

围绕"两大战略"

张务锋强调，加快推进粮食产业经济发展，一方面要围绕实施国家粮食安全战略，推动粮食供求平衡向高水平跃升，积极防范化解粮食领域重大风险，为构建更高层次、更高质量、更有效率、更可持续的粮食安全保障体系提供强力支撑；另一方面则围绕实施乡村振兴战略，推动粮食精深加工转化，加速产业链条向两端延伸，形成新的经济增长点，在实现农业强、农村美、农民富中发挥积极作用。

提高粮食加工能力和产业集中度，增强抵御各类风险能力。2018 年，全国各类涉粮企业实际加工转化粮食 5.5 亿吨，粮食加工转化率达到 83%；入统产业化龙头企业产值占全国总量的 61%，提高近 20 个百分点。

完善市场体系，建立多层次供给渠道，提高流通效率。

全国粮食大型市场 500 多家；主食厨房销售网点 2.2 万个，覆盖超过 3000 万城乡人口，同比增加一倍多；中国粮食交易大会和黑龙江金秋粮食交易会、福建粮食交易洽谈会等活动，为优质粮油产品搭建了展示对接的舞台。

带动一二三产业融合发展，促进农民增收。全国产业化龙头企业建立优质粮源基地 6700 多万亩，关联农户 1200 多万户。入统企业中民营企业达 2 万多户，占比接近 90%，有力带动了创业就业。第一产粮大省黑龙江坚持质量兴农调优"头"、接二连三壮大"尾"、勇闯市场做强"销"、千方百计促农"富",粮食产业年销售收入突破 1000 亿元,形成了良好的综合效益。

突出"三链协同"

张务锋提出,要推进产业链、价值链、供应链协同发展,增创粮食产业发展新优势。

延伸粮食产业链,大力实施"建链、补链、强链",全产业链经营等"六种模式"发展壮大,产业链完整性大幅提高。

提升粮食价值链,引导企业坚持市场需求导向,增品种、提品质、创品牌,打好绿色优质牌,提高产品附加值。

打造粮食供应链,"点线面"统筹布局,抓住关键节点,补齐薄弱环节,构建高效便捷的优质粮油供应网络。

山东省滨州市突出高点定位、龙头带动,产业链延伸拉长实现"全"、价值链融合提升实现"增"、供应链优化升级实现"新"、产业集群集约集聚实现"强"、种植结构调整实现"优",2018 年全市粮食产业实现总产值 1010 亿元,粮食加工转化增值率达 3.4∶1,接近发达国家水平。

湖北省建立"放心粮油"一张网,打好"荆楚大地"一张牌,探索线上线下一体化,建立起优质粮油营销体系。

京津沪等城市与主产区共建直销通道,深粮集团探索"厨房管家"和"社区粮站"等模式,使优质粮油产品直通市民"米袋子"。

建设"四大载体"

所谓"四大载体",即抓好"优质粮食工程"和示范市县、特色园区、骨干企业建设,形成多点支撑整体发力格局。

深入实施"优质粮食工程",中央财政三年累计安排专项资金近 200 亿元,带动地方财政和社会投资 500 多亿元,全面推动粮食产后服务体系建设、粮食质检体系建设和"中国好粮油"行动。

遴选认定示范市县,给予优先支持,发挥"领头雁"作用。"中国好粮油行动示范市"黑龙江省五常市，抓源头保品质、抓营销强品牌、抓产业增效益，实现农民增收、企业增效、税源增加、消费增信、品牌增值，五常大米品牌价值达 600 多亿元。

张务锋强调，要依托粮食主产区、特色粮油产区、粮食重点销区、关键物流节点，支持建设一批粮食产业示范园区。河南省布局六大粮食产业示范园区，新乡延津成为全国首个"优质小麦现代产业园"，永城市实现由"中国面粉城"向"中国食品城"的转型，临颍县建成知名休闲食品基地，形成集群规模优势。

扶持发展一批具有核心竞争力、行业带动力的大型骨干企业和成长性好、特色鲜明的中小企业。漯河市大力实施重点企业五年倍增工程，注重招大育强、产业谋划、创新引领、融合发展，去年新增规模以上工业企业 76 家，新增超 5 亿元企业 10 家、超 10 亿元 5 家，食品工业对工业增长的贡献率达到 69%。

推进"五优联动"

"五优联动"即坚持质量兴粮，大力推动优粮优产、优粮优购、优粮优储、优粮优加、优粮优销，将优质高效要求贯穿到粮食产业发展全过程。

张务锋表示，实现"五优联动"重在区域整体提升、重在坚持标准引领、重在利益紧密联结。

比如，吉林省从良种培育、集约种植的源头把控质量，依托"企业 + 合作社 + 基地 + 农户"搞活订单收购，通过实施重点项目改善仓储条件，依靠工艺升级保证产品品质，拓展立体式销售渠道，闯出了做优做强稻米产业之路。

江苏省严把标准打造"品质苏米"，湖南省以好粮油团体标准促进产品升级，四川省通过高位定标实现菜油产业高点起步。

内蒙古自治区大力支持农企合作，土地流转和订单农业发展到 110 万亩，帮助农民增收近亿元。安徽省 80% 以上粮油加工骨干企业与农户、家庭农场、专业合作社开展股份合作，实现了风险共担、利益共享。

粮油市场报：

发力"四个更加注重"加快建设粮食产业强国

（2019 年 06 月 25 日）

　　粮食产业创新发展无止境。从粮食生产大国向粮食产业强国迈进，是一个爬坡过坎、持续优化的过程。

　　对照党中央、国务院关于保障国家粮食安全的决策部署，对照广大人民群众对粮油消费升级的愿望要求，对照粮食产业强国建设的现实需要，差距依然不小，任务还很艰巨。

　　张务锋要求各级粮食和物资储备部门要坚持完善和创造性地落实"一二三四五"的思路举措，更加注重"三产融合"和"三链协同"、深入实施"优质粮食工程"、现代化粮食产业体系与粮食"产购储加销"体系建设、"深化改革、转型发展"，精准施策，加力提效，稳步加快粮食产业强国建设。

更加注重"三产融合"和"三链协同"

　　张务锋指出，要坚持质量第一、效益优先，认真落实"巩固、增强、提升、畅通"八字方针，加快发展精深加工、创新模式深化融合、培育龙头集群集聚、提升技术装备水平，放大产业融合的乘数效应，不断提高粮食产业发展的质量和效益。

　　要坚持"加减乘除"并用，调整存量、做优增量，增加专用型品种、功能性食品的有效供给，有序引导粮食加工向医药、保健、化工等领域延伸，促进初级加工、精深加工与综合利用协调发展。同时，提倡稻谷、小麦等口粮品种适度加工，减少资源浪费和营养流失。

要引导企业采取全产业链经营、上下游协作等方式，实现仓储、物流、加工等环节有机衔接。要开展"互联网＋粮食"行动，探索推广手机售粮、网上粮店、农商直供等新业态。要推动粮食产业融入乡村振兴，促进农业观光、农耕体验、文化科普等产业发展。

实践证明，壮大一个龙头，带动一个产业；建好一个园区，隆起一片高地。要发挥国内市场巨大的优势，用好两个市场两种资源，培育有国际竞争力的龙头企业；立足各地特色资源和产业基础，壮大一批实力强、带动作用突出的骨干企业。要优化粮食产业区域布局，支持主产区依托县域培育粮食产业集群，尽可能把产业链留在县域。

各地要持续抓好科技兴粮、人才兴粮"双十八条"意见落实，支持粮食企业开展产学研合作，尽快攻克一批关键技术，培养大批创新领军人才和高技能人才。要精心谋划粮食机械装备产业提升行动，加强关键技术自主创新，加快向自动化、精准化、智能化、绿色化方向发展。

更加注重深入实施"优质粮食工程"

"优质粮食工程"是推动粮食产业高质量发展的有效手段，继列入乡村振兴战略规划后，又写入了今年中央一号文件。最近，财政部和国家局正式印发了《关于深入实施"优质粮食工程"的意见》，提出了突出需求导向、功能拓展、品牌提升等5个方面16条创新举措；同时还制定印发了三个子项建设指南。

张务锋强调，下一步，要着力抓好"三个一批"，即加快建设一批重点项目、创新探索一批服务模式、大力培育一批示范样板。

各地粮食和物资储备部门要加强统筹协调，健全机制、周密组织，推动项目加快落地、提速建设、从速投用。国家局建立调度督导机制，对进展迟缓的地方，要提醒督促；不能及时扭转被动局面的，要及时调整退出扶持范围。

在产后服务中心建设方面，要坚持多元主体、优化布局，实现高效运营；在粮食质检中心建设方面，要完善机制、拓展功能，更好服务各类市场主体；在"中国好粮油"行动方面，要强化企业带动作用，引导优化种植结构，使粮食"既产得多、又品质优，既卖得出、又效益好"，拓展农民就业增收渠道，努力增加人民群众获得感。

要选树推广一批先进典型，培育百个典型示范县、千个先进示范企业（合作社）、万个样板店，形成"百千万"典型引领示范格局。张务锋表示，深入实施"优质粮食工程"，目的在于优化粮油产品供给，实现广大人民群众由"吃得饱"向"吃得好"转变。

第三次现场经验交流会期间，与会代表参观了三全食品、南街村集团、多福多食品等企业，产品种类之多、生产规模之大、产出效益之高，令人深刻印象。在这些企业的带动和辐射下，河南省主食加工业快速发展，生产了全国 1/3 的方便面、1/4 的馒头、3/5 的汤圆、7/10 的水饺，从"中原粮仓"转变为"国人厨房"。

张务锋强调，各地要借鉴河南做法，鼓励企业发挥优势、突出特色，改造提升"老字号"，深度开发"原字号"，培育壮大"新字号"，更好满足消费者中高端、多样化、个性化需求。

更加注重建设"两个体系"

当前，国家粮食和物资储备局正在统筹研究现代化粮食产业体系与粮食"产购储加销"体系建设。

张务锋表示，"两个体系"的立足点、着力点各有侧重，推进机制和具体要求存在差异，但最终目标、基本原则是一致的，都要服从服务于粮食宏观调控需要，服从服务于国家粮食安全大局。二者要相得益彰，不能搞成"两张皮"。

加快建设现代化粮食产业体系。2017 年国务院办公厅 78 号文件明确到 2020 年初步建成适应我国国情和粮情的现代粮食产业体系。这个目标实现之后，到全面建成粮食产业强国，在产业体系建设上还有很长的路要走。为此，国家局立足于收官"十三五"，衔接"十四五"，站在新起点、对标高质量，组织研究起草了《关于坚持"粮头食尾"和"农头工尾"加快建设现代化粮食产业体系的指导意见（征求意见稿）》，提出了到 2025 年的目标和举措。总的考虑是，以农业供给侧结构性改革为主线，在延伸产业链、提升价值链、打造供应链方面向纵深推进，加快建设粮食产业强国。希望各地各单位积极提出意见建议，并创造条件、及早落实。

加快建设"产购储加销"体系。按照国家发展改革委党组的意见，国家局认真研究论证，起草了《关于创新完善粮食"产购储加销"体系确保国家粮食安全的实施意见（征求意见稿）》。这项重大举措，不是对各环节的修修补补，而是着眼增强防范化解重大风险能力，建立一套常态化协作机制，补齐一批关键性短板，布局一批支撑性重点项目，力求达到衔接顺畅、协同联动、运转高效、保障有力的效果。希望各省（区、市）粮食和物资储备部门认真研究讨论，提出修改建议，策划具有全局意义的重点项目，以利于增强针对性和实效性。

更加注重"深化改革、转型发展"

张务锋强调，要加大协调推动、强化政策支持、优化政务服务，深化"放管服"改革，转职能、转方式、转作风，改善发展环境，吸引要素集聚，保持粮食产业持续健康发展态势。

健全粮食产业发展协调机制，加强与相关部门的协同配合，发挥行业协会学会作用，形成粮食产业发展合力。在粮食安全省长责任制考核中，合理设置粮食产业经济发展指标，对实现高质量发展起到导向作用。

统筹利用商品粮大省奖励资金、产粮产油大县奖励资金、粮食风险基金等相关资金，支持粮食产业经济发展；鼓励金融机构以产业化龙头企业、优质粮油产品加工项目等为重点，加大信贷支持力度；用好减税降费、用地用电优惠等政策，努力减轻粮食企业负担。

　　各级粮食和物资储备部门要深入学习宣传和贯彻落实国家局党组"两决定一意见",扎实推进"深化改革、转型发展",履行好"为耕者谋利、为食者造福、为业者护航"的使命。要积极构建"亲""清"政商关系,密切联系服务企业,帮助解决实际问题。要广泛宣传解读政策,深度报道先进典型,营造浓厚发展氛围。要力戒形式主义和官僚主义,出实招、办实事、求实效。

河南日报：

牢守粮食安全底线　推进供给侧结构性改革 让河南粮食更出彩

（2019 年 06 月 17 日）

"粮食"——这个词对于河南有着非凡的意义！她既是河南千万百姓的营生，又是重要的战略物资，更是河南对党和国家庄严的承诺。从过去的土里刨食到如今的粮食产业大发展，河南人在"粮食"一词上从来不愿、不敢、不能含糊！

2019 年 3 月 8 日，习近平总书记在参加十三届全国人大二次会议河南代表团审议时，对粮食安全和乡村振兴战略再次进行重点阐述，体现了对河南的关心、对"三农"的重视、对农民的情怀、对粮食的关注。此次讲话为粮食和物资储备部门指明了前进方向、提供了根本遵循，为粮食流通工作注入了强大动力。

6 月 21 日，第二届中国粮食交易大会将在河南举行。"东风好借力，送我上青云"，河南省粮食系统在省委省政府坚强领导下"牢牢守住粮食安全底线，大力推进粮食供给侧结构性改革"，围绕粮食生产、粮食收购、粮食安全、粮食产业等做足文章、下足功夫，让河南好粮食，出彩在全国！

抓粮安：不仅要多产粮，更要产好粮

民以食为天，国以粮为安。扛稳粮食安全的重任，是国家对河南的重托。不仅如此，在多产粮的基础上，产好粮更是新时期、新生活对我省粮食生产提出的新要求。

我省将认真落实粮食安全省长责任制，严格开展责任制考核；抓好产粮大县奖补政策、稻谷和小麦最低收购价政策、优质小麦价格补贴政策等强农惠农政策落实。

我省粮食连年丰收，粮食总产量占全国的1/10，其中小麦产量占全国的27%。2019年河南省将持续抓好粮食产能提升，确保粮食面积稳定在1.5亿亩以上，口粮面积稳定在9000万亩以上，粮食产量稳定在1300亿斤左右。

近年来，我省各地紧紧围绕省政府"四优四化"发展战略，在推进"优粮优产"上做文章，突显了粮食流通对农业生产的反作用。首先，我省优质粮源基地显著增加。粮食龙头企业与农民合作组织、种粮大户等形成紧密联结的利益共同体，通过"订单粮食""土地托管""土地流转"等方式，发展优质粮源基地。2018年，全省粮油加工企业优质原粮基地面积达到717.53万亩，关联农户数达到190.46万户。其次，粮食种植结构持续优化。支持粮食购销、加工企业提高优质粮食收购价格，引导农民种植优质粮食，既解决了农民种植的盲目性，又通过加价回收增加了农民收入。2018年全省"优质小麦"种植面积达到1200万亩，位居全国第一。

与此同时，我省粮食加工企业与科研院所积极开展合作，培育企业急需的优质粮食种子，开展订单化、定制化种植，降低加工企业对原粮进口的依赖程度。豫粮集团与西北农林科技大学、河南省农科院等科研单位合作，开展"西农979""郑麦366"等优质小麦育繁推业务，2018年优质小麦种植基地面积达到100万亩。

手中有粮心不慌。为了确保储备充足，加强区域储备粮管理，省粮食和物资储备局努力建成职能明确、运行高效、制度完善、监管有力的省级储备粮垂直管理体制和运行机制。健全各级政府粮食储备吞吐调节机制，优化储备粮油品种结构，落实油脂储备规模，增强市场调控能力；完善储备粮管理制度，规范管理行为，提高管理水平，合理调整储备粮油区域布局，保障储备粮油储存安全；推进省级储备粮油轮换通过省政策性粮食交易平台公开竞拍，提升储备粮油轮换的调控效力，确保粮油产品区域平衡和季节平衡，不出现供应断档脱销和价格大幅度波动。

抓收购：收好粮，促增收

2018 年夏收，由于收购政策调整和市场价格因素，小麦最低收购价政策未有效启动，如何在收好粮的同时保证农民利益，成为一道难题。

面对复杂形势，省委省政府主要领导和分管负责同志深入一线调研指导，省政府召开夏粮收购工作专题会议，成立 5 个督导组，指导督促粮食收购工作顺利开展。省粮食和物资储备局成立 7 个督导组，局领导带队督导调研摸底，研判粮食收购形势，提出针对性的解决办法。

既然最低收购价政策未能启动，全省各级粮食部门及时调整思路，将重点放在引导好服务好市场化收购上。鼓励各类市场主体积极与种粮大户、家庭农场、农民合作社等新型农业经营主体对接，建立长期稳定的市场化购销合作关系。地方国有粮食企业发挥市场化收购引领带动作用，采取联合收购、代购代存等方式，拓宽市场化小麦销售渠道。全省市场化累计收购小麦 1055.8 万吨，平均价格维持在 2.3 元 / 公斤左右。

为解决收购资金问题，省粮食和物资储备局、省财政厅、农发行河南省分行配合联动、积极谋划，经省政府同意，建立 10 亿元粮食收购贷款信用保证基金。濮阳市及早筹措夏粮收购资金，共申请收购贷款计划 12 亿元；长垣县组织开展"粮食收购贷"活动，向各类粮食收储企业、加工企业和经纪人发放贷款 1060 万元。不断完善收购服务措施，漯河市坚持早开门晚收秤，开通绿色通道，对贫困户开展预约收购和上门服务，为售粮农民排忧解难。秋粮收购时，全省各级粮食部门认真执行稻谷最低收购价政策，全省按最低收购价收购中晚稻 146 万吨；多措并举开展市场化收购，市场化收购秋粮 451 万吨，其中，收购中晚稻 59 万吨。

2019 年夏收工作已经开始，省粮食和物资储备局会同有关部门提前研判形势，合理布局收购网点，做好收购备仓工作。坚持市场化收购和保护农民利益并重，切实抓好政策性粮食收购和市场化粮食收购工作，确保种粮农民"卖得出"。发挥粮食收购贷款信用保证基金引导作用，鼓励多元市场主体入市收购，落实"四优四化"发展战略，健全优粮优价市场运行机制，确保种粮农民"卖得好"。做好购销政策宣传，强化收购监督检查，维护市场收购秩序，杜绝排长队卖粮现象，确保种粮农民"卖得顺"。加强政策性粮食销售出库监督检查，确保成交粮食顺利交易。

抓产业：拉长链条，提升价值，完善供应链

按照中央关于"推进农业供给侧结构性改革""抓住粮食这个核心竞争力，延伸粮食产业链、提升价值链、打造供应链"的要求，推进粮食供给侧结构性改革，大力发展粮食产业经济，持续提升粮食质量效益和竞争力。

好的粮油需要好原料。我省围绕国家粮食收储制度改革，落实"四优四化"发展战略，做好优质小麦和优质花生"专收、专储、专管、专用"，提升优质粮食和油料价值，加强产销对接，健全优质优价的运行机制，充分发挥流通对生产的反馈引导作用，促进种植结构调整，不仅使优质粮食和油料作物的供应更加充足，而且大幅增加了农民收益。

按照国家粮食和物资储备局和省政府安排，省粮食和物资储备局积极配合做好河南粮食产业高质量发展专题调研，充分利用国家高端智库的研究队伍和研究力量，摸清我省粮食产业底数，研究确定我省未来一个时期及"十四五"时期，在建设粮食产业强国中的战略功能定位、发展方向、支持措施，2019年6月中旬完成并提交调研报告，争取完成对我省下一步粮食产业高质量发展的顶层设计。

从粮食大省迈向粮食强省，加快促进粮食产业转型升级是最为关键的一环。我省出台政策，鼓励和引导粮食企业拉长产业链条。大力发展粮油精深加工转化，开发精深加工产品和绿色优质、营养健康的粮油产品，推动地方特色粮油食品产业化，加快推进主食产业化，实现粮食和

食品供给从解决"吃得饱"到满足"吃得好"的转变。为了鼓励和引导粮食企业提升价值链条，河南省全省动员，承办好第二届中国粮食交易大会，结合"中原粮食全国行"活动，突出河南"粮食王牌"效应，推介河南粮食这张"王牌"，促进"豫粮豫用""豫粮全国用"，持续扩大河南优质粮油影响力。

为了加大粮油产品区域品牌培育力度，省粮食和物资储备局在现有原粮地理标志品牌、粮油企业产品品牌的基础上，研究谋划若干粮油区域公共品牌，把不同区域农产品差异性体现出来，增强粮油产品的附加值，提高粮食质量效益和竞争力。

为了鼓励和引导各类粮食企业打造完整的供应链，我省以市场为导向，以粮油大型企业集团为引领，以产业集聚区或产业集群为依托，以打造区域公共品牌或推广应用关键性共性技术为支撑，通过建立产业联盟、产业综合体等方式，促进粮食收储企业沿着产业链，与前向的生产企业（农民合作社）和后向的加工销售企业，乃至粮油机械加工企业、涉粮高校和科研院所等结成稳定的合作关系，并加快一体化进程，推动我省粮食流通从侧重收储环节向统筹"产购储加销"各环节转变，构建在国内外市场上具有较强竞争力的现代化粮食产业体系。

抓食安：从地头到消费全过程监测

按照中央关于"树牢绿色发展理念""完善农产品原产地可追溯制度和质量标识制度""保证让老百姓吃上安全放心的农产品"的要求，我省着力抓好粮食流通环节的检测和监管，切实守住粮食质量安全底线。

省粮食和物资储备局不断强化粮食质量安全管理。落实粮食质量安全属地管理责任，强化收购、储存环节粮食质量检验检测；突出重点品种和区域，改进粮食收获质量调查和品质测报，继续与省农业农村厅联合每年发布《全省收获小麦品质测报》；充分发挥现有粮食质量安全监管系统的作用。

大力支持省粮油质检中心开展省级第三方粮食质量检验监测服务，

引导推动市级粮食质检机构建立第三方粮食质量检验监测服务试点。推动建立污染粮食处置长效机制，探索建立问题粮食召回制度，增强粮食质量安全监管和应急处置能力。探索实施精准化质量监管方式，针对收购、储存、出库、运输不同情况确定不同监测方案，确保粮食质量安全。

深入推进"优质粮食工程"。粮食、财政部门对规划建设的覆盖47个产粮县的427个粮食产后服务中心，加强跟踪督导，支持产后服务中心紧密对接需求，完善功能，创新模式，为种粮农户和新型经营主体提供优质服务，推动小农户和现代农业发展有机衔接。督促指导2018年度质检体系32个项目的建设，规划好2019年度建设计划，提高装备水平，加强专业技能培训，创新完善运行机制，增强检验监管专业能力和发展活力，着力构建全省粮食质量安全检验网络，为粮食流通各环节提供专业质检服务。深化"中国好粮油"行动。2019年重点在示范引领、科技支撑、品牌推广、渠道建设及专题宣传方面取得突破；力争2020年年底健全规范产品及标识管理体系，实行分级遴选评定，严格准入和退出机制。

持续强化粮食和物资储备监督检查。按照国务院统一部署，做好我省政策性粮食数量和质量大清查工作。摸清底数、掌握实情。理顺粮食流通监管体制和机制，建立分类分级监管机制，落实部门行政监管责任和地方政府属地管理责任。加强常态化执法监管，重点做好政策性粮食购销监管检查工作，充分发挥12325监管热线作用，依法严肃查处涉粮涉储违法违规案件。切实规范粮食流通市场秩序，坚决防止不符合食品安全标准的粮食流入口粮市场。

2019年，河南小麦再获丰收已成定局，河南粮食再一次圆满完成党和人民托付的重任。天行健，君子以自强不息；地势坤，君子以厚德载物。新时期、新形势，粮食对于河南有了更多的含义：口中食、肩上担、毕生事、千载业。河南人有信心让河南粮食全国出彩、世界扬名！